The Last Days of Hitler

希特勒的末日

第七版

[英] H.R.特雷弗-罗珀（H.R.Trevor-Roper）—— 著

石雨晴 —— 译

郑州大学出版社

版权登记号：豫著许可备字-2022-A-0048

图书在版编目（CIP）数据

希特勒的末日 /（英）H.R. 特雷弗 – 罗珀 (H. R. Trevor–Roper) 著；石雨晴译 . — 郑州：郑州大学出版社，2022.8
ISBN 978-7-5645-8746-8

Ⅰ.①希… Ⅱ.① H… ②石… Ⅲ.①希特勒 (Hitler, Adolf 1889–1945) —生平事迹 Ⅳ.① K835.167=52

中国版本图书馆 CIP 数据核字（2022）第 101822 号

希特勒的末日
XITELE DE MORI

策划编辑	部　毅	封面设计	陆红强
责任编辑	席静雅	版式设计	九章文化
责任校对	孙精精	责任监制	凌　青　李瑞卿

出版发行	郑州大学出版社（http://www.zzup.cn）
地　　址	郑州市大学路40号（450052）
出 版 人	孙保营
发行电话	0371-66966070
经　　销	全国新华书店
印　　刷	鸿博昊天科技有限公司
开　　本	889 mm × 1 092 mm　1 / 32
印　　张	13.25
字　　数	223千字
版　　次	2022年8月第1版
印　　次	2022年8月第1次印刷

书　　号　ISBN 978-7-5645-8746-8　　定　　价　88.00元

本书如有印装质量问题，请与本社联系调换。

目　录

第七版前言

五十年前，我受如今已故的迪克·怀特（Dick White）爵士——时任英国反间谍部门德国区负责人委托，要我务必尽力调查希特勒的行踪，当时，他已失踪四个多月。我完成了这一任务，于1945年11月1日向柏林的四方情报委员会（Four Power Intelligence Committee）做了报告。该报告有时会被引述为《关于希特勒之死的英国情报报告》，它标志着我结束了公职生涯。后来，在我退伍后，迪克爵士说服我写作了本书，并于1947年3月首次出版。于是我将此书献给他。现在，我谨以此书纪念他——我永远的朋友，没有他，就不会有这本书。

过去五十年，本书从未绝版，也算是能适度地做个五十周年的纪念。在这篇前言中，我将简单述说一下它这些年的经历。关于此，我曾在第三版引言中有所提及，该引言也作为引入章节收录在本书中；只是，那距今也有约四十年了，当时，1945 年的那些重大事件在读者们心中仍是历历在目。不过，对如今的大多数读者来说，那些过往早已沉在历史长河之中。因此，我也可以从更远的视角重新审视这段历史。

1945 年，我所直面的问题是希特勒的个人命运。这正是我的任务，我亦恪尽职守。不过，除了这个“德国问题”之外，还有一个与之不同但又与之相关的问题，它在我探究希特勒命运的整个过程中一直困扰着我，在我调查结束的若干年后真相才浮出水面。它就是“苏联问题”。我曾问自己，苏联人有能力占领柏林，占领希特勒的总理府，怎么可能确定不了，或者说没有确定希特勒的结局呢？他们明明有机会，有方法，或许也有责任这样做。然而，事实确实是，他们在 1945 年 9 月表现出了对此事的全然无知，由此引发了诸多困惑与猜测，制造了重重疑云，而这正是我需要驱散的。

我的任务并不包括解开这一“苏联问题”之谜，因此，在做任务调查时，我并未设法解决它，但我实在难以忽视其中隐含的矛盾。苏联当局一方面声称自己无力破解希特勒命运之谜，另一方面似乎又不希望他人破解。他们既没有请我们提供我们找到的证据，也不回答我们向他们提出的合理问题。他们对此似乎全无兴趣，回避着一切相关讨论。在我做报告时，被邀请评论的苏联将军只说了一句“非常有趣”，语气平淡。这一切在我看来很不寻常；但在当时，苏联人是我们的盟友，我们必须尊重他们的“怪癖”，对此，我们早已习惯。

1955 年，尼基塔·赫鲁晓夫释放了关押在苏联的德国战俘，将他们遣送回国，此举成为解开“苏联问题”之谜的关键。通过采访他们，我拼凑出了事实，并在第三版的引言中全面探讨了这些事实。自此，该引言成了本书不可或缺的一部分，其中内容也就无须在此赘述。

因此，1956 年，与希特勒之死相关的“德国问题”和“苏联问题”都得以解决；不过，它们各自都有一些遗留问题，我觉得自己有责任在本书再版时，在序言或附录中有所提及。但我已决定在这一版中将这些内容全部删去。在报告关于现有争议的进展时，对这些已解决争议的探讨就显得多余了，我只需将它们一并概述就够了。

“德国问题”的遗留与马丁·鲍曼的命运有关，他也是于柏林沦陷期间失踪的。他经历了什么？经过调查，我确信他至死未能离开柏林。他曾尽力求生，并打算前 xi
往西德，为当时在丹麦边境普罗恩（Ploen）的邓尼茨上将提供有用的情报，邓尼茨是希特勒钦点的继任者。我知道鲍曼活着离开了希特勒的地堡，只是未能抵达自己的目的地。希特勒青年团领袖阿图尔·阿克斯曼（Artur

Axmann）声称自己在柏林亲眼见过他的尸体，但这番说辞并无佐证，只是非常间接的证据，我只能暂时接纳。这个问题仍待查明。

因为没有定论，人们在过去五十年中断断续续提出了一长串异想天开的看法。1965年，获准调查此事的苏联记者列夫·别济缅斯基（Lev Bezymenski）尽职地公开了他找到的“证据”，证据显示，冷战期间，鲍曼逃到了南美洲，为“美帝国主义”效力。事实上，别济缅斯基的调查结果本身就是冷战中一场“别有用心”的活动，尽管收效甚微：对他所谓证据的正确解读应为，并非鲍曼离开德国到了南美洲，而是他的办事处从柏林搬到了蒂罗尔州*。但在后来的十年中，一直有人相信“鲍曼逃到了南美洲”的说法。最近一位拥护该说法的人是美国作家拉迪斯拉斯·法拉戈（Ladislas Farago），一个有进取心又相当容易轻信的人。在走完穿越这一广袤大陆的一条热门追踪路线后，他声称自己把鲍曼追得躲进了玻利维亚的一家至圣救主会医院，并在那里听到他躺在床上、气息微弱地说出了临终遗言。随着此言一出，“南美洲说法”也走到了尽头：过于夸张，贪功致败。该说法

---

* 蒂罗尔州位于奥地利西部。本书所有*注均为译者注，余不一一。

破产的另一原因是，出现了另一个看似更可信的说法。

这一说法声称鲍曼在苏联。这一观点出人意料，但也并不新鲜，自 1945 年开始，就有人指出过一些疑似鲍曼在苏联的迹象，直到 1971 年秋，法拉戈正在阿根廷追逐他的“猎物”时，该说法才带着更劲爆的内容正式在德国提出。它的拥护者是赖因哈德·格伦（Reinrhard Gehlen）将军，此人是这一领域的权威人士，也是德国比较有名望的人物。

二战期间，格伦任职于纳粹德国的对外情报局阿勃维尔（Abwehr），负责指挥在苏联前线的间谍活动。后来，得益于这段经历、阿登纳博士[*1]的支持和冷战的开始，他成为西德新情报机构德国联邦情报局的负责人。现在， xii
他在回忆录中打破（他的原话）长久的沉默，透露称，二战期间，他和他的长官卡纳里斯上将[*2]独立得出了相同的结论：自对苏战争爆发以来，鲍曼一直是安插在希特勒总部的苏联间谍，定期向苏联提供至关重要的战略情报，导致了德国的战败；格伦还说，自己最近还发现了这一故事的后续：1945 年，作为对鲍曼所做贡献的回

---

*1　联邦德国（西德）总理康拉德·阿登纳。

*2　海军上将威廉·弗兰茨·卡纳里斯曾是纳粹德国对外情报局阿勃维尔的局长。

报，苏联在他的要求之下，在莫斯科将他保护起来；偶有可靠人证声称在莫斯科见到了鲍曼，而他已于不久前在那里去世。

对于这一有趣的说法，格伦并没有给出自己的消息来源，他解释称，自己的线人也需要保护。因此，尽管他有不少的批评者和敌人，但他们并未理会这一说法。更重要的是，短短一年之后就有人在西柏林莱尔特火车站[*1]附近的荒地中挖出了两副人类骸骨，经法医确认，它们分属鲍曼和施通普费格医生[*2]，他们两人是一同逃离地堡的。而且发现这一骸骨的地方距离阿克斯曼声称见过他们尸体的地方并不远。这一事实有力驳斥了格伦的说法。基于这一证据[1]，1945 年立案，指控鲍曼为主要战犯的案件正式结案。自此，人们认为这一谜题已经解开，持续了 27 年的追捕令也可以撤销了。这也是我在本书第五版（1978 年）中提到此事时的立场，1982 年再版时，我也并不认为有追加评论的必要。

---

*1 现在的柏林中央车站。

*2 路德维希 · 施通普费格（Ludwig Stumpfegger）是一名德国医生，1944—1945 年担任希特勒的私人外科医生。

1 该证据见于《法兰克福市国家检察官办公室刑事起诉马丁 · 鲍曼的最终报告》（1973 年 4 月 4 日），后被约亨 · 冯 · 朗格（Jochen von Lang）作为附录编入 1977 年出版的《希特勒的秘书》（*Der Sekretär*）一书中。

然而，一个看似合理的谬见不会轻易消亡。格伦的说法仍然具有生命力，或许对德国右翼圈子来说，它还具有一定的政治吸引力。1983 年，胡戈·曼弗雷德·贝尔（Hugo Manfred Beer）先生重申了格伦的说法，说辞比格伦本人的更愚蠢，但却更有说服力。贝尔提出的证据说服了阿勃维尔的官员，他重新解读了鲍曼的整个职 xiii
业生涯，以此作为他呈现该证据的背景[1]。既然他的书是严肃的，我们也必须严肃地对待它。

到底是什么证据说服了卡纳里斯和格伦？其实就是 1941 年到 1943 年间，由位于瑞士的“露西间谍网”发往莫斯科的大量无线电信息。阿勃维尔截获并破译了这些信息，发现它们以“韦特”（Werther）为代号，传递着有关德国东部前线作战命令的最新情报，十分详细、准确。卡纳里斯和格伦一致认为，能获得这种情报，只可能是元首总部内出了叛徒，且地位很高，这个人还拥有隐秘独立的通讯手段，能定期、快速地与瑞士方面联络。他们断定这个叛徒是鲍曼，反正他们也对他深恶痛绝。我们得知，卡纳里斯向凯特尔（Keitel）报告了他们的怀疑，但凯特尔出于自身好恶，拒绝向希特勒提及此

1　胡戈·曼弗雷德·贝尔著，《谍报战争中的莫斯科》（*Moskaus As im Kampf der Geheimdienste*，*pähl*，1983 年）。

事：用贝尔的话来说，凯特尔宁愿输掉这场战争，也不愿面对元首的暴怒。因为元首盲目信任着鲍曼。

所以说，卡纳里斯和格伦并非全凭猜测：他们的判断是有根据的。只是这一推断正确吗？鲍曼真的是唯一有可能的"韦特"情报的来源吗？"韦特"的身份从未确认，但也有过其他若干猜想：英国秘密情报局、反纳粹的将领们、阿勃维尔本身。关于这些猜想，并无确凿证据，且都有人反对；然而，鲍曼恰是其中看起来最不可能的，贝尔为了增加自己观点的可信度，试图将鲍曼描绘成一个始终如一的忠诚的共产党员，他的这一做法难道真的能令人信服吗[1]？

---

1 这一荒谬的说法声称，"露西间谍网"的"韦特"情报来自英国秘密情报局，是该情报局基于截获的无线电信息整理的。该说法始于 1967 年马尔科姆·马格里奇（Malcolm Muggeridge）很随意的一个推测，后来的作家们在 E.W. 温特博特姆于 1974 年揭露了情报项目"乌尔特拉"（Ultra）的秘密后，进一步改进了这一说法。它已被前克格勃官员帕维尔·苏多普拉托夫（Pavel Sudoplatov）采信，具体可见其 1994 年出版的著作《特殊任务》（*Special Tasks*）的第 140—145 页。但也有能直接推翻该说法的反对意见。美国中央情报局撰写了一份名为《红色教堂》（*The Rote Kapelle*，华盛顿特区，1979 年）的报告，该报告的作者们怀疑间谍是反纳粹的官员，尤其是阿勃维尔内的：汉斯·奥斯特（Hans Oster），甚至是卡纳里斯本人。如此一来，卡纳里斯会试图将怀疑引到被人厌恶的忠诚纳粹党员鲍曼身上，就非常合理了。但保守派官员为苏联的胜利努力过吗？最适合研究这个**（下转）**

当然，回到 1945 年 5 月，即使当时的鲍曼并非已被接受的苏联间谍，也仍然是个需要保护的逃亡者，可以想象，他若是落入了苏联人之手，苏联人可能会出于某些神秘的原因，决定隐瞒这一事实，不送他去纽伦堡接受公开审判，尽管他们之前承诺会这么做。这一荒谬的假设有任何证据来支撑吗？鲍曼最后一次被目击到时是向东而去的……一位从未见过他本人的德国女性声称认出了他，不过是在柏林的一家苏联审讯中心通过照片认出来的……莫斯科电台报道了鲍曼被捕的消息，苏联总参谋部随后又否认了这一消息……这个证据不是特别可靠。这个证据当然不如挖出的遗骸 xiv

---

（上接）问题的人选是德国作家威廉·里特尔·冯·施拉姆（Wilhelm Ritter von Schramm），因为他曾于 1943 年至 1945 年间就职于希特勒总部的国防军指挥参谋部（Wehrmachtführungsstab）。当时，施拉姆怀疑的对象是陆军中尉威廉·沙伊特（Wilhelm Scheidt）博士，沙伊特从事的是官方的战争史研究。不过，在写作《第三帝国中的背叛》(*Verrat im Dritten Reich*，杜塞尔多夫，1967 年）一书时，施拉姆已经抛弃了该说法："在这方面，我走错了路"（Ich war in dieser Hinsicht selbst auf der falschen Spur. 见第 333 页）。施拉姆就连将鲍曼当作嫌疑人都不愿意，因为鲍曼没有参与军事讨论的权限："政治会议和军事会议是分开进行的"（politische und militärische Konferenzen fanden getrennt statt）。他总结，"韦特"可能根本不是一个人，只是对来自各种不同信息源的信息进行分类的一个类别。真相可能确实如此，但核心问题仍未解决。

有说服力。我们若要相信鲍曼逃到了苏联，就必须相信，法医专家弄错了，这不是鲍曼的遗骸（不过，就连贝尔都承认对施通普费格遗骸的确认是无误的），或者相信遗骸是苏联人偷偷从莫斯科转移到西柏林这座“新坟”中来的，是他们在骸骨上人为地伪造出了应有的分解状态。我们很难想出他们费尽心思布置这样一个骗局的动机是什么。

因此，从证据来看，最可靠的仍是本书所载的阿克斯曼证词。不过，到目前来看，这一由格伦提出、贝尔改进的新说法突然流行了起来。该说法认为，鲍曼是苏联安插在希特勒总部的间谍，是莫斯科在谍报战中的王牌。这种看法太诱人了，总有人难以放手。它对德国人的吸引力显而易见，这或许能成为他们战败的一个合理解释，即他们又遭受了“背后一刀”〔《背后一切》（*Dolchstosslegende*），贝尔所著，一家右翼的私人出版社
xv 出版，已经出到第三版〕。苏联似乎也在认可这一理论，毕竟，它难道不算是苏联情报部门的又一光辉战绩吗？待本书出版时，鲍里斯·塔尔塔科夫斯基先生的书《帝国领袖鲍曼，你究竟是谁？》（*Who Are You*，*Reichsleiter Bormann*？）应该也已问世，书中有一部分内容经克格勃批准后于 1992 年出版，据说未经作者同意。此书在苏联（该作者认为的，鲍曼的埋骨之地）和南美洲（鲍曼

的灵魂仍徘徊之处）流传甚广[1]。我看过塔尔塔科夫斯基先生的这本书，在我看来，它是将贝尔的说法改编成了一部历史小说，完全无法说服我，我不打算为此改变自己的立场。我仍然相信，马丁·鲍曼是在 1945 年 5 月 2 日凌晨死于柏林，柏林挖出的骸骨就是他的，法医判定无误[2]。

所以，这一遗留的“德国问题”——马丁·鲍曼问题，已经解决，仅剩苏联之谜。那最初的“苏联问题”，即苏联对希特勒之死的态度怎样呢？这个问题就像一出精心设计的戏剧，一波三折，观看者会觉得逗趣好笑，排练者却会觉得冗长乏味。苏联当局确实逐渐放弃了斯大林的观点，即希特勒还活着，被西欧保护了起来。但这种放弃并不高明且不雅观，他们通过所谓的独立记者，主要以外语，放出有倾向性的虚假信息的烟幕，他们则藏身其后。这些记者包括多才多艺的别济缅斯基。在本书第五版的附录中，我详细描

1 出版于 1992 年的那部分内容名为《马丁·鲍曼：苏联间谍》（*Vers-ya*：*Martin Bormann Agent Sovietskoi Razbedki*），由奥泰克斯特沃出版社（Otechestvo）出版，被克格勃利用。

2 塔尔塔科夫斯基在书中声称，在莫斯科的一座公墓中发现了鲍曼的墓，碑上刻着“马丁·鲍曼，1900—1970”。遗憾的是，在后来被问到时，他再也找不到那个墓了，墓地的登记簿上也没有记载。

述了苏联的这些操控手段，这些内容现在可以仅作为历史趣闻供读者参考。毕竟事实已毋庸置疑，我无须对自己的引言章节进行任何修改。

xvi 基于这些情况，我很难指望这本书能在苏联出版，甚或只是引起注意。有一次，它差点就悄悄越过了“屏障”。1959 年，英国文化教育协会获准在莫斯科举办英国书展。但就在书展正式开幕的前一天，苏联当局仔细检查了参展书目，在三千卷图书中发现了《希特勒的末日》，当即要求，若不撤回这本书和另外的一两卷违禁书，就取消整个书展。他们并未给出理由，但此举至少与他们之前的政策一致。我当时碰巧在莫斯科，得以欣赏到这一整出闹剧。

这些就是关于本书的争议，尽管它是无罪的，但它引发的争议未曾散去。现在，在处理完这些问题之后，在五十周年纪念的这一年里，我或许可以从这些学究味的细节中抽身出来，跨越半个世纪，回看我开展调查时的难忘经历，以及当时写作本书的心境。其实，打从一开始，我就不仅想做每位历史学家都必须完成的事，即写出一本能经受住时间考验，能赢得并维持住权威性的书，还相信这本书能够做到；这些都在我的计划之内。现在承认了这些，是否会有人指责我爱慕虚荣呢？

于此，我并不认为自己有什么特别大的功劳，我认为这一切应归功于当时的环境，而不是我。大部分近现代史著作都不会，也不可能流传很久，因为作者鲜少能搜集到完整的资料。要么会有新证据出现，推翻旧有的结论，甚至可能是大背景变了，进而改变了其中特定事件的意义。不过，本书涉及的情况非常特殊，甚至是独一无二的。上演这场戏的剧院已经关门；演员不多，但都很知名；演出时不曾允许公众和媒体观看；没有影评；没有公告。原始文件很少，但都在我手里。因此，理论上说，我可以放心地把这个故事讲出来，不必担心日后被证伪。地堡中上演的这场戏无论规模多小，无论多么远离现实，无论多么远离周围发生的重大事件，它都绝 xvii
非微不足道、局限狭隘或无关紧要，它是外面那出大戏的象征，是覆盖其上的一抹阴影：这出大戏不是只上演了几天，它持续了一整代人的时间。那个狭小的地堡浓缩了苦难欧洲的最后一阵抽搐，那段经历太过可怕，即使已经过去五十年，仍会震撼我们。在跌跌撞撞地穿过那条漆黑、恶臭、被水淹没的地道后，我找到了一些湿透易碎的文件——希特勒的建筑平面图。我实在不懂，苏联人为何会将它们原封不动地留在原地。希特勒与戈培尔一同在地堡中研究这些平面图之时，他们头顶上方那满目疮痍的首都柏林，正经受着苏联炮弹如雨点般的轰炸。我怎能不认真思考这一恶性意识形态的必败命运和这一绝对权力的骇人傲慢呢？有哪个历史学家会对这样的挑战和机遇无动于衷呢？说到场面的呈现，当时的场面本身已极富戏剧性，万分离奇，充满可怕的讽刺意味，无须华丽辞藻，只需如实阐述即可。我就是这样做的。用约翰逊博士的话来说，我必须先花点时间冷静下来，并且我这么做了。

在这个版本中，正文部分基本没有改动，但我删了一些已经因过时而多余的序言和附录，以及一些似乎再无保留必要的脚注。另外，我也新增了少量重要脚注。与过去一样，这些新增都注明了年份：作者注，1995 年。

第三版引言

（1956 年）

距离本书完成已经过去了十年。在这十年中，上一场战争留下的谜团，有一些解开了，也有一些越发神秘。1945 年时无法触及的目击证人终于结束了在苏联的长期监禁，重新出现。新书与新的文章质疑或改变了旧有的判断。不过，新揭露的事实并未改变希特勒最后十天的命运，这段故事依然如我 1945 年重现并于 1947 年出版的那样。因此，除了每次重印都会有的细枝末节的修改外，这一版的正文并无其他需要修改之处。当然，我可能会在书中个别地方做些补充，但是，既然没有重大错误需要订正，也没有重大疏漏需要修补，我便决定效仿本丢・彼拉多的机智，宣称：我已经写上了，就这样吧*。

---

* 典故出自《约翰福音》第十九章，多译为“我所写的，我已经写上了”。

我曾想过，任何值得重印的书都不畏惧将重印时新出现的证据加入其中；如果有什么值得发表的新评论，我认为把它们加在脚注或本篇引言中就足够了。新脚注都注明了“1956 年”，好奇者可以去找找它们。在这篇新引言中，我将做两个尝试。第一个尝试是，我将全面介绍一下最初写作本书时的调查过程——这一部分与 1950 年第二版中的内容基本一致。第二个尝试是，我将对迄今为止掌握的所有证据做一个总结，这些证据并不会改变书中已写的故事，但我认为，它们确实为更好地理解其他问题提供了有趣的线索，尤其是了解苏联对希特勒最后数日经历的态度。

1945 年 9 月，历经近五个月，人们仍然看不清希特
xx 勒之死或消失的原委，一切仍然十分神秘。关于他是如何死的或如何逃的，有许多流行的版本。一些人说他是在柏林战斗时被杀，另一些人说他是在蒂尔加滕被军官谋害。一些人认为他搭乘飞机或潜艇跑掉了，正生活在波罗的海一座薄雾笼罩的岛屿上，或是莱茵兰的一座岩石城堡中，偶尔还有人说，他生活在西班牙的一座修道院中。或是南美洲的一个大牧场里，或是在阿尔巴尼亚山区与友好的土匪住在一起。其实，如果苏联人愿意的话，他们是最有能力阐明事实的，可他们更愿意让相关事实继续含混不清。有一次，他们先是宣称希特勒已死，

然后又自我怀疑。后来，他们宣布自己发现了希特勒和爱娃·布劳恩的尸体，并已根据牙齿确认了他们的身份。再后来，他们又指责英国人把爱娃·布劳恩，可能还有希特勒，藏在德国的英占区。而在这一阶段，驻德英国情报当局认为，这种神秘化很尴尬，毫无必要，因此决定收集所有可得证据，尽可能找出真相。我被指派执行这项任务，可根据自己需要，使用该英占区内的一切设施。驻法兰克福的美国当局当即慷慨表态，愿意提供一切资源任我使用，允许我审问他们的囚犯，并确保他们在当地的反间谍组织——作战情报中心（CIC）——配合我[1]。

当时的证据情况如何？希特勒死亡报告的最终依据似乎是 1945 年 5 月 1 日晚，邓尼茨上将通过广播向德国人民发表的声明。声明中，邓尼茨宣布了希特勒的死讯，称他是当天下午率领部队在柏林作战时战死的。当时，人们认可这就是真相，至少是为了某些实用的目的：《泰晤士报》隔天就刊登了希特勒的讣告，德·瓦莱拉（Eamon De Valera）先生在都柏林表达了对这位德国总

---

1 【作者注，1995 年。在这几个月中，希特勒的消失引发了诸多困惑和猜测。唐纳德·M. 麦克卡莱（Donald M. McKale）对它们进行了细致研究，研究结果见《希特勒，幸存传说》（*Hitler*，*The Survival Myth*，纽约，1987 年）。】

理的哀悼，纽伦堡战犯审判名单上也去掉了希特勒的名
xxi 字（鲍曼则不同，并没有任何阐述他最终命运的声明）。但除此之外，邓尼茨的说法也并没有比另一些主张更令人信服。邓尼茨的声明也得到了一些支持，有一位来自斯图加特的卡尔·海因茨·施佩特（Karl Heinz Spaeth）博士，他在巴伐利亚州伊勒蒂森度假期间宣誓作证，5 月 1 日下午，希特勒在动物园地堡*遭到苏联炮火攻击，肺部受伤，他当时就陪在希特勒身边，见证了他的死亡；不过，另一位权威人士——瑞士女记者卡门·莫里（Carmen Mory）——在汉堡同样宣誓做证，据她所知，希特勒和爱娃·布劳恩、爱娃·布劳恩的妹妹格雷特，以及格雷特的丈夫赫尔曼·费格莱因共同生活在巴伐利亚州的一处庄园中。卡门·莫里主动提出，她可以利用自己掌握的诸多渠道亲自调查此事（她说，这是因为她曾被当作间谍关押在德国的某个集中营里，由此获得了大量消息渠道）；她也警告英国当局，任何尝试越过她直接联系线人的企图都是致命的：一旦有任何身着制服的人靠近，他们四人必然会自我了断。鉴于上述两人的故事一听就是假的，因此，在这一问题上，空有书面宣誓

---

* 动物园地堡（Zoo Bunker）指的是希特勒下令修建的高射炮塔 1 号，具有防空功能，因修建在柏林动物园附近而得名。

证词显然不足以被认可为有效证据。

所有开展此类调查的人都会很快意识到一个重要的事实：仅有人的证词是毫无价值的。对历史学家来说，一想到许多历史的撰写依据并不比邓尼茨上将、施佩特博士和卡门·莫里的说法更可靠，就会万分痛苦。1825年的沙皇亚历山大一世之死也存在争议，若有与之相关的此类证词，许多历史学家可能都会认真对待。幸运的是，与希特勒相关的这些证词都来自当代人，我们还有机会确认它们的真伪。

英国历史学家詹姆斯·斯佩丁说，每位历史学家在面对号称是事实的陈述时，都必须问自己一个问题：最先说的是谁，他又是怎么知道的？这样一检验，就会发现，许多历史证据都是无效的。为了寻找卡尔·海因
茨·施佩特博士，我去了他给的在斯图加特的地址。我 xxii
发现那不是一幢私人住宅，而是当地的技术中学。学校里没人认识他，斯图加特的所有名录中也都找不到他的名字。很明显，他的名字和地址都是假的。既然他书面宣誓证词中的这些内容都是假的，我们也就没有理由相信他的其他证词了，他知道那些的可能性更低。至于卡门·莫里，她的整个故事稍微考证一下就不攻自破：她从未见过希特勒，也没有接触过任何可能知道真相的人。她给出的事实是可证伪的，基于这些事实给出的论点和

结论显然不合逻辑。与施佩特博士一样，她的整个故事也是编造的。

这些人为什么要给出假的书面宣誓证词？在解读人类动机时，你永远无法完全确信，但有时不妨一猜。卡门·莫里在被关押于德国集中营期间，成为盖世太保的一名特务，负责在她的狱友中挑选供盖世太保屠杀和实验的对象。狱友们都很清楚卡门·莫里的所作所为，在盟军占领集中营，释放被关押者后，她被指控犯罪就只是迟早的事了。或许，她认为编造出一个必须得由她亲自调查的故事，不但可能推迟对她的惩处，还可能在英国获得支持者。她如果真是这样想的，那就大错特错了：没人需要她的帮助。没过多久，她就被军事法庭判处死刑，最终，她于行刑前自杀身亡。

施佩特博士的动机似乎就没有那么理性了。他的故事来源显而易见。他就是在邓尼茨广播声明的基础上，增加了自己推测的一些细节，并给自己这个讲述者安排了一些戏份。邓尼茨说过，希特勒是在 5 月 1 日下午率领部队作战时战死的。施佩特博士接受这一未必真实的事实，并对这一极其简短的说明进行了润色，增加了符合当地情况的色彩和细节，并把自己作为核心人物加入其中。他的动机很可能不是理性的，而是在追求心理上对虚荣的妄想，这种虚荣心会让擅长讲故事的人把自己融入到他们重复讲述的奇闻轶事中，或是让乔治四世相信，他曾亲身上阵，在滑铁卢战役中率领骑兵冲锋。

在人类的特征中，神话创作远比诚实普遍（或许 xxiii
对德国人来说尤为如此）——在我看来，上述事件无疑都印证了这一观点，大大提升了这一说法的可信度。甚至到 1947 年 12 月，还有一名自称鲍姆加特的德国空军飞行员在华沙宣誓做证，声称是自己驾驶飞机于 1945 年 4 月 28 日将希特勒和爱娃·布劳恩送到了丹麦。这个故事明显是杜撰的。调查之初，我就追查了希特勒的两名飞行员——党卫队高级总队长汉斯·鲍尔和党卫队旗队长贝茨，我确定他们两人都于 5 月 1 日晚随鲍曼离开了地堡。贝茨最后一次被目击到是在魏登丹默桥（Weidendammer Bridge）上，自此之后，他的妻子、朋友就再也没有他的消息了。至于鲍尔，他成了苏联的俘虏，关在波兰，他的妻子给我看了一则留言，是 1945 年 10 月从波兰送到巴伐利亚州给她的。除此之外，我们还有希特勒的遗嘱和结婚证书，上面有他亲笔写的“4 月 29 日于柏林”，这可是鲍姆加特声称驾驶飞机把他送到丹麦的第二天。但是，合理的解释根本无力对抗一些人对虚构故事的执迷，后来，鲍姆加特退役，被送进了波兰的精神病院，即便如此，那些想要相信他的人势必还会继续相信他。

当然，并非所有传言都是凭空捏造：其中人为虚构的程度不同，有些传言以事实为基础，或至少以某人一厢情愿的想法为基础。比如施伦堡在瑞典投降后散布的传言，对此，轻信者们急不可耐地就相信了。他坚称是希姆莱毒杀了希特勒，但他是怎么知道的呢？他 1942 年后就再没见过希特勒了[1]。他唯一的证据就是他一厢情愿的想法：他想要相信希姆莱采纳了他的建议，通过对希姆莱的话有选择性的、看似合理的误读，他成功说服自己相信，对方采纳了他的建议。只需问施伦堡几个问题，调查一下希姆莱的随行人员，或是查阅一下贝纳多特伯爵当时的报告，施伦堡的说法就会像施佩特和莫里的故事一样不攻自破。

xxiv 因此，经过仔细研究，与希特勒命运相关的证据仅剩邓尼茨的声明。邓尼茨为何能得知这些事实呢？据人们所知，邓尼茨在 4 月 21 日离开柏林后就再也没有见过希特勒。

他发表那番广播讲话时，人在普罗恩，距离讲话中描述的事件发生地 150 英里。那他又是怎么得知此事的

1 至少他 1945 年接受审讯时是这么说的。后来，在他的回忆录中，他认为自己最后一次见到希特勒的日子比这更晚一些。

呢？我很轻松地找到了这个问题的答案。当所谓的“弗伦斯堡政府”被拘捕后，它的所有文件都被没收，其中包括邓尼茨和希特勒总部之间的一系列往来电报，其中最后一份就是5月1日戈培尔发给邓尼茨的[1]。

这份电报告知邓尼茨，希特勒已于“昨曰”（即4月30日）“三点三十分”去世。这是邓尼茨仅有的证据，最后陪在希特勒身边的那些人都没能与他会合：逃出地堡，见到他的最后目击者是里特尔·冯·格赖姆和汉娜·赖奇，但他们是在希特勒死前约两天离开的。不过，他声称希特勒是率领部队作战时战死的，这一点纯属捏造；他还说希特勒死于5月1日，这也与他手中唯一的证据不符，电报上清楚写明，希特勒于4月30日死亡。由此，邓尼茨也沦为施佩特、莫里以及那些胡编乱造的记者之流，成了一个毫无价值、理应摒弃的权威人士。希特勒之死的唯一证据就是戈培尔签署的那份电报。戈培尔已死，无法再被盘问。与希特勒不同的是，苏联已经找到了戈培尔的尸体。

不过，至少还有一个可能的证据来源。1945年6月9日，苏联指挥官朱可夫元帅向媒体宣布，希特勒在死或

1　电报内容见本书第187—188页。（注释中所有本书页码均为原书页码，即本版边码，余不一一。编者注）

失踪之前与爱娃·布劳恩结婚了。朱可夫说，苏联在地堡中找到了希特勒副官们的日记，由此揭露了这一惊人的事实（因为在此之前几乎没人听说过爱娃·布劳恩，甚至在德国也是如此）。这些日记如果真的存在，无疑是重要的证据来源，因此，我决定向苏联申请查阅它们；不过，在
xxv 此之前，我要先在英美控制地区尽可能收集与之相关的证据，然后利用这些证据引诱苏联交出这些日记以及他们可能拥有的一切其他证据。如果提供信息者都未能经受住考验，那么一定还有其他目击者，他们的地位决定了他们能够看到希特勒的地堡在被苏联占领前所发生的事。

有些事实是可以完全确定的。在盟军关押之人中，有数人直到 4 月 22 日前后才与希特勒分开，这些人包括邓尼茨、凯特尔、约德尔、施佩尔和几名次要人物，因此，在此之前的事实都是清晰的。4 月 22 日，希特勒终于慌了，召开了那场著名的参谋会议，会后，他命令参谋官员离开，但坚持自己留守柏林。从 4 月 22 日到 5 月 2 日苏联占领希特勒总理府的这一段时间，才是真相晦暗不明、没有目击证人的阶段。目击者必然是有的，问题是，他们是谁？我的任务就是找到他们。

无论是这样的问题还是这样的任务，其实都并不困难。留在希特勒身边的也就是那些 4 月 22 日之前和他在一起，且没有在这一天离开的随行人员：将军和政客，文

职人员和副官，秘书，警卫和士兵。弄清楚经常出现在总理府内的希特勒随行人员，并列出一张清单并不难，只需确认 4 月 22 日当天有哪些人离开。其中大多数人都被关押在弗伦斯堡或贝希特斯加登，盘问他们就能知道谁留在了柏林。找到各个级别的代表很有必要——警卫和打字员也可能是与政客、将军一样有用的目击证人。因此，我开始在所有能接触到的盟军囚犯中，尽可能多地寻找当时逃离地堡的人，无论他们身份如何。我的努力很快收到了回报。我在弗伦斯堡的囚犯中找到了政客和将军的代表：凯特尔、约德尔、邓尼茨和施佩尔。我还在贝希特斯加登找到了希特勒的两名秘书：沃尔夫小姐和施罗德小姐，她们都是在 4 月 22 日离开的。帝国安全局第一处（Reichssicherheitsdienst Dienststelle Ⅰ）是希特勒的贴身警卫部门，该部门约半数成员都于 4 月 22 日撤 xxvi
离到了贝希特斯加登，后来在那里被俘。我在路德维希堡和加米施—帕滕基兴的战俘营审问了他们。党卫队元首护卫指挥部（Führerbegleitkommando）是希特勒的警卫部门，该部门一直留守柏林，但在 4 月 22 日，党卫队一级突击中队长博恩霍尔特为执行特殊任务离开了柏林，再未返回：他被盟军抓获，我在石勒苏益格—荷尔斯泰因州新明斯特盘问了他关于他同党之事。至此，我找齐了 4 月 22 日当天或前后离开希特勒地堡的各级别代表，并通过盘问，确定了未与他们一同离开的留守柏林人员。根据他们的回答，我们有可能拼凑出一份完整名单，获知在 4 月 22 日大部队撤离后留守柏林的所有人员。如果能找到他们，就能找到亲历那段晦暗时期的人证。

如何才能找到他们呢？这个问题也没有看上去那么难。他们都被描述为“消失了”，然而事实上，即使是在一场大灾难中，人类也不会消失或蒸发，他们要么死了，要么活着，没有第三种可能。“消失了”这个词并不适用于他们，而是适用于证据。他们若是死了，作为目击者的价值也到此为止；他们若还活着，那么要么是囚徒，要么还自由。若是囚徒，就能在战俘营中找到——至少他们作为西欧列强（Western Power）的俘虏时是可以找到的；如果自由，那就必须四处搜捕了，最值得一搜的是他们的家乡，在那里，他们有朋友，也熟知当地的情况，更能帮他们活下来，不过，在那里，他们也很容易遭到有敌意者的出卖（德国人对他们有着很强的敌意）。因此，我在收集可能的目击者名字时，都会特别留心，以获取一切可能与他们家乡有关的信息，如果他们的名字没有出现在盟军战俘营的名册上，我们就会去他们的家乡寻找，有时真能找到。我完成调查报告、给出结论的截止日期是 1945 年 11 月 1 日，在此之前，通过上述方法，我成功找到并审问了七名那段晦暗时期的目击者，他们均来自不同且独立的部门，我还找到并汇总了其他一些相关材料。这七名目击者分别是：赫尔曼·卡诺，希特勒的贴身警卫，被关押在宁堡，在被我盘问前，已 xxvii
被加拿大和英国当局审问过了；埃里克·曼斯费尔德和希尔科·波彭，也是警卫，分别被关押在不来梅和法灵博斯特尔；埃尔泽·克吕格尔小姐，鲍曼的秘书，羁押在石勒苏益格—荷尔斯泰因州的普罗恩，接受了我的审问；埃里克·肯普卡，希特勒的运输官，于贝希特斯加登被捕，在莫斯堡接受了美国军官和我的审问；汉娜·赖奇，试飞员，被羁押在奥地利，接受了美国官员的审问；冯·瓦罗男爵夫人，希特勒地堡的临时访客，一名英国记者曾在柏林发现过她，通过追踪线索，我在她的家乡比克堡找到并审问了她。其他相关材料包括：科勒将军的日记（出版后才成为证据）[1]，什未林·冯·克罗西克伯爵的日记（是在弗伦斯堡逮捕它的作者时发现的），以及邓尼茨上将及其“政府”的文件。我根据从上述来源获得的证据完成了报告，经由在柏林的情报处提交给了英国政府和在柏林的四方情报委员会。在报告的最后，我还提供了一些可能仍然能用的其他证据来源：我特别提

---

1 卡尔·科勒（Karl Koller），《上个月》（*Der letzte Monat*，曼海姆，1949 年）。

到，苏联的一份官方公报称，他们逮捕了希特勒的飞行员汉斯·鲍尔和帝国安全局局长拉滕胡伯少将（下令埋葬希特勒尸体的人）；其他一些重要目击者可能也已于同一时间被捕；我曾申请查阅那些被俘副官的日记（朱可夫元帅曾以这些日记为权威依据，声称希特勒和爱娃·布劳恩结婚了）。苏联收到了我的申请，但从未回应。

与此同时，我们也向媒体公布了这份报告的简化版[1]。

xxviii 在 1945 年 11 月 1 日报告发布到 1946 年夏我写作本书期间，关于希特勒最后日子的证据大幅增多，不过，这些证据并不影响我所作的结论，只是影响了两个微不足道的细节[2]。因此，我要在这里回应一下人们在该报告发表时提出的相关问题或批评。

必须承认，1945 年 11 月 1 日的这份报告在各地的受认同度不同，而这并不完全是因为它可能存在的逻辑

---

1 这份媒体版报告的正文见威廉·L. 夏伊勒（William L. Shirer）的《柏林日记的终章》（*End of a Berlin Diary*，纽约，1947 年）。1945 年 11 月 2 日的英美报纸上都刊载了对该报告的总结。

2 1945 年 11 月 1 日的报告中，我在没有确凿证据的情况下，称该婚礼的举办时间为 4 月 29 日夜。后来出现的证据表明，该婚礼的实际举办时间为 4 月 29 日凌晨。报告中，我还采信了格布哈特的说法，他说他曾在“4 月 23 日到 24 日左右”去过地堡。后续证据说服了我，让我相信这不是真的。后来，经过对格布哈特的盘问，我确认他去地堡的日期为 4 月 22 日，与我在书中所述一致。

缺陷或明晰度不足。在1945年的整个夏秋，许多足智多谋的记者都在竭尽全力、满腔热情地寻找希特勒的踪迹，狂热调查者们经常到访的地方包括瑞士边境风景宜人的湖泊、蒂罗尔地区浪漫的阿尔卑斯山脉，以及上奥地利州舒适的度假胜地，这些调查者们审慎正直的品行令他们连最微不足道的线索都无法忽视。他们在研究过程中提出了许多令人着迷的说法，但随着冬天临近，他们就不那么愿意进行短途旅行了，他们开始渐渐达成共识，认同希特勒当时确实留在了柏林，也认同解开希特勒命运之谜的最好方式不是在恶劣天气下踏上艰苦的旅程，而是在暖意十足的酒馆中沉思，在沉思中发挥自己的聪明才智。正因如此，才有许多人不认同我的报告，我的报告称希特勒已于4月30日死于柏林（一如戈培尔的说法），对他行踪的一切其他解释都“违背了与之相关的唯一直接证据，且没有任何证据支撑”。批评者们并未真正否认已有的证据，但仍坚称如此有决定性的一个结论仍然存在被推翻的可能，他们还坚称被焚烧的那具尸体不属于希特勒，只是他在最后时刻找来的“替身”。他们认同汉基教授在类似场合说过的这句话，或至少认同其观点：“就算有十分之九的结果与指标相符，只要还有十分之一的不一致，作为正常人，我们都会忽略那九分，
xxix
坚持将那一分研究清楚。”还有一些批评者坚称我撰写报

告所采纳的证人证言都是断章取义、精心拼凑的；他们认为，这些证词是精心预设出的封面故事，应予以全盘否定；他们还认为完全不存在得到恰当复原的证据，因此任何人都可以不受限制地提出和发展任何理论。

在我看来，只需做一下逻辑推导就能轻松推翻他们的这种说法：假设六个人或十二个人都被要求在审讯中讲述同样的故事，那么很可能得到的结果是（假设他们非常忠诚，记忆也从不出错），即使彩排的环境（置身炮火与战斗之中）会有点令人分心、审讯的环境（单独审讯，而且是在六个月后）有点艰难，他们仍然能够在审讯中讲出相同的故事。不过，即便是在如此理想的条件下，也只有在提问范围不超出他们已准备的内容时，他们所提供的一切细节才会一致，一旦审讯者逼迫他们回答未准备过的问题，答案中势必会出现不一致之处，毕竟他们无法再用已经彩排过的相同文本作答，只能依靠自己的想象。此外，如果证人是在尽可能真实地还原他们的共同经历，那么答案的走向将与上述情况截然相反。起初，由于经历和记忆同一事件的方式不同，他们给出的答案自然会有出入，但随着审讯的深入，表面的这些不同被剥离，内在的一致性就会逐渐显露出来。任何审讯者都能很快熟悉这些事实，通过理解它们，往往就能确定证人有没有串供；正是基于这样的事实，我才会确信，我曾直接或间接审问过的希特勒之死目击者并未串供，他们各自都在努力回忆事情的真相。

举个小例子来说明一下：警卫卡诺坚称希特勒和爱
娃·布劳恩的尸体是突然烧了起来，仿佛自燃一般。司 xxx
机肯普卡则坚称，是京舍点的火。这两个版本看似不一致，但进一步盘问发现，他们描述的不过是同一事实的两个方面而已。京舍是用燃烧的抹布点的火，只是他扔抹布时站在地堡的门廊下，站在塔楼旁的卡诺没看见他。证据的合理差异证明这就是该事件的真相。如果卡诺和肯普卡讲的故事都是别人教的，那他们就不可能在最开始时出现分歧。

在撰写11月1日这份报告时，我曾请求苏联提供某些信息，但未能成功，不过，我也不断从其他来源获取到相关信息，它们没有改变我的主要结论，但丰富了相关事实。我的调查终止于11月1日，仅持续六周，我不可能在这么短的时间内确认、追踪、找到并审讯完所有证人。有一些证人是在11月1日之后才被捕并接受审讯的，其中最重要的一位证人是阿图尔·阿克斯曼，他是继巴尔杜尔·冯·席拉赫之后的希特勒青年团领袖，英美两国经过长期执行复杂的情报行动，于1945年12月在巴伐利亚地区的阿尔卑斯山脉将其抓捕。不过，在新获得的信息中，最重要也最令人吃惊的发现来自 1945 年到 1946 年的那个冬天，当时发现的一套文件充分证实了 11 月 1 日那份报告的结论。这套文件是希特勒的个人遗嘱和政治遗嘱，以及他与爱娃·布劳恩的结婚证书。

1945 年 11 月底，我返回牛津休假，收到了来自英国驻巴特恩豪森总部的一则信息，称发现了一份文件，该文件显示是希特勒的遗嘱，但真实性待定。当时的我本就掌握了一些关于希特勒遗嘱的消息，戈培尔在向邓
xxxi 尼茨传达希特勒死讯的电报中也提到：元首在 4 月 29 日写下了一份遗嘱，其中做出了一些政治任命，正在送往邓尼茨处的途中。邓尼茨还曾说过，他派了一架飞机去接送信人，飞行员与抵达了哈弗尔河的送信员取得了联系，但在此之后，就没有音讯了，最终空手而归。由于新发现的那份文件的日期为 4 月 29 日，且包含了几项政治任命，包含了戈培尔电报中提及的那些内容，因此，我们有充分理由相信它的真实性。不过，戈培尔的电报除了似乎证实了那份遗嘱的真实性外，似乎还表明，该遗嘱至少有三份，分别送往邓尼茨处、陆军元帅舍尔纳处（他当时正在波西米亚地区指挥一支集团军）和位于慕尼黑的纳粹党档案馆。因此，我显然有必要将这一发现的前因后果调查清楚。

1945 年夏，卢森堡记者乔治斯·蒂尔斯联系了位于

汉诺威的英国军政府。他希望能为该政府效力，声称自己掌握了许多有用的情报，可以提供与一些有趣话题有关的信息，比如在希特勒柏林地堡中的生活；但他又无法给出合理解释，说明他为什么能获取这些高保密级别的信息，因此，英国军政府并未理会他的求职申请。后来，他被怀疑使用假证件：他在被捕后承认，他其实并不是卢森堡人，而是德国人，他的名字也不是乔治斯·蒂尔斯，而是海因茨·洛伦茨。1945 年 11 月，在对已扣押的他进行例行搜查时，搜查人员在他衣服衬里中发现了一套文件。这些文件似乎是希特勒的个人和政治遗嘱，以及一份由戈培尔博士签署的文件，文件名为“元首政治遗嘱附录”[1]。审讯中，洛伦茨承认最后那几日他就在希特勒的地堡中，并受命将这些文件送到慕尼黑。他证实了戈培尔的说法——这些文件共有三套。他解释道，与他一同逃离柏林的还有两个人：维利·约翰迈尔少校（负责将希特勒的政治遗嘱送到陆军元帅舍尔纳手中）和党卫队旗队长威廉·灿德尔（负责将希特勒的个人和政治 xxxii
遗嘱，以及与爱娃·布劳恩的结婚证书送到邓尼茨上将手中）。毫无疑问，为完善证据并确定这些文件的真实性，我们有必要找到约翰迈尔和灿德尔。

1　该文件正文见本书第 164—165 页。

约翰迈尔就住在伊瑟隆的父母那里，很容易就被找到了。他是一名率直的士兵，拥有无条件的忠诚和无关政治的勇气。起初，他坚称自己对地堡一无所知，后来发现这一立场站不住脚，他又坚称自己只是被派去护送灿德尔和洛伦茨的军人，负责带他们穿过苏联防线，至于他们有何使命，他并不知道——与他无关，不是他该问的。审讯者用尽一切办法都没能让他改变说辞。他与洛伦茨的证词明显不一致，但他的坚持几乎说服了审讯者。显然，想从约翰迈尔这里突破是不可能的了，要想有所进展，只能从灿德尔那里下手。

灿德尔的家在慕尼黑，但所有证据都表明，自德国战败后，他就再也没有回过家。他的妻子住在汉诺威的娘家，并确认自己在战后再未见过丈夫。她解释说，自己仍然希望得到丈夫的消息，也愿意提供灿德尔的照片，以及他母亲和兄弟的地址，希望能借此得到他的消息。这些线索对追捕灿德尔毫无帮助，后来，追捕者才意识到，这一切只是一场精心策划的阴谋，就是为了误导他们。1945 年 12 月，我去了慕尼黑，很快就从非正式的渠道得到了一些消息，我由此确信灿德尔还活着，只是藏了起来，灿德尔夫人则是极力隐瞒他的存在，甚至成功说服他的母亲和兄弟相信他已经死了。在细致入微地调查了当地证据后，我确定灿德尔化名弗雷德里希－威廉·保斯廷，曾在巴伐利亚的泰根塞村做过一段时间果农、菜农。

弄清楚这些后，抓住灿德尔就只是时间问题了。翻阅泰根塞村当地记录，很快就发现了他的行踪，在对他当地住处的突袭失败后，我们继续追踪，发现他去了奥地利边境帕绍附近的一座小村庄——艾登巴赫村。我在 xxxiii
美国作战情报中心成员的陪同下去了艾登巴赫村，12 月 28 日凌晨 3 点，我们找到并逮捕了他。与他住在一起的还有鲍曼的秘书。审讯中，他承认自己曾是纳粹理想主义者，但在亲眼见证自己以前的世界被粉碎后，已经不再对此抱有幻想，能够畅所欲言了。他与洛伦茨的说法一致：他将文件带到了汉诺威，在发现自己不可能将它们送到邓尼茨手中后，便步行到了慕尼黑，将它们藏在一个大箱子里。那个箱子就在泰根塞村，他的一个朋友那里。但我已没有再去一趟泰根塞村的必要了。当我在艾登巴赫村寻找灿德尔时，箱子的保管者被之前的突袭吓到，主动将那个箱子交给了仍留在当地的作战情报中心人员。文件都在里面：希特勒的两份遗嘱和结婚证书——与洛伦茨的说法一致。

灿德尔被捕后，我们的兴趣又回到了德国北部，回到了不肯松口的约翰迈尔身上。对他两名同伴的单独审讯得到了一致的证词，我们以此攻击他声称对此事一无所知的立场，但他仍然坚持自己的版本，说自己没有文件，什么也拿不出来。他这样说显然仅仅是出于忠心。他受命，无论如何绝不能让这些文件落入盟军手中，无论我们掌握了何种证据，他都打算将命令执行到底。无论是恐吓还是利诱，他都不为所动，似乎没有什么能够动摇他，除了理智。我设法和他讲道理。他给不出任何新的证据；他的故事与其他所有人的证词都不一致，而其他人的证词又都能彼此印证，因此，我们不可能采信他的版本；我们没有兴趣扣留他，但我们必须这样做，除非他能把这个明显的不一致解释清楚。在长达两个小时的沟通中，连理智都没能动摇他的坚定；在他一心一意的坚持面前，实实在在的证据似乎都没那么可信了。最终，审讯中的一次暂停改变了他。若你只是审讯某人，那就必须不间断地对其施压；若你是想说服对方，那就必须得有中场休息，只有暂时停下来，才能给对方想清楚个中道理并认可你观点的机会。在这一次暂停中，约翰迈尔理智地思考着，最终说服了自己。他想通了（正如他在随后前往伊瑟隆的漫长车程中所解释的），自己与纳粹党又没什么关系（只是一名普通士兵），如果就连他的同伴——资深且身居高位的纳粹党员——都可以轻易背
xxxiv 叛与他们所谓政治理想相关的信任，那要求他为了他们的事业承受更长久的痛苦，或者守卫已经被他们出卖的

“关隘”，就太不切实际了。因此，这次暂停结束后，在那似乎没完没了的审讯又要开始时，他终于松口说：“我有文件（*Ich habe die Papiere*）。”无须多言，这一句就够了。我们一同驾车前往伊瑟隆，他把我带到了他家的后花园。当时光线昏暗。他用一把斧头劈开了冰冻的地面，挖出了一个瓶子。他用斧头打碎瓶子，抽出我们一直未能找到的最后那份文件，递给了我：希特勒政治遗嘱的第三份，以及随附的一封信，字迹依旧清晰。信中，布格道夫将军告诉陆军元帅舍尔纳，希特勒收到了“希姆莱背叛的消息，非常震惊，痛心疾首”，也正是这个消息驱使他做出了最后的决定。

在将这些文件全部寻回后，与希特勒最后日子相关的证据已基本完整，但早已开始的调查仍在收获回报。1月，也就是在约翰迈尔松口的两周后，冯·贝洛中校被发现在波恩大学学习法律。他是希特勒生前最后一个离开地堡的人，也是负责帮希特勒向总参谋部传达临终指责的人。1946年春夏，终于找到并审问了希特勒的两名秘书，克里斯蒂安夫人和容格夫人。1945年秋，我去过克里斯蒂安夫人婆婆位于普法尔茨的家，只是晚了几天，就错过了她，此后，她一直在躲避搜捕。这些人以及其他人的落网，还有对许多附属人物的审问，为这个故事增添了一些细节和色彩，解决了一些不太重要的遗留问题，不过并未改变任何重要事实。这个故事的主线是明确的，与 1945 年 11 月 1 日发表的第一份报告描述一致。

这些就是我 1945 年调查此事时的经历，后来在英国情报当局的许可和支持下，我根据这些调查写就了本
xxxv 书。本书一经出版，立即招致许多人的反对，他们更愿意相信其他结论；不过，既然世人都没有选择记住那些批评我的人，我此刻也无须指名道姓，打破那份体面的遗忘。我接下来要做的是，聊一聊本书首次出版后出现的新证据，它们或是证实，或是完善，或是质疑了我的结论。在这些证据中，我将着重分析一些目击者的证词。在我开始调查之前，这些目击者就已消失在苏联监狱中，时隔十年，他们终于获释，终于能够讲出自己的故事。

在主要证人中，有五人是我 1945 年找过但没找到的：奥托·京舍（希特勒的党卫军副官）和海因茨·林格（希特勒的贴身随从），他们都目睹了希特勒之死，也参与了焚烧他的尸体，这一点毫无疑问；约翰·拉滕胡伯（希特勒贴身警卫的指挥官），我相信他知道希特勒的埋葬地点；汉斯·鲍尔（希特勒的私人飞行员），他一直跟在希特勒身边，直至最后；以及哈里·门格斯豪森（希特勒的贴身警卫官员），据称，他知道希特勒等人的埋葬地点。当然，还有另外一些重要证人我也未能找到，但他们五

人是我专门找过的，因为我有直接证据能证明他们还活
着。有人在柏林的苏联监狱中确认见到了京舍和林格本
人；在 1945 年 5 月 6 日苏联发表的一份官方公报中，鲍
尔和拉滕胡伯的名字赫然就在战俘之列。然而，正如我
前文所言，向苏联申请见他们是徒劳的，而且苏联人拒
绝回答任何问题。因此，在我写作这本书时，没能得到
这些目击者的任何帮助。不过，我也不是完全失去他们
的消息。在接下来的几年中，我偶尔能从与他们身处同
一监狱，但有幸获释返回德国的战俘那里听闻一些关于
他们的消息。我了解到，他们中的一些人还活着，有的
被关押在莫斯科的卢比扬卡监狱，有的被关押在北极圈
内的沃尔库塔监狱，还有的被关押在斯维尔德洛夫斯克
的大战俘营。我有时甚至会收到一些二手消息——关于
他们在地堡最后几日的只言片语。然而，1955 年秋，阿
登纳博士去了一趟莫斯科，监狱的大门就突然打开了，
截至 1956 年 1 月，这五个人全都获释。其中确有一人，
我一直都接触不到。那就是仍被苏联认定为战犯的京舍， xxxvi
他在返回东德后，又被关进了位于包岑的另一座监狱，
再次消失[1]。不过，业已返回西德的另外四人，已能向世

---

1 1956 年 5 月，京舍获释，搬去了西德；他对媒体发表的声明只是确认了我所写为真。

界讲出他们的故事。林格一回到柏林，就立刻在媒体上发表了自己的故事[1]。鲍尔、拉滕胡伯和门格斯豪森都在自己位于西德的家中接受了我的私人采访，毫无顾忌地回答了我提出的所有问题。

他们揭露的故事带来了何种结果？最重要的一点是，这些故事无不印证了我根据其他证据源还原出的那个故事版本。二者间完全没有矛盾之处，我的版本甚至无须修改[2]。那这些故事对我的版本是否有任何补充或完善呢？尤其重要的是，它们是否有助于解开我未能解开的那些谜题？要回答这个问题，首先得问，这些未解之谜是什么？谜题有两个。第一个是，希特勒和爱娃·布劳恩的尸体在总理府花园中被焚烧后又经历了什么？第二个是，马丁·鲍曼经历了什么？

1945 年时，我并没有关于希特勒和爱娃·布劳恩尸体最终处置的第一手证据。我所掌握的最直接证据来自希特勒的警卫埃里克·曼斯费尔德，他说，1945 年 4

---

1 英文版刊登在 1955 年 10 月 23 日至 1956 年 1 月 1 日的《世界新闻报》上；德文版刊登在 1955 年 11 月 26 日至 1956 年 2 月 11 日的《活报剧》（*Revue*，慕尼黑）上。

2 《观察家报》（1955 年 10 月 9 日）、《曼彻斯特卫报》（1955 年 10 月 10 日）等报纸报道称，鲍尔说自己目睹了希特勒开枪自杀。这是误传，这句话并非鲍尔所说。

月 30 日午夜，他发现地堡紧急出口附近的一个弹坑被修整成了长方形，挖掘痕迹很新，他由此推断那就是他们的埋尸之地。有进一步的证据表明，希特勒的贴身警卫们埋葬了他们的尸体，希特勒青年团领袖阿图尔·阿克斯曼虽然没说亲眼目睹了这一过程，但断言道，他们的埋骨之地就是帝国总理府周围的诸多弹坑之一。但地堡中还流传着其他说法，致使我在 1945 年时无法定论，只能把这个问题当作未解之谜。不过现在可以定论了。 xxxvii
1955 年 10 月，林格和拉滕胡伯在返回德国后也给出了旁证，称自己虽未目睹埋葬过程，但事后曾被告知，他们的尸体被埋在了弹坑中。拉滕胡伯还补充道，他曾被要求去找一面国旗来包裹希特勒的遗骸，以便下葬，只是他未能提供。三个月后，回到家乡不来梅的门格斯豪森也证实了上述说法，他承认自己其实就是那个挖墓人。他说，他们的尸体并没有被完全焚毁，甚至仍能辨认。他把他们埋在三英尺深的地下，尸身下面垫了三块木板。他说，当时还有一个名为格兰泽的同事给他帮忙，不过格兰泽已在柏林的战斗中丧生。如此一来，希特勒在总理府中的埋葬点就不再神秘了。不过，这个谜题也未能完全解决，因为我们现在已知的是，后来希特勒的尸体被挖出，转移到了别处。至于是哪里，就又是一个谜了。

第一个谜题到此为止。现在进入第二个谜题：马丁·鲍曼的命运。1945年时，与此相关的证据相互矛盾，无法确信。数名证人坚称，鲍曼死于5月1日至2日的那个夜里，当时，他搭乘坦克，试图突破敌方炮火，在行至魏登丹默桥上时，该坦克被反坦克火箭筒“铁拳”击中爆炸，鲍曼丧命。但这些证人也都承认，当时现场混乱至极，自己并未见到鲍曼的尸体。作为证人之一的埃里克·肯普卡甚至承认，当时那场爆炸令他暂时性地失明了，这就令人费解，他究竟是如何目睹了鲍曼之死或其他任何事情的[1]。

此外，我在1945年时就已找到三名证人，并与他们分别谈话，而他们都声称，在鲍曼企图逃跑时，自己就跟在他身边。阿图尔·阿克斯曼就是这三名证人之一，他后来声称自己目睹了鲍曼之死。是否相信他的证词完全是一种个人选择，因为没有任何证词可以证明他
xxxviii 的说法。对他有利的一点是，他在其他所有问题上的证词均已被确认为真。不过，他若想保护鲍曼，帮鲍曼逃脱进一步的搜查，那在这个问题上撒谎也是很自然的

1 但是，肯普卡在他的小册子《我烧了阿道夫·希特勒》（*Ich habe Adolf Hitler Verbrannt*，慕尼黑，1950年）中坚称，鲍曼就是“死”在那场爆炸中。

了。因此，1945 年时，我所得出的唯一可接受的结论就是：鲍曼肯定在坦克爆炸中幸存了下来，但很可能死于当晚晚些时候（该结论也无法确认）。这是 1945 年时，我权衡已有证据得出的结论。1956 年的新证据对它有多大改变呢？

答案是，完全没有改变。一方面，林格和鲍尔说，鲍曼死于坦克爆炸——或至少他们说自己是这样认为的，他们再次承认，现场万分混乱，自己并没有看到鲍曼的尸体。另一方面，门格斯豪森坚称鲍曼并未死于那场爆炸。他说，鲍曼当时确实坐在坦克中，但被炸毁的并不是他乘坐的那一辆。此外，1945 年后又出现了另一名目击者，他说，爆炸后，他与鲍曼在一起。这人就是前党卫队少校约阿希姆·蒂布尔齐乌斯，他于 1953 年向一份瑞士报纸发表了一份声明[1]。蒂布尔齐乌斯说，在爆炸后的混乱中，他失去了鲍曼的踪影，但后来，他又在阿特拉斯酒店见到了鲍曼。“当时，他已经换上了便服。我们继续一同快速向希夫鲍尔达姆街和阿尔布雷希特大街的方向前进。后来，我们还是失散了。但他和我一样，有很大几率成功逃离。”

综合这些证据，我们仍然不得不相信，鲍曼在那场爆

1 《联邦报》（伯尔尼，1953 年 2 月 17 日）。

炸中幸存了下来。这些证据也令我们无法确信阿克斯曼的说法。如果我们相信鲍曼已死，那也只是因为没人能给出鲍曼在 1945 年 5 月 1 日后还活着的可令人接受的证据[1]。

这些就是刚归国的战俘们为我在 1945 年还原出的故事所做的贡献。严格意义上说，贡献不大。之前推测的，
xxxix 希特勒的尸体埋于弹坑中，成为事实；马丁·鲍曼的命运仍然成谜。尽管这些新证人并未为我提供多少关于希特勒最后日子的信息，但他们带来了关于另一主题的有趣故事，这个主题就是：苏联对希特勒最后日子之谜的态度。早在 1950 年，我就已在本书的第二版中，对苏联在这方面的政策做了一些概述。现在，有这些新消息源的帮助，我相信自己有能力把这个故事讲完整。

理论上说，苏联自己没有什么大谜题未解，毕竟从一开始，他们就掌握了所有证据。1945 年 5 月 2 日，他们迅速占领了希特勒葬身的地堡。几乎就在同一时间，他们在舍恩豪斯林荫大道的一个啤酒酒窖内逮捕了大量知道真相的希特勒的贴身随从，其中至少有两人是在短短四天内就被他们确认了身份。埋葬着希特勒遗骸的总理府花园也落入了他们之手，且现在仍在他们的掌

---

1 【作者注，1995 年。添加本脚注时，鲍曼的尸体已被发现并确认，这证实了阿克斯曼的证词。见本书前言，第 xii 页。】

控之中。更有甚者，早在他们占领帝国总理府之前，他们就已经得到了一份关于希特勒之死的正式声明，可能还有一份交代其死亡原委的非正式说明。这份声明是汉斯·克雷布斯将军交给他们的。

本书的读者将会从正文中获知，在 1945 年 4 月 30 日到 5 月 1 日的那天夜里，克雷布斯将军奉命前往苏联总部，递交一份局部地区临时投降的提议，提议者是作为希特勒实际上（de facto）继任者的鲍曼和戈培尔。这位克雷布斯将军不仅是希特勒的最后一任总参谋长，也是他最后遗嘱的见证人之一，还曾在莫斯科担任过助理武官；他俄语流利，与苏联红军高层有私交，一直被认为是苏德合作的热情倡导者，这一点最鲜明的体现就是，斯大林曾在公开场合拥抱过他。因此，于希特勒死后那个凌晨出现在朱可夫元帅或当地苏军指挥官丘尔科夫将军[1]面前的这位特使绝不是什么陌生人。不过，他还是得

1　对这次会面的官方记载由 P. 特洛亚诺夫斯基中校发表于苏联红军《红星报》等处，该记载称，克雷布斯见到的是丘尔科夫。杜塞尔多夫《进步报》（1955 年 5 月 19 日）上刊载了另一包含更多间接推测的版本，该版本称，克雷布斯见的是朱可夫。后面这一版本源自归国战俘们的汇报，他们很可能是在克雷布斯返回总理府后，从克雷布斯本人那里听说的。根据该版本的说法，这次会面很友好：对方给克雷布斯倒了一杯伏特加，然后才开始询问地堡中发生的事情。

xl 解释自己此行的任务，以及为什么在他带来的这份授权书上签字的不是希特勒，而是鲍曼和戈培尔。当时的一份苏联报告称，克雷布斯说："我受命到此，通知苏联最高统帅部，元首阿道夫·希特勒已于昨日，4 月 30 日，按照自己的意愿离开了这个世界。"

苏联的这份官方报告自然是不加赘述地道出了事实；但我们并不知道，在这次访问中，或在几个小时后的第二次访问中，克雷布斯是否有被要求提供希特勒之死的详情或证实这件事。我们所能说的只有，克雷布斯作为目击者且会讲俄语，若被如此要求，是可以轻易做到的。总而言之，在希特勒自杀后的短短几个小时内，苏联就从克雷布斯那里得知了这一赤裸裸的事实[1]。接下来，他们只需验证这一事实的真伪即可。

毫无疑问的是，在接下来的一周里，苏联开始核实克雷布斯的说法。5 月 13 日，他们给埋葬希特勒遗体的警卫哈里·门格斯豪森看了一份重要文件。门格斯豪森是在 5 月 1 日至 2 日那天夜里被捕的，且在被捕后的 10 天里一直坚决否认自己与希特勒有关，直至看

1　克雷布斯似乎是在地堡自杀了。至少魏德林将军在被苏军逮捕后是这样告诉他们的。1945 年 6 月 9 日时，苏联也是这样对外公布的。不过，身处莫斯科的斯大林仍然声称克雷布斯还活着，只是藏匿了起来。

到了那份文件，他才明白再怎么否认都没用了，自行考虑后决定屈服。这份文件的日期为5月9日，它基于旁证，全面讲述了希特勒之死，以及门格斯豪森是如何埋葬他的。为苏联汇编这份文件的另有其人，这名德国人显然也是整个过程的参与者，很有可能是京舍[1]。这份文件（至少）是苏联当时掌握的第二份证据， xli
它能让一直顽固否认的门格斯豪森松口，也证明了它的可信度。

在门格斯豪森承认自己就是希特勒遗骨的埋葬者后，苏联立即将他带到总理府花园，命令他指出希特勒之墓的位置。他立刻将押送他的人带往那处弹坑，却发现墓已被挖开，希特勒和爱娃·布劳恩的尸体都被移走了。苏联人显然根据早前的证据采取了行动，门格斯豪森此举则证实了该证据的真实性。

显然，苏联早在5月9日，也就是在得到关于希特勒死亡与埋尸的那份文件当日，就挖出了他们的尸体。因为那天有两名苏联军官，一男一女，去了胡戈·布拉施克医生位于乌兰大街的诊所。布拉施克医生是希特勒

1 门格斯豪森仍然不愿说出汇编这份文件的人是谁，我由此推断，此人还活着。在世者中对此事最了解的很可能是京舍。但其他证人也很有可能为苏联提供足够多的材料，毕竟他们至少能得到二手信息。

的牙医。当这些苏联人找到他家时，他已经逃往慕尼黑，诊所交给了来接替他的另一名犹太牙医，来自西里西亚的费奥多尔·布鲁克医生。苏联人要求布鲁克医生提供希特勒的牙科病历。

布鲁克说自己对布拉施克的工作一无所知，并带他们去找了布拉施克的助手克特·霍伊泽曼小姐。霍伊泽曼现已成为他的助手，一个出人意料的巧合是，她曾在柏林被围攻期间，作为难民被总理府收容，目睹了希特勒最后几日的许多细节。霍伊泽曼告诉苏联人，希特勒从未来过布拉施克医生的诊所，一直是布拉施克医生去总理府；若想找到希特勒的牙科病历，只能去总理府的实验室，那是唯一可能存有这些病历的地方。她经常陪同布拉施克医生前往总理府，对希特勒的牙齿再熟悉不过了。她说，它们具有一些不寻常的特征：特别是上下颚上的齿桥，很有辨识度，另外还有一颗门牙上的“开面冠”，现代牙科已鲜少使用这种开面冠[1]。霍伊泽曼随即
xlii 被带往总理府，但在那里未能找到任何病历，接着，她

1 这些关于希特勒假牙的说法是准确的，得到了希特勒 1944 年 9 月所拍头部 X 光照片的证实（希特勒当时就医的原因是 1944 年 7 月 20 日那场炸弹密谋）。这些 X 光照片是在希特勒私人医生莫雷尔的医疗记录中找到的。非常感谢 D. S. 海顿·威廉斯先生为我耐心讲解这些照片。

又被带到了苏联驻布赫总部。在那里，一名苏联军官给她看了一个雪茄盒，里面装有一个铁十字勋章、一个纳粹党徽和许多牙科配件。当被问及是否认得这些配件时，她回答说，它们明显就是元首阿道夫·希特勒，以及爱娃·布劳恩（尽管在这一点上她不太确定）的东西。5月 11 日，霍伊泽曼获释，她回到布鲁克医生的诊所讲述了自己的经历。几天后，一个男孩给她捎来个消息：她得收拾行李，消失几周。那是布鲁克医生最后一次见到她。八年后，一名从苏联回来的女囚说，她在布特尔卡监狱见过一名叫克特·霍伊泽曼的女囚，很爱跟狱友们分享希特勒最后几天的故事，以及在他死后，关于他假牙的故事，狱友们听得都快吐了，而且至少在她获释时，那人还关在那里[1]。

霍伊泽曼小姐的故事得到了另一名与她无关的证人的证实，那人叫弗里茨·埃希特曼，是名牙科技师，同样被传唤去确认希特勒的牙齿。他确实在 1944 年为希特勒做过牙齿配件，也为爱娃·布劳恩做过一些其他配件。苏联人把他找来，给他看了同一个雪茄盒，同样的

1 《泰晤士报》（1945 年 7 月 9 日）刊登了布鲁克医生的说法；《南德意志报》（1953 年 12 月 30 日）刊登了莉泽洛特·施帕尔克小姐的说法。

内容物。他也确认那些配件属于希特勒和爱娃·布劳恩。而且他也很不幸地被押送至苏联，关入了卢比扬卡监狱。后来，他与哈里·门格斯豪森住进了同一间牢房，得以分享彼此的回忆。他于1954年获释，并为贝希特斯加登地方法院提供了自己的证词，帮助其考虑是否宣布希特勒已在法律意义上死亡[1]。

因此，事实十分清晰：苏联在5月9日逮捕埃希特曼和霍伊泽曼之前，就已经挖出了希特勒和爱娃·布劳恩的尸体。而且挖掘尸体和逮捕他们很可能就是在同一
xliii 天，因为正是那天，苏联获得了一份报告，报告中提供了找到该坟墓的线索。这一挖掘工作似乎是由苏联情报局——内务人民委员部（NKVD）——的一个特别支队执行的。判断依据为，该支队成员之一，菲耶多·帕夫洛维奇·瓦西里基上尉，在被派驻东柏林后，向他的上级，一名东柏林警官，报告了他们是如何找到希特勒和爱娃·布劳恩的尸体的[2]。瓦西里基说："希特勒的颅骨几乎完好无损，因此脑颅和上下颌骨都很完好。"瓦西里

1 《南德意志报》（1953年12月30日）；门格斯豪森的证词；《泰晤士报》（1954年10月14日）。另一名牙医，赫尔穆特·孔茨，也很不幸地为希特勒看过牙，并因此被囚禁于苏联十年之久。见《南德意志报》（1953年10月21日）。

2 《图片报》（1956年1月26日）。

基确认，后来根据牙齿“无可置辩地”证实了尸体的身份。在根据牙齿做完鉴定后的 6 月 13 日，门格斯豪森根据坟墓位置再次确认了尸体的身份。5 月底时，苏联还曾采取过更直接的方法，让门格斯豪森辨认希特勒的尸体。

门格斯豪森描述过这一辨尸过程。他们驾车将他带到了菲诺的一片树林，菲诺就在柏林附近。他在那里看到了三具烧焦、发黑的尸体，每具尸体都躺在一个大木箱中。他被询问是否能认出这些尸体的身份。尽管这些尸体遍布火烧和腐烂的痕迹，但对他来说是绝不会认错的：他面前躺着的正是戈培尔、戈培尔夫人和希特勒。戈培尔及其夫人只是表面烧伤。希特勒尸体的状况则要糟糕得多。他的双脚几乎烧没了，皮和肉都已经烧焦、烧黑了，不过，他的面部结构仍然清晰可辨。他的一侧太阳穴上有一个弹孔，但上下颌骨都完好无损。在辨认完尸体的身份后，门格斯豪森又被带回了监狱。他并不知道苏联后来又对那些尸体做了什么。三个月后，他和埃希特曼、霍伊泽曼一样，被转移至苏联，关押了十一年。

因此，到 6 月初时，苏联已经掌握了希特勒之死的原委，并汇总各种证词，确认了他的坟墓和尸体。除了克雷布斯在 4 月 30 日至 5 月 1 日那天夜里向他们提供

的证据，以及他们可能从其他被逮捕的地堡相关证人处获取的证据外，他们还有一份日期为5月9日的文件，
xliv 其可信性已经在成功让门格斯豪森松口时得到了证实。他们还从门格斯豪森口中得知了希特勒坟墓的位置，并从中找到了尸体，这些也都是证据。此外，他们还分别从霍伊泽曼和其他囚犯处获取了关于地堡最后几日的证词，霍伊泽曼和埃希特曼还分别鉴定了希特勒的牙齿。苏联还拿到了某些“被捕副官”的日记（至少朱可夫元帅是这么说的）。后来，朱可夫元帅说，他正是从这些日记中获知希特勒与爱娃·布劳恩结婚。这些“日记”可能与那份6月9日的文件完全相同，那份文件显然是复原的，并非日记原件；当然，它们也可能是完全独立的文件，进一步扩大了证据量。如今，所有证据都明确指向了同一个方向，尽管从理论上来说，这些证据有可能是串通过的，但就实际而言，证人的数量之多，已足够消除这种持久严谨合谋的可能性。总之，就与希特勒最后几日相关的证据而言，苏联在6月第一周所掌握的（至少是原始材料）已经比我在五个月后还原出来的要多得多了。

那么，我们可能会问，他们为什么从不公布自己的结论呢？他们是不希望揭开事情的真相吗？如果“是”，那就与他们当时的态度不符，他们明明就在积极地搜寻

记录、逮捕目击者、重复开展辨认工作[1]。难道是他们当时在情报工作方面很无能吗？他们在搜查希特勒的地堡时，惊人得丢三落四：希特勒的日记（很厚的一本合订本，14 英寸长，7 英寸宽）就放在他的椅子上，他们都没带走，还是在四个月后被一名英国访客发现的。但就他们对犯人的审讯而言，没人会认为他们的方式愚笨或缺乏章法，我认为我们不应该吹嘘自己的工作比他们的高效。如果要回答前面那个问题，我们就必须摒弃这类假设，并且仔细审视与之相关的现实情况。

6 月的第一周，在柏林的苏联人员承认希特勒已死， xlv
这一点毋庸置疑。6 月 5 日，盟军总司令们在柏林会面，讨论设立四方政府机制，会上，“负责任的苏联军官”告知艾森豪威尔将军的参谋部官员，希特勒的尸体已经找到，并“相当确定”地确认了其身份。他们说，这具尸体是在地堡发现的四具尸体之一，已经严重烧焦——随后，他们将其归因于苏联军队在清理此地敌军时所用的火焰喷射器（我们已知这一说法是错误的）。他们说，苏联的医生们已经检查过这些尸体，“几乎已经确认”了他

1　苏联对戈培尔尸体的辨认工作至少做了三次。第一次是在 5 月 2 日，辨认者为汉斯·弗里奇；第二次是在 5 月 20 日左右，辨认者为戈培尔的私人安全官威廉·埃克斯霍尔德；第三次是在 5 月底，如前文所述，辨认者为门格斯豪森。

们的身份[1]。（苏联军官说）苏联不正式宣布希特勒死讯的唯一原因只可能是，他们不愿意在尚存“一丝怀疑”的情况下表态。不过，他们又明确表示，就目前的证据而言，似乎已能给出希特勒已死的定论[2]。

四天后，即6月9日，朱可夫元帅向媒体发表了公开声明，描述了希特勒总理府里最后几日的情况。他说，希特勒和爱娃·布劳恩结婚了——这也是该消息首次对外公布，但他错将爱娃·布劳恩说成了电影演员。他说，他对这些事实的了解都源自“已落入苏联之手的希特勒副官们的日记”。但在希特勒之死这一关键问题上，他犹豫了。他对苏联的调查只字不提，对在德国揭露的事实只字不提，对尸体的焚烧、埋葬和挖掘只字不提，对牙医和牙齿也只字不提。“这件事的原委非常神秘，”他说，“我们还没能确认那具尸体是否是希特勒。我完全无法断

---

1 值得一提的一个有趣事实是，1946年，阿图尔·阿克斯曼在接受审讯时说，他不得不假定，希特勒是对着嘴开枪自杀的，因为其牙科配件一定碎了［尽管这一点无法从（他所见的）尸体明显看出］，否则，苏联没有利用它们来辨认尸体身份就说不通了。但事实是，这些配件被保存了下来，并且已经用于尸体的辨认。当时，我们很难认为其中还有什么真正可以存疑的空间。

2 苏联的这一声明刊登在1945年6月7日的《泰晤士报》上，其中有一些细节不准确；但这都在预料之中，毕竟他们所用的信息中也有一些是二手的，由艾森豪威尔将军麾下参谋官员在返回巴黎时提供。

言他的命运。他可能在最后一刻乘飞机逃离了柏林。当时的跑道状况应该还能允许飞机起飞。”[1] 后来，苏联军方 xlvi
驻柏林指挥官别尔扎林上将发声说，希特勒很可能还活着。“我们发现了几具尸体疑似希特勒的，但无法断言他已经死了。我个人认为，希特勒正藏身于欧洲某处，可能是与佛朗哥将军在一起。”这个话题自此结束。此后，苏联驻柏林总部再未提过希特勒之死及其原委。全然的沉默笼罩着这个惹人注目的未解之谜。他们对过去承认之事的公然否认，比其他任何做法都更能让人相信，希特勒尚在人间[2]。

从相信希特勒已死到相信他没死的看法反转，明确体现在了艾森豪威尔将军态度的转变上。一直到6月9日，艾森豪威尔都在公开表示自己相信希特勒已死。但在6月10日这天，也就是朱可夫发表公开声明的第二天，艾森豪威尔和朱可夫在法兰克福会面。五天后，艾森豪威尔在巴黎亲眼见证了官方立场在这次会面后的改变。他之前的态度是，他接受希特勒已死的事实，但最近，

---

1 朱可夫元帅的声明发表于1945年6月10日的《真理报》，英文版见于1945年6月11日的《苏联战争新闻》。

2 在朱可夫发表声明后的第二天，也就是1945年6月10日，《星期日快报》上写道：“苏联方面的这些声明将在整个欧洲掀起一场新的追捕热潮。”确如其言。

他会见了对该事实深表怀疑的苏联高层领导人[1]。一周后，英国人公布了赫尔曼·卡诺讲述的故事，他是希特勒的贴身警卫，曾亲眼看着他们的尸体被焚烧，但就因为对希特勒已死的怀疑太过强烈，大众普遍不相信他的说法。9月，苏联的怀疑进一步加深：他们指责英国人包庇希特勒和爱娃·布劳恩，将他们藏匿在德国的英占区，最终目的可能是利用他们来对付自己的盟友苏联，正是这一指责直接促使英国政府委托我来确认相关事实。10月6日，艾森豪威尔将军访问荷兰，据报道，他在乌得勒支对荷兰记者说，尽管他一开始相信希特勒已死，但“现在有理由相信他还活着”。当时，我碰巧就在艾森豪威尔将军位于法兰克福的总部，因此得以向他们指出，无论用于证明希特勒已死的直接证据有多大瑕疵，我们都没
xlvii 有任何理由相信他还活着。艾森豪威尔将军一回到法兰克福就修改了他的声明。他说自己也很难相信希特勒还活着，“但他的苏联朋友们向他保证，他们再也找不出任何能证明希特勒已死的切实证据了”[2]。

苏联不仅坚称自己什么也没发现，还拒绝对盟友发现的证据表现出任何兴趣。当他们在柏林搜捕布拉施克

1 《泰晤士报》，1945年6月16日。
2 《泰晤士报》，1945年10月8日和10月13日。

医生未果时，也不要求美国帮忙在慕尼黑搜寻。他们无视赫尔曼·卡诺及其所讲的故事。1945 年 11 月 1 日，当我在柏林做报告时，苏联对收到的这份报告毫无兴趣。就连苏联媒体也对此只字未提。我请求审问某些苏联囚犯的申请也遭到了无视。十八个月后，在我的书出版时，他们的态度依然如故。尽管我的书《希特勒的末日》被翻译成了许多种语言，包括大多数的欧洲语言和一些亚洲语言，但它从未能穿过那道铁幕。如此明显地把它排除在外，其实就是在认可其中的内容。捷克语版出版于 1948 年 2 月捷克斯洛伐克政变之前；南斯拉夫语版出版于 1948 年 6 月铁托主义解放运动之后；波兰语版被扼杀在出版社的办公室里；保加利亚语版一出现就被警方销毁了。在 1945 年 6 月 9 日后的许多年里，苏联的官方立场从未因证据而改变，它显然已不可改变。苏联官方从不承认希特勒可能死了，它认为，有时甚至公开声明，希特勒还活着。

我们该如何解释这种非同寻常的反转呢？我们确实做不到百分百确定，但也存在一些暗示性的线索。要查明这些线索，获取相关证据，我们就不应该盯着柏林，或任何类似的次要地区，我们应该盯着苏联正统思想的中心——莫斯科。

因为在此期间，身处莫斯科的斯大林一直坚称希特

xlviii 勒还活着，甚至是在苏联驻柏林官员差一点宣布希特勒死讯之时也不例外。甚至早在5月2日凌晨，苏联占领帝国总理府之前，苏联官媒塔斯社就已声称，德国关于希特勒已死的广播声明只是“法西斯的新诡计”。它还补充道：“德国法西斯主义者显然是希望通过散布有关希特勒已死的声明，增加希特勒成功从舞台上消失，转入地下的可能性。”[1]5月26日，一方面，身处柏林的苏联人员还在收集并消化证据；另一方面，斯大林在克里姆林宫内告诉美国总统代表哈里·L. 霍普金斯，他认为“鲍曼、戈培尔和希特勒都已潜逃，藏了起来，克雷布斯可能也是如此”[2]。几乎可以肯定的是，他并不是基于柏林传回的证据说出的这番话，毕竟柏林方面很早之前就已找到并确认了戈培尔的尸体，柏林那边的苏联官员也已承认此事“毋庸置疑”。由此看来，这似乎仅代表了斯大林的个人意见，他要么是因为想要认可这个观点而相信，要么是因为想让别人也相信而将之说出口。6月6日，同样的情况再次上演：一方面，朱可夫元帅的参谋官员正在向艾森豪威尔将军的参谋官员保证，他们已经发现、挖

1 《真理报》，1945年5月2日。

2 罗伯特·E. 舍伍德，《白宫文件》（*The White House Papers*，伦敦，1949年），第880页。

出并以科学方法确认了希特勒的尸体；另一方面，莫斯科那边的斯大林正再一次告知霍普金斯，他不仅没有任何证据可证明希特勒已死，还“确信希特勒仍然活着”[1]。三天后，朱可夫公开改了说辞。斯大林则继续坚持自己的观点。7 月 16 日，斯大林亲自来到柏林参加波茨坦会议。在第二天的会议上，他说自己相信希特勒还活着，很可能就藏在西班牙或阿根廷，这番话令美国国务卿詹姆斯 · F. 伯恩斯很吃惊[2]。杜鲁门总统的代表莱希上将也注意到了这番话。“在希特勒的问题上，”他记录道，“斯大林重复了他在莫斯科对霍普金斯说的话。他相信希特勒已成功潜逃，正躲在某地。他说，苏联调查人员开展了仔细的搜寻，但并没有发现希特勒遗体的任何痕迹，也没有发现任何能证明他已死的直接证据。”[3] 十天后，他 xlix
再次重申，他的观点没有改变[4]。

面对这些证据，你很难不得出这样的结论，是莫斯科方面要求身在柏林的朱可夫更改了自己的观点：6 月 5

1 《白宫文件》，第 902 页。

2 詹姆斯 · F. 伯恩斯，《坦率地说》（*Speaking Frankly*，纽约，1947 年），第 68 页。

3 威廉 · D. 莱希，《身历其境》（*I Was There*，伦敦，1950 年），第 463 页。

4 伯恩斯，在引文中。

日至9日的某个时候，朱可夫接到命令，要求他放弃自己基于证据得出的观点，即希特勒已死，并更改为斯大林出于其他动机给出的说法，即希特勒还活着，“藏匿着……很可能是与佛朗哥将军在一起”[1]。令这一结论更具可信性的一个事实是，苏联第一任负责外交事务的副政委安德烈·维辛斯基恰在这时从莫斯科赶到了柏林，显然是为了让朱可夫牢牢记住自己的身份。6月5日，艾森豪威尔在柏林评价道：“朱可夫似乎不愿意在未咨询过维辛斯基的情况下回答他的任何问题。”两天后，刚刚在莫斯科被斯大林告知“朱可夫在柏林没什么政治权力”的霍普金斯就注意到，“在我们的整个谈话过程中”，维辛斯基“一直在朱可夫耳边”。6月9日，当朱可夫宣布希特勒很可能还活着时，维辛斯基就站在他身旁；第二天，当朱可夫访问法兰克福，告诉艾森豪威尔苏联立场有变时，维辛斯基也在。同样是在维辛斯基在场的情况下，朱可夫在法兰克福发表了一篇详述士兵有义务服从政治家的演讲——讲稿的立场似乎是在维辛斯基出现后修改过的。事实似乎正如霍普金斯告诉艾森豪威尔的

1 值得注意的一个有趣之处在于斯大林观点与别尔扎林上将所说“我的观点”之间的相似之处。别尔扎林认为：希特勒已经躲到了佛朗哥那里避难。别尔扎林是一个不过问政治的军人，似乎不太可能冒险对这样一个“政治”话题发表任何个人观点。

那样，这时的“苏联政府打算完全控制住朱可夫将军”。几个月后，朱可夫，这位在他德国敌人眼中最能干的苏联将军，几乎是被“逐出了”德国，起初是被任命为苏联国内部队总司令，后来，更令他蒙羞的是，他被降级为敖德萨地方军事长官：此后，他只在斯大林死时出现过——带着些许荣光出现[1]。

斯大林为什么要这样纠正朱可夫，让他放弃希特勒已死这个“几乎可以肯定”且至少合理的结论，转而明确声称希特勒还活着？苏联军官明明就在柏林耐心地搜查、审讯、挖掘尸体和辨认尸体身份，斯大林为什么要求对这些工作保持沉默或予以否认？如果真的心存怀疑，面对西欧盟友提供的，或可解开这些疑惑的证据时，他又为什么要拒绝接受呢？[2] 他是否将对希特勒是死是活的判断看成了一个“政治”问题？即认为，无论证据如何，出于政治考量，他都必须公开坚称希特勒已成功潜逃，躲了起来，绝非英勇战死于他那一片废墟的都城之中。他有没有可能是

1　有几条证据表明，斯大林坚决要让朱可夫蒙羞。例如，他改写了苏联的战争史，减少或删除了朱可夫在其中的作用。见艾萨克·多伊彻，《斯大林》(*Stalin*，1949 年)，第 483 页注；第 562 页。

2　例如，西方盟友从希特勒的医生处获得了大量医疗记录，包括他的头部 X 光照片，这些照片本可以成为根据尸体颅骨辨认其身份的决定性证据。

害怕，一旦纳粹主义死灰复燃，承认希特勒已死之举可能导致与之相关的地方被奉为圣地、朝圣之处、圣殿和遗址，进而持续助长反苏联、反布尔什维克斗士的精神？他是不是畏惧战功赫赫的苏联将领手中的政治权力，这才决心剥夺他们这个“政治”问题的控制权？他们对待朱可夫的方式，一如他对大元帅头衔的获取，都表明他确实不信任他们，而在他死后，许多苏联红军领导人，尤其是朱可夫，便开始报复他的继任者，报复他在苏联的“格鲁吉亚”派系，这也表明，他们真的是相互敌对的。可以想象，当我们想起发生布尔什维克内部斗争的逼仄阴暗之地时，希特勒之死的问题，以及官方对此的立场可能都象征着苏联政坛内部某种深层次的紧张关系。还是说，斯大林只是在准备又一根有用的“大棒”，想以此击败他所痛恨的佛朗哥将军？[1] 或者，上述分析都把他想得太过复杂了？或许，斯
li 大林只是弄错了，或许，就像教皇的轻率行为一样，只是因为其意识形态的这种权力体系，就让他那考虑不周的独断成了必然的真理。我们并不能排除这种可能性。到 1945 年，在斯大林自己眼中，他已经成为全世界最伟大的政治

1 应该记住的是，当时，斯大林要求推翻佛朗哥政权，以取得对抗法西斯主义的完全胜利。正如 1945 年 7 月 6 日《真理报》上的一篇报道《希特勒的间谍，佛朗哥将军！》所说：“要实现欧洲的和平与安全，就必须尽早消灭法西斯主义在伊比利亚半岛的温床。”

家、战略家和哲学家，以及“人类的父亲和老师”；他的统治集团中有一大群对他惟命是从的人，因此，他的随口一言也会变成绝对正确的真理，任何有悖于这些真理的证据都得低头退让。斯大林声称希特勒还活着，这其中很可能并不存在什么不可告人的目的，仅仅是出于这位伟人的充分自信，然后，其专制性的官僚体制把他的随口一言变成了信条。无论原因为何，事实都是，这一观点压倒了其他一切观点。其实，在柏林的苏联人员拥有着能驳斥这一观点的证据。但对他们来说，支持这一观点很难，否认它又很不明智。在这种情况下，最有利于他们的策略就是保持沉默。我现在才明白，当西欧盟友因为他们的沉默而“好管闲事地”主动要帮忙时，他们到底有多厌烦，毕竟西欧盟友想要提供的恰恰是他们最不需要的——更多的证据。

不过，这一观点没能永久存在下去。1950 年，在本书英文版的第二版出版时，该观点的统治仍然牢不可破，至少明面上是如此。但与此同时，苏联这片土地已经默默为改变做好了准备。1949 年，一部新的彩色“纪录”片开始制作。1950 年 6 月，该影片在柏林的苏占区上映，电影名为《攻克柏林》[1]，影片制作人是 M. 恰乌列利，主

1 M. 安贾帕里泽和 V. 齐尔吉拉泽在《电影艺术》(1950 年第 4 卷) 上发表的一篇文章称,《攻克柏林》的剧本历经八次修改，于 1948 年 5 月完成，并于 1949 年 1 月开始拍摄。

要呈现的是对斯大林不曾间断的过分谄媚且令人作呕的崇拜。影片制作时，斯大林还活着，正享受着他在人世间被神化的最后阶段。不过，影片中有一点偏离了此前
lii 正统的斯大林主义观点。影片中的希特勒并没有逃往西班牙或阿根廷，而是在总理府的地堡中自杀了，情节基本与我书中所述一致。

究竟发生了什么，才让苏联有了之前那样突然、毫无预兆、无法解释的大转变，才让其路线突然反转了呢？要获取有关这一问题的线索，就得调查刚刚从苏联监狱获释回国的那些证人。因为在 6 月 9 日的那次大转变后，故事的整个舞台，包括演员和道具，都从德国转移到了苏联。到 8 月底，演员全部就位，似乎也包括这部剧中的核心人物——元首希特勒烧焦、腐烂的遗体[1]。这些证人曾是苏联红军的俘虏，在抵达莫斯科后，被定性为政治犯，集中关押于莫斯科的卢比扬卡监狱，但不允许相互联系，其中包括鲍尔、拉滕胡伯、门格斯豪森、

1 目前尚不清楚那些尸体是如何转运至苏联的。苏联显然让鲍尔以为，这些尸体一直在柏林，直到 1946 年夏才转运至苏联；不过，这种看法有可能是错的，或者，这些尸体有可能是与帝国总理府小组一起被暂时带到柏林的（见下文）。瓦西里基似乎暗示过转移尸体的时间是 1945 年夏，而这似乎是一个合理的假设。死的与活的证据很可能是一起被运到苏联的。

埃希特曼、林格和京舍。他们都是著名的“帝国总理府小组”成员。当苏联这边的新舞台布置好后，就需要重新系统性地逐一审查他们了。他们被要求写下自己在纳粹柏林最后几日里的全部经历。他们疲惫不堪地重复着已经在德国交代过的事实。在很长一段时间里，苏联根本不相信他们的说法。比如鲍尔，因为他曾是希特勒的飞行员，苏联就指控他亲自驾驶飞机，或安排飞机带希特勒逃离柏林，去往安全的地方：难道希特勒现在不在西班牙或阿根廷吗？比如拉滕胡伯，因为他曾负责希特勒的安保，他们就指控他帮助希特勒搭乘德国U型潜艇秘密逃往阿根廷。他们提到的永远是西班牙或阿根廷，完全与斯大林在1945年5月所坚称的一致。有一 liii
次，就在拉滕胡伯第无数次重复完事实后，审讯者对他说：“够了，别再胡编乱诌了，快说实话。”最终，在将近一年的审讯后，至少鲍尔自己感觉到，逮捕他的人对他的怀疑开始逐渐消失。随后，1946年夏，在这一出阴沉、持续、缓慢、絮叨的苏联喜剧中出现了一个新的场景。

苏联突然将“帝国总理府小组”成员集合到一起，带出监狱，不给任何解释地送上火车，然后又送上飞机。飞机着陆后，他们才发现自己回到了柏林。他们被带去了总理府，苏联要求他们原址重现希特勒死亡、被焚和被埋的整个场景[1]。这一令人毛骨悚然的任务似乎终于让苏联满意了。在柏林期间，他们有一次甚至承诺要让鲍尔等人看一看元首希特勒的遗骸，只是这个承诺从未兑现。苏联在得到了满意的结论后，开始着手消灭证据。他们把证人带回苏联，关进了不同的监狱，有的在北极圈内，有的在乌拉尔山脉；他们将总理府夷为平地，用烈性炸药炸毁地堡；至于希特勒的尸体，过去，希特勒本人为防止苏联凌辱自己的尸体而煞费苦心地隐藏，现在，苏联在确认了尸体的身份后，为了防止德国人崇拜它，也在想方设法地隐藏。

三年后，一名德国囚犯从乌拉尔监狱转移到卢比扬卡监狱，并被问到，是否能确认照片中的焦尸是不是希特勒和爱娃·布劳恩。那人无法给出肯定的回答，说他得亲眼看看那两具尸体才能确定。审讯者问道："那么，你是不是不相信这些尸体现在在莫斯科？"他承认自己不相信。"希特勒的尸体，"审讯者接着说，"由我们保管比放在柏林的勃兰登堡门下更好。死人可能比活人更危险。如果腓特烈大帝没有被葬在波茨坦，德国人就不会在过去的两个
liv 世纪里发动那么多场战争了。德国人喜欢殉道者！"[2]但这

1 关于此次事件的描述可见于 1955 年 5 月 5 日的《进步报》（杜塞尔多夫）。

2 这名前囚犯（身份仍然未知）的叙述刊登在 1956 年 2 月 11 日的《活报剧》（慕尼黑）上。

个殉道者是不会让他们找到的。虽然在获得更多了解后，一些关于他们的背景知识有所改变，但我最初的评论竟碰巧言中："就像被秘密埋葬于布森托河河床之下的阿拉里克一样，现代的这名人类毁灭者也永远不会被发现了。"

最终，尽管存在官方偏见，苏联还是在经历了漫长的怀疑后接受了关于希特勒最终几日的真相，该真相与本书所述基本一致。相较于我，他们所用的方法和消息来源不同；他们的调查完全独立——其实没有必要这样完全排他；他们更不情愿得出结论。但他们的最终结论与我的结论相同。我的结论是通过合理方法得出，不过，若我确实觉得这些结论还需确认，那么，在我看来，最能证明我的结论正确性的，恰恰是我和苏联在上述情况下仍能得出一致结论的事实。不用太久，这些证据肯定能说服大家相信希特勒已死，甚至包括到 1956 年 5 月还在犹豫，不知是否应该宣布希特勒已死的德国法院[1]。

1　1940 年，希特勒从亚罗米尔·切尔宁－莫齐伯爵手中获得了一幅维米尔的画：《画室里的画家》。后来，这幅画被奥地利政府没收，1952 年，为了获得它的合法所有权，奥地利政府希望德国法院出具一份希特勒已死的法律声明。贝希特斯加登法院和柏林—舍讷贝格法院（都是地方法院）之间出现了管辖权纠纷。1955 年 7 月，纠纷结束，管辖权归贝希特斯加登法院所有。1955 年 10 月，贝希特斯加登法院推迟出具最终死亡证明，表示需要等到所有被关押在苏联的德国囚犯回国之后。

我已经说过，苏联版本与我的版本“基本”一致，用“基本”是因为，我必须承认，我们确实在一个小细节上有分歧。无论是在早期承认希特勒已死的声明中，还是在后来的那部电影中，苏联都指出，希特勒是服毒自杀的。1945 年 6 月 5 日，朱可夫的参谋官员说，苏联医生已经检查过希特勒的尸体，确认其死于中毒。在他们的电影中，希特勒吞下了一粒有毒的胶囊。但我说过，
lv 希特勒是饮弹自尽的。鉴于希特勒的尸体在苏联手中，不在我手中，他们显然比我更能准确判定死因。另一方面，他们的声明通通不具权威性，不合乎逻辑，甚至连旁证都没有。他们在 1945 年 6 月 9 日之前发表的早期声明都是非官方的、二手的。至少就报道出来的版本来看，它们都存在一些一目了然的不准确之处；他们的电影充斥着具有强烈倾向性的错误，不能被视为科学的证明材料。在这种情况下，最好的做法可能是，绕到那些不严密的声明背后，重新审查现有证据。

回到 1945 年，当时找到的第一名证人是希特勒的私人司机埃里克·肯普卡。他在逃离柏林后，被美国人抓住了。审讯中，他说，希特勒刚死，检查过尸体的京舍就告诉他，希特勒是饮弹自尽的。

当然，这也只是二手证据；但肯普卡补充道，在帮忙将爱娃·布劳恩的尸体抬去外面的焚烧点后，他亲自回

到了希特勒的“死亡房间”，看到了地板上的两把左轮手枪，一把是瓦尔特 7.65 毫米手枪，另一把是瓦尔特 6.35 毫米手枪。七个月后，该证词得到了希特勒青年团领袖阿图尔·阿克斯曼的证实和完善，他之前一直潜逃藏身于巴伐利亚的阿尔卑斯山区，因此不可能与肯普卡串供。阿克斯曼说，他是在希特勒自杀后立即进入“死亡房间”的人之一。“我们一进去，就看见元首坐在一张小长软凳上，爱娃·布劳恩就在他身边，头靠在他肩上。元首的身体只是微微前倾，每个人都意识到他已经死了。他的下颌微微松垂着，地上躺着一把手枪。血从两侧太阳穴滴落下来，他的嘴里含满了血，但周围没有喷溅出多少血迹……我认为希特勒是先服毒，然后饮弹自尽，他太阳穴上的血来自这次射击造成的脑震荡。”

这就是我在 1946 年得到的证据。现在，林格和门格斯豪森的证词又为我提供了补充证据，中间间隔的这十年，他们一直被关在苏联监狱中，完全没有机会与肯普卡或阿克斯曼串供。林格是直接目击证人，他也是在希 lvi
特勒自杀后立即进入“死亡房间”的人之一，而且是他把希特勒的尸体抬到了花园中。根据他的描述，当他走进房间时，“阿道夫·希特勒的尸体几乎是直挺挺地坐在长软凳上。他右侧太阳穴上有一个小洞，是一枚德国银马克的大小。脸颊上，一小股血正在缓缓淌下。”这番话完全证实了阿克斯曼完全独立给出的说法。接着，林格又证实肯普卡提供的细节："地上躺着一把枪，一把瓦尔特 7.65 毫米手枪，是从他右手滑落的。大概一码[*]远处还躺着另一把 6.35 毫米口径的枪。"[1]这里还必须加上门格斯豪森的证词，他说，他在约一个月后见到了希特勒的尸体，看到一侧太阳穴上有一个弹孔。他还补充道，根据他检查时尸体的头部状况来看，希特勒是对着头射击的，而不是像我之前所写的那样饮弹自尽。在他看来，太阳穴上的洞是子弹射入，而非射出留下的弹孔。门格斯豪森说，如果希特勒是饮弹自尽，气压肯定会冲碎他的上下颌骨，但他的上下颌骨完好无损。我没有能力判断这个问题，但在咨询了多位专家后，他们给出了截然不同的答案，我只好将这个问题搁置。不过证据似乎已清晰表明，尽管希特勒有可能如阿克斯曼猜测的那样，服了毒[2]，但他肯定是用左轮手枪自杀的[3]。

---

* 一码约为 0.9 米。

1 《世界新闻报》，1955 年 10 月 23 日。

2 苏联人如果在他的尸体上发现了任何中毒的痕迹，此类理论就能很好地做出解释，但我对此表示怀疑。即使是对苏联人来说，希特勒头上的弹孔也肯定比他尸体上的任何中毒痕迹要更明显。既然他们能对弹孔一事只字不提，我们又为什么要认真对待他们给出的关于中毒的说法呢？

3 刚刚获释的京舍也说，希特勒是开枪自杀的。

其实，考虑到希特勒的性格，我应该早料到他会选择这种死法。希特勒很喜欢回忆和展示自己曾是一名军人。他喜欢亲自给他不信任的将领们树立榜样，让他们看到何为真正的德国军人。早在两年前，他就已经非常明确地指出了军人的职责应该是什么。1943 年 2 月，陆军元帅保卢斯在斯大林格勒投降的消息传到他耳中， lvii
他立刻勃然大怒，对着他的总参谋部人员愤怒声讨保卢斯。希特勒问他们，他为什么要在最后一刻任命保卢斯为陆军元帅？除了表示元首会在保卢斯死时给予他荣誉外，还有什么原因呢？当然是希望保卢斯和他麾下的指挥官们自杀。他们本应该“紧密团结起来，化身一只刺猬，并用最后一颗子弹自尽”。他们怎么能不开枪自尽呢？“这是，”他语焉不详地宣称，“每一个人的必经之路。”即使是在和平时期，“即使不是在这样的处境下，德国每年也有大约 1.8 万到 2 万人自杀”。一个战败的指挥官怎么能有苟活的借口呢？“精神崩溃后，你就只剩一条路可走，那就是承认自己对当前局势束手无策，然后开枪自尽。”[1]1945 年 4 月，希特勒意识到他也走到了自己的斯大林格勒。我不认为他会

1 《希特勒指挥他的战争》(*Hitler Directs His War*，纽约，1950 年)，第 17—22 页。

违背自己亲自提出的那些要求。他会选择属于军人的庄严死法，用左轮手枪自尽。

那么，苏联为什么要在描述希特勒之死时去掉左轮手枪这个细节呢？一种虽然只是推测，但完全合理且很可能就是事实的解释是：苏联想要隐瞒希特勒自杀方式的原因，很可能就是希特勒选择这种方式的原因——因为这是军人的死法。我个人觉得这就是他们这样做的原因，毕竟这符合他们的一贯做法。过去的精神暴政是试图通过视觉冲击强烈的公开处决来粉碎虽已失败但仍危险的思想：为了恐吓民众而展出的绞刑架、斩首所用的垫头木和血腥的牢房。不过，无论这种公开示众的清算方式在行刑当时有多奏效，往往都会成为滋长未来传说的养料：死者的遗物，可供朝圣的处刑地。因此，一般来说，后来的极权主义者更愿意采用一种不那么具有视觉冲击力的方式：让他们的敌人被渐渐遗忘在无名之墓中，不给后世留下任何可供敬奉的遗物。

上述所言，就是我所认为的原因，他们是基于这个想法，才会隐瞒希特勒之死的原委、藏起他的尸骨并摧
lviii 毁他自杀和举行北欧式葬礼之地。事情很有可能是这样的：他们发现此事再也瞒不下去了，决定承认事实，但认为有必要修改一处细节。军人的死法可能在德国人眼中是英勇就义，服毒自杀可能在苏联人眼中是被逼无奈

的权宜之计。

如果真是如此，那就引出了一个大家都会感兴趣之处。因为我写作本书的初衷恰恰就是苏联不满本书的原因：（尽己所能地）阻止希特勒的传说再现。由此可见，在这一点上，我们和苏联的目的完全相同，只是所用方法似乎截然不同：他们选择压着证据不公开，我们选择公开。二者中哪种更有效还无法定论。我只能说，我认为自己的更有效。因为，你何时见过，当人们真的想要了解传说时，掩盖真相就能阻止传说的产生？你何时见过，当人们真的想要可供纪念的遗物时，藏起真的就能阻止他们发现假的？你何时见过，当人们真的想要朝圣时，不告知真神龛的所在，就能阻止他们找个假的去瞻仰？此外，如果我对苏联的观点描述无误的话，其中似乎隐含着某种不祥的意味。如果他们恐惧真相，难道不正好说明他们相信真相拥有着强大的影响力吗？也就是相信希特勒的统治确实能煽动人心，相信他的结局确实光荣（glorious），以及相信要防止这种感觉在民众间蔓延，就必须隐瞒这一切。对此，我并不认同。或许是我对人性和人之理性的相信太过天真吧，但在我看来，希特勒的统治极端邪恶，性格极度可憎，没有人会因为真实获知了他的人生或他故意设计的、极富戏剧性的结局而仰慕他。

我认为，希特勒的最后几日明显是他精心设计的一出戏。他选择这种死法的原因不仅仅是希望逃避公开审判，或者是防止苏联找到他的尸体。他之前的整段职业生涯都是一出精心策划的戏剧，甚至歌剧；如果以一种枯燥乏味或丑态百出的方式结束，那就彻底背离了他的人生哲学。很久以前，他在自己还是一名胜利者的日子里就经常宣称，唯一能与站在巅峰比肩的就是壮烈而亡：
lix 就像加沙城的大力士参孙，他推倒了敌人的庙宇，与他们同归于尽。甚至早在希特勒都没想过自己可能失败之时，他就已经提到过理想的死法。“简言之，”他在 1942 年 2 月说道，“如果一个人没有可遗赠房屋的家人，那么最好的做法就是将房屋连同里面的一切付之一炬——用垒起的壮观的火葬柴堆！”[1] 他在享受胜利的那几个月里，应该不曾想到自己曾经描绘的死法会那么快落到自己身上。幸运的是，在那一刻来临之际，那个不可或缺的人就在他身边——这一纳粹乐章的指挥，约瑟夫·戈培尔。戈培尔用二十年的时间，为这出可怕的瓦格纳风格情节剧设计了舞台装饰、伴奏和广告。1945 年 3 月 27 日，戈培尔的助手鲁道夫·泽姆勒在日记中记录了这最后一幕的准备工作。“戈培尔，”他写道，“已经说服希特勒

---

1 《希特勒席间闲谈录》(*Hitler's Table Talk*，1953 年)，第 316 页。

不离开柏林。他帮希特勒回忆起了 1933 年 1 月 30 日发下的誓言。那天夜里，希特勒在帝国总理府对戈培尔说：‘我们再也不能自愿离开这栋建筑。在这个世界上，再没有任何力量可以迫使我们抛下我们的位置。现在，我们正在为创造真正的诸神黄昏的场景做准备。’”[1] 本书记录的就是那个精心设计的“诸神黄昏”的场景。本书也证明了其掌控手法之娴熟。不过，这样一出精心编排的情节剧，激发出的到底是敬意还是效仿呢？这就只能由读者自行判断了。判断的正误将由后世之人来证明。

---

1 R. 泽姆勒，《戈培尔，希特勒近旁之人》（*Goebbels*，*the Man Next to Hitler*，1947 年），第 188 页。

第一章

希特勒和他的王庭

希特勒所宣传的“新秩序”已成过眼云烟，他的“千年帝国”也在短短十年中土崩瓦解，现在，我们终于能够在这片硝烟尚未散尽的瓦砾废墟之中，寻找那场荒诞悲剧的真相。这是一项十分有趣，也能令人懊悔的研究，因为在这一过程中，我们不仅能发现真相，还能发现自己犯过多大的错。要了解希特勒末日的惊奇故事，理解纳粹政治的真实特性，就必须先纠正那些错误。我们必须认识到，希特勒不是一颗棋子；那个纳粹政权不是极权主义（totalitarian，它与该词的任何重要词义均不相符）；领导它的政客们组建的不是一个政府，而是一个王庭（court）。这个王庭与东方的任何苏丹国一样，统治的能力不值一提，但玩弄阴谋诡计的能力不可估量[1]。此

1　虽然理论上是有帝国内阁的存在，但其毫无实际意义，也从（**下转**）

外，我们必须了解纳粹学说的真正政治意义，以及它在最后几日中还保留着多少的纯洁性和坚决。我们还必须了解希特勒与陆军总参谋部之间的斗争是何种性质。陆军总参谋部与他政见不同，但他既不能将其解散，也无法消灭，曾有一次还差点被它消灭。如果不能理解这些政治事实和政治关系，那么，要理解 1945 年 4 月的那些事件就会非常困难，而且，从某种意义上来说，我们为收集和整理那些庞杂证据所付出的努力都会付诸东流：因为当我们解开一个谜团，带来的可能是另一个更大的谜团。

2 有些证据中的说法可能自相矛盾。在过去的这些年里，有多少人曾在不知不觉中被纳粹的政治宣传洗了脑，相信纳粹德国是一个极权主义国家——完全整合、全体动员、中央控制！如果真是这样，德国也许已经赢下了这场战争，毕竟当时的它在时间、资源和准备方面拥有巨大优势。事实上，德国的极权主义与真正的极权主义截然不同。真正有效实现中央控制的只有政策（policy），并非行政（administration）。对我们来说（可能也只是

（上接）未召开过内阁会议。纳粹宪法专家兰马斯（Lammers）曾在纽伦堡说过，他曾试图让内阁成员在非正式的场合见一见彼此，一起喝喝啤酒，但希特勒禁止了这种危险的尝试。

对我们来说），全面战争意味着集中举国之力参战，暂停一切无关产业，但在德国，许多无关紧要的奢侈品仍在继续生产。全面战争意味着用尽一切方法和要素，且不顾后果的战争。在纳粹德国，军工生产、人力、行政和情报均未得到合理集中；里宾特洛甫曾在纽伦堡审判中坚称，所有的外国情报都不是来自他们的外交部，而是来自三十家相互竞争的机构，此言基本为真。德国的政治和行政结构并不是纳粹党人所说的“金字塔式”和“大一统式”，而是由私人企业集团、私人军队和私人情报机构构成的一团乱麻。其实，不负责任的绝对主义（absolutism）与极权政府是不相容的；因为面对政治的不确定性、随意改变的危险和对个人报复的恐惧，所有人，无论地位高低，要保护自己，避免意外，都必须尽可能保住自己想方设法从公共资源中获取的权力。最终导致的结果就是，公共资源不复存在。统治者的不负责任会导致国民的不负责任；联合体（Commonwealth）这一概念将仅存在于政治宣传中；政治将变成封建无政府状态，一个毋庸置疑的暴君或许可以利用个人权力隐瞒这一状态的存在，但无力改变它。

许多人对这一暴君的了解也大错特错，常常将他当作工具，然而事实是，他的个人权力之大毋庸置疑，在死之前，他一直牢牢掌控着自己创造的这场混乱，并隐

藏了它的真实本质——甚至在死后，他仍然能从坟墓中
操纵那些站在纽伦堡被告席上软弱又不中用的下属们！
3 如果没有任何外部力量来约束、控制这种绝对主义，那
么我们也无法指望其内部的抵抗能够纠正它了。没有人能逃脱绝对权力的腐蚀。当权力受制于不安全感或竞争时，才会产生可能影响权力行使的自我抑制、谨慎和自省；在希特勒的最后几年中，你是不可能找到他在职业生涯初期用过的那些外交手腕和做出的妥协退让的，也不可能找到《我的奋斗》中提及的他的有所保留和偶尔谦逊[1]。

还有纳粹主义本身，它是这场德国巨变的信仰，为它取得短暂但轰轰烈烈的成功奠定了基础、提供了激励，它在德国政治中的重要性不亚于加尔文主义在早期动荡时代中的重要性。许多值得敬重的学者研究过这个充斥着野蛮的北欧式荒诞的庞大体系，分析了它的组成部分，找到了它遥远的起源，解释了它的意义，并纠正了它的错误。不过在我看来，关于这一令人沮丧的主题，最好、最有启发性、最有价值的研究成果并非来自勤奋的学者，

1 《我的奋斗》中所记载的希特勒的理论，与他在二战中的做法有所不同，其中一些反差将在本书相关内容处提及——比如第 43 页、44 页、48 页和 57 页。

也不来自该运动中善良的受害者，而是来自一个失望的
纳粹党人（因为失败往往是比勤奋和美德更好的政治教
育）。赫尔曼·劳施宁（Hermann Rauschning）是东普鲁
士的一名产业大亨，也是在该运动初期加入的军事贵族
之一。这些军事贵族希望利用这一运动达成自己的目的，
他们为该运动的成功做出了贡献，但却被窃取了应得的
回报，还见证了他们这一阶级在1944年大清洗中的最
终毁灭。比其他人更聪明的劳施宁早早地就从这场他既
无法控制也无法阻止的运动中逃了出来，他还写了两本
书，在书中用清晰到可怕的描述揭露了这场纳粹运动的
真正意义。他无论是入党还是退党，动机都不单纯。他
不是民主主义者，不是和平主义者，也不是殉道者（如
果这些身份代表动机单纯的话）；他的头脑之所以能清醒
过来，不是因为清晰了解了痛苦，而是因为清晰看到了
自己理想的破灭。不过，真理与激励人们发现真理的因
素无关，也与指导表达真理的环境无关；“劳施宁也不比 4
他这一阶级的其他人优秀”，不该成为批评他所写书籍的
理由。他在这些书中展示了纳粹哲学虚无主义的本质，
这是开了先河的。这种虚无主义是在表达对现存世界的
失望，它促进了初期纳粹运动的发展。在运动的全盛时
期，它被其他更积极的利益遮掩了光彩，这些利益渐渐
寄生在它身上；但在该运动的末日，也就是本书所探讨

的这一阶段，所有的希望和利益都已消失，所有的竞争对手都被消灭或都已逃离，这个拥有着毋庸置疑的权力的党派再也没有任何积极的东西可以提供，这时，虚无主义再度登场，成为这场运动的终极哲学和告别致辞。在 1944 年那个萧瑟的冬天和 1945 年春，柏林变成了一座死气沉沉的城市，这时的它所发出的声音，才是真实的纳粹主义的声音，失去了所有附属的魅力和全盛时期的特权，再一次欣然接受了它原始公式的计算结果——成为世界强国或走向彻底毁灭。

因为到 1944 年冬，除了少数仍然盲目的信徒外，所有人都知道该公式已经不可能实现那个好的结果。该结果通常被称为“世界强国”或“历史性的伟大”；更具体地说，它只意味着一件事——征服苏联、灭绝斯拉夫人、殖民统治东欧。这才是纳粹主义的真正要旨，也是《我的奋斗》的主题思想[1]；它被掩盖在“毁灭”这个更普遍的术语之下，但贯穿于劳施宁所记录的所有对话之中[2]；当苏联人来到柏林总理府门口时，希特勒写下了最后的遗言，在这份遗言中，他留给自己人民最后的、也是唯一积极

1 《我的奋斗》第十四章。本书所援引的《我的奋斗》的内容都来自第 45 版，1938 年（两卷）。

2 《希特勒讲话》第三章等。（达雷的战时演讲完全印证了劳施宁所记录的希特勒的早期言论。）

的目标仍然是“征服东欧的领土”[1]。这一东欧政策是纳粹主义的本质所在；其他所有积极的目标——征服法国或英国——都只是次要的和它所附带的。法国的罪行在于它传统的东欧联盟政策，这一政策使得法国对德国进行 5
了长达三个世纪的干预。英国的罪行在于它拒绝满足于已经拥有的海上霸权，且它一贯坚持阻止欧洲被单一大陆强国支配。而苏联的罪行在于它的存在本身。由于它们各自的罪行不同，德国的应对方式也不同——至少在希特勒被成功冲昏头，抛弃一切区别对待和外交手腕之前是这样。法国将不再是一个强国，它将被削弱成一个二等国家，可能成为西欧的克罗地亚或斯洛伐克，独立，但无法左右欧洲政策。英国将成为一个纯粹的海上强国，希特勒一直打算“保证大英帝国的地位”，认为没必要把它也降到二等地位，但它绝不能再干预欧洲大陆的政治。因此，纳粹的西欧政策就是要确保德国能够按照自己的意愿、不受妨碍地处理东方的根本问题。对苏联就没有这样宽容了。苏联的存在即犯罪，因此给它的判决是灭绝。对西欧的战争是传统的，是带有外交目的的有限目标战争，仍然会遵守部分国际公约；对东欧的战争是一场“十字军东征”，一场“意识形态的战争”，一切公约都会

1　见本书后文，第 172 页。

被无视。我们必须记住纳粹主义的反苏性质，这是它的基本原则。这一可怕信条的所有一般性概念都隐含着特殊的反苏意味。种族主义意味着德国人对斯拉夫人的霸权；“生存空间”和“地缘政治”意味着征服他们的领土；“优等民族”的统治意味着奴役他们的幸存人口。要开展“十字军东征”就必须有“十字军”，正是在纳粹主义的反苏特性中，我们发现了党卫队的意义：党卫队是这一新信仰最狂热、最神秘的传道士。正是他们，在宣扬种族主义和“生存空间”，在实行灭绝和奴役；正是他们，将外国的“日耳曼人”也组织到了反苏军团中，让这场“十字军东征”的规模不断壮大；正是他们，不遗余力地贯彻北欧神秘主义，投入到连希特勒都嘲笑的地步；最终仍是他们，准备以向西欧投降为代价来开展这场东欧的“十字军东征”，这个代价是希特勒所拒绝的。将这一北欧信仰以最骇人的方式表达出来的不是希特勒，而是党卫队
6 的“大祭司”希姆莱，关于苏联的部分尤其骇人[1]。对纳粹主义反苏特性的理解不仅是理解纳粹主义本身的必要条件，也将在一定程度上解释希特勒在德国国内遭遇的最大反对——来自陆军总参谋部的反对。

希特勒与陆军总参谋部之间的斗争是二战期间纳粹

1　本书后文引用了他的讲话，第21页和24页。

历史的最有趣特征之一。陆军总参谋部是一个反希特勒的中心，尽管他成功摧毁了它，但却永远无法征服它。1924 年，希特勒在写《我的奋斗》时，回忆称该德军总参谋部是“世界上有史以来最强大的存在”[1]；但一掌权，他就深感厌恶地发现，陆军总参谋部并不满足于做他实施政策的强大工具——它有自己的政策。就像它曾对旧时德国皇帝发号施令一样，它也试图对元首希特勒发号施令。希特勒不费吹灰之力地清算了工会，通过恐吓让中产阶级屈服，贿赂了实业家，也没有遭遇任何来自教会的阻碍；至于共产主义者，由于他们很久之前就已经放弃了自己的独立性，也就成了所有人中最容易被改变的。但陆军拒绝改变信仰，拒绝被贿赂和恐吓。希特勒需要陆军，因此既不能无视它，也不能清算它，还得强化它。有一次，在 1934 年，陆军甚至迫使希特勒镇压了他自己的激进的羽翼，并公开声明自己与“毁灭革命”无关[2]。由于无法攻占这座最后的堡垒，希特勒开始削弱它，并给它埋下了“地雷”。通过对陆军人员的强制任免，他取得了部分成功，但也只是部分而已。1938 年，慕尼

1 《我的奋斗》，第 249 页。

2 希特勒在肃清了罗姆及其党羽后，于 1934 年 6 月 30 日发表议会演讲，谴责那些把革命视为目的的人，但这只是由于陆军暂时处于优势，他出于战术考量，被迫做出的妥协。

黑阴谋（Munich Crisis）期间，哈尔德麾下的总参谋部决定推翻这个疯狂的政府，但张伯伦接受邀请，要访问慕尼黑的消息突然传来，打掉了他们准备用来进攻的武器[1]。从短期来说，希特勒在慕尼黑的成功对陆军领导者
7 们的打击是毁灭性的。他们从未获得任何外部支持，他们只代表自身，面对一个能取得这类胜利的独裁者，他们根本无力反抗。有一段时间，来自总参谋部的阻力再次变得微不足道。不过，德国政府未来三年的政策与他们的政策本来也并不矛盾。

德国陆军领导人信奉有限征服（Limited Conquest）政策。他们希望德国成为一个强国，有能力维持一支高效、高薪、享有特权的陆军。只要 1918 年的事件逆转一下，他们的这一目标就有可能实现；换言之，有可能复辟帝国。只要希特勒有可能为他们争取到他们所缺乏的外部支持，他们就准备支持他，并纵容纳粹运动偶尔表现出的部分粗俗行径。不过，他们是实事求是的组织者和计算者，并不是神秘主义者或先知，因此，他们反对一切无法预见或控制后果的无限制冒险

1　最先揭露这一失败阴谋的人是哈尔德，后来其他将领（比如米勒－希尔德布兰特）也证实了此事，负责调查此事的当局由此认为他们所言为真。

行为。他们尤其反对任何可能改变德国社会结构，任何可能将他们这一享有特权但不稳固的阶级淹没在一个新的千年纳粹帝国之中的征服行动。正因如此，他们始终反对对苏开战。苏联是德国容克贵族的传统盟友，虽然在中产阶级军官的兵团中，容克贵族的偏见是被淹没的，但它们仍主宰着总参谋部。布尔什维克革命并没有改变这一盟友关系，作为实用派，他们让这一关系凌驾在单纯的意识形态观念之上。事实上，正是依靠与布尔什维克俄国之间的协议，他们才能在《凡尔赛条约》签署后的黑暗岁月里，设法维持住一支影子军队（shadow army）。因此，德国陆军领导者们能够满足于征服波兰和法国，并且很乐意在 1940 年叫停战争，在现有成果基础上稳定住自己的地位。不幸的是，令他们感到满足的成果恰恰提振了希特勒的信心，
助长了他的欲望。对他来说，恢复德意志帝国时代的 8
疆界只是渺小的野心[1]。对他们来说的终点，只是希特勒继续前进的一种手段。1941 年 6 月，志得意满的希特勒一边陶醉在称赞他是“有史以来最伟大的战略天才”的政治宣传中，一边开始着手实现纳粹运动的根本目标——对东欧的殖民统治。

1 《我的奋斗》，第 736 页。

随着1941年苏德战争的爆发，德军总参谋部再度开始反对，反对的最终成果就是1944年7月20日那场失败的阴谋。这一阴谋在如壮观瀑布一样突然倾泻而下之前，也历经了长久的地下准备阶段。起初，将领们只是提供建议，表达抗议。苏德战争会有损他们的政治利益，但他们的政治利益已不再重要。他们在尚未弄清楚纳粹这一褐色洪流的方向之时便跃身其中，现在只能随波逐流。此举也有悖于他们的军事知识，但希特勒无视了这一点，毕竟他是“有史以来最伟大的战略天才”，最讨厌有人说某某“专家”比他知道得还多。在他看来，认为苏联能抵抗住德国军队是很荒谬的。“你只要一脚踹开前门，”他断言，“整个房子就塌了。”当陆军总参谋长拿出苏联坦克产量的图表时，希特勒勃然大怒，命令编制这些“失败主义”图表的技术部门噤声[1]。最终，这些将领们与中产阶级一样，与每一个人（按照希特勒的定义）一样，在更胜他们一筹的意志力面前，温顺地屈服了。苏德战争这场冒险随即开始。这栋“房子”并没有如希特勒所言，踹一脚就塌，但这是解释得通的。就像英国只

---

1 目击者哈尔德这样描述当时的场面：希特勒“大发雷霆——完全丧失了理性……他破口大骂，还举起拳头威胁我。这时候根本不可能进行任何理性的讨论。”那个惹怒他的部门是托马斯将军领导的国防军最高统帅部经济与军备局。施佩尔也讲述过这一事件。

是表面看来未被打败一样，苏联也只是表面看来没有倒下而已。出于实际目的，希特勒于1941年10月宣布战争结束。他会朝心存怀疑的将领们大喊道：“苏联人已不复存在！”[1]在他稍微理智一些时，他会解释道，那头苏联 9
熊已经死了——它只是拒绝躺下而已。为了展示他的这一自信，他下令解散了陆军的四十个师，让人力回归工业生产，并停止军备制造。他做的这一切，完全没有征求过陆军司令部的意见，也仍旧没有消除将领们的怀疑。1941年12月，希特勒接管了德国陆军的最高指挥权；九个月后，哈尔德，这位公认的最有才干的德国将军，毛奇和施利芬伟大传统的唯一继任者，被解除了德国陆军总参谋长的职务。与此同时，国防军最高统帅部，即联合总参谋部（Combined General Staff）[2]，成了掌控德国武装力量的新的政治部门，希特勒心仪的人选都在该部门得到了提拔——相信希特勒是战略天才的奴颜婢膝的

---

1 据哈尔德说，这句话是希特勒的“主题曲”，这个想法成了他的执念。

2 国防军最高统帅部原是一个德国武装力量的三军协调委员会，后逐渐被希特勒发展为政治控制的工具，尤其是用来把自己的意志强加给陆军总司令部，即陆军总参谋部——反对希特勒的军方大本营。我一直将德语的国防军最高统帅部翻译为“联合总参谋部”，我认为相较于直译，这种译法能更准确地体现出它在希特勒领导下的职能。

凯特尔[1]和发挥了战略天才的勤勉的约德尔。一道道梦游般的决策从位于柏林和拉斯滕堡地下深处的元首总部发出，指挥着这场战争；德国陆军被纳粹党完全掌控；陆军总参谋部则继续暗中谋划着反对希特勒的行动。

也曾有人怀疑过，1941 年至 1944 年间的陆军总参谋部是否存在对希特勒的强烈反对。但希特勒自己从未产生过这样的怀疑。对盲目自信的希特勒来说，如果他必须一直依赖的唯一工具暗地里却与他完全对立，那真是奇耻大辱。他经常声称，1941 年时，将军们惊慌失措，是他的钢铁意志和军事天才挽救了德军，让德军挺过了苏德战争的第一个可怕冬天。他还经常公开表示羡慕并赞扬斯大林的权力、远见和行事之彻底，斯大林就曾在

1　凯特尔是国防军最高统帅部的参谋长，约德尔是国防军最高统帅部作战参谋部参谋长。1946 年 4 月 5 日，凯特尔在纽伦堡说："每一名职业军人都能证明，希特勒对战略和战术的掌握令人钦佩。战争期间，他每晚都在总部研读毛奇、施利芬和克劳塞维茨的著作，总参谋部内有的他都读过了。不仅是对所有的陆军，他对全球的海军也了如指掌，堪称天才。根本不是国防军最高统帅部参谋长（即凯特尔）在给希特勒提供建议，而是希特勒在给参谋长提供建议。"希特勒对于军事细节表现出的理解力确实惊人，但就迄今为止的标准而言，拥有这些知识还不足以令他成为战略天才。哈尔德给出了更切中要害的评价，即希特勒表现出了对技术细节的非凡理解力和不受限制的概括能力，但几乎所有战略决策的制定用到的都是介于二者之间的能力——这恰恰是希特勒所缺乏的。

冒着战争的风险之前，通过大规模清洗清算了自己的总参谋部。希特勒经常对自己手下那些愤愤不平的军官大发雷霆，当面骂他们是骗子和叛徒，有人认为，正是这种怨恨驱使他们开始共谋。希特勒的个人反感加剧了他对整个阶层的厌恶。无论他如何尖声断言自己是战略天才，无论他在听到对他言论的谄媚附和时有多扬扬自得，他都永远无法说服自己，他的战略天才是被普遍认可的。他总在用内心的那只耳朵搜寻着嘲笑他的声音。在他的王庭中，如果有人想毁掉一名军官的职业生涯，只需要在合适的角落小声嘀咕，说他预谋陷害的那个人曾称希特勒是“下士”[1]。尽管陆军总参谋部是从 1941 年就开始反对这场战争的，其高层也是从 1942 年 1 月就开始策划刺杀希特勒，但在当时，他们的意见并不具有代表性，因此在“希特勒无所不能”这一神话破灭之前，他们无法将想法付诸行动。到 1944 年，这一条件似乎满足了；但在 1941 年，当时的纳粹党取得了前所未有的胜利。

如果说在纳粹党与陆军较量的过程中，1941 年是纳粹党占上风的一年，那它也是政府内部进一步改变的一年——从内阁变成王庭。绝对的权力会带来腐败，

1　来自凯特尔的说法。

你能明显看到，纳粹党的所有领导人在 1940 年的诸多成功后都堕落了。人事方面也出现了重大变化。当然，希特勒在党内的支配地位直到最后都未曾遇到挑战；
11 即使是在末日的那几天，所有强迫或奖励的权力、所有落实他决策的体系、所有成功或缓和的希望、所有成就的荣光都已离他而去后，这个恶魔般的人物，单凭人格力量以及可能已成为习惯的控制行为，仍然毋庸置疑地支配着他的追随者们。如果他死了，在那些狂热的阿谀奉承者中，又有谁有望继承他那令人头晕目眩的位置呢？“你只有把各高层领导的野心解读为一场竞争阿道夫·希特勒继承权的斗争，”该王庭内最有才干、被腐蚀最少的人[1]说，“才能理解他们之间的关系。马其顿诸将之战[2]早已在幕后上演。”根据 1939 年 9 月 1 日颁布的一项法令，继承权最初归属于戈林，尽管他这人在政治上是个懦夫，但仍然是一名能干且重要的官员——纳粹德国空军创始人、四年计划的设计者、赫尔曼·戈林工厂负责人、盖世太保和集中营概念的提出者——他犯下过连希特勒都感到胆寒的血腥屠杀。同一法令规定的第二顺位继任者是鲁道

---

1 此处指的是施佩尔。

2 马其顿诸将之战指亚历山大大帝继位者之间的战争。

夫·赫斯，一个不惹麻烦、头脑简单的怪人，他的决策变来变去，观念荒谬。但是在1941年，赫斯疯了一样擅作主张，飞到苏格兰与英国议和后，希特勒就不得不重新考虑他的继任者地位。

赫斯飞往苏格兰那天，阿尔贝特·施佩尔正在希特勒位于上萨尔茨堡山的别墅里。后来，他描述了希特勒在听闻自己的二把手这一古怪举动时的表现。赫斯的两名副官来到山中别墅，说是来送一封赫斯写给希特勒的私人信件。其中一人被叫进屋内递信。施佩尔站在走廊里，听到元首提高了嗓门，命令马丁·鲍曼立刻致电“王庭总督们”（戈培尔和里宾特洛甫，戈林和希姆莱），将他们召到山中别墅来。当时的马丁·鲍曼还只是赫斯的助手，但不知疲倦的他，风头已经开始盖过自己名义上的长官了。然后，希特勒又打电话给德国空军的空中王牌乌德特（Udet），问他，在没有 12
辅助导航设备的情况下，赫斯是否有可能独自驾驶双引擎飞机抵达苏格兰。德国空军的回复是，绝无可能。这些专业飞行员们一致认为，赫斯会在抵达目的地前坠海。一些人因此主张把整件事掩盖起来：赫斯会死，他死了就无须再让任何人知道此事了，但希特勒并不相信。他蔑视专家，而且他知道赫斯作为飞行员的能力有多强，过去，他有时还会告诫赫斯，不要沉迷于这些危险运动[1]。为了避免英国人抢先发声，利用这一事件进行政治宣传，他立即发布了一份公报。赫斯的两名副官被捕，直到1945年仍未释放。施佩尔言辞犀利地讽刺道，迄今为止，“我们只知道亚洲国家有惩罚传达坏消息的送信人的习俗”。

在赫斯飞抵苏格兰时，他在元首亲信中的地位已经靠后，正在逐渐被不屈不挠的鲍曼所取代。鲍曼好似鼹鼠一样，似乎总在躲避刺眼的日光和公众的关注[2]，似乎轻视钱财和不事奢华，但他对实权的欲望是永无止境的。他通过始终如一的存在感，逐渐成为希特勒离不开的人。他通过适时的暗示，最终成功除掉了与他竞争王位的所有对手。起初，尽管他是希特勒的私人顾问兼财务管理人，但在名义上是赫斯的直属下级，他的工作势必会把他卷入元首的私人圈子里。他被委托建造希特勒的山中别墅“贝格霍夫”，以及为希特勒采购画作藏品，在此过程中，他很快便跻身于希特勒王庭的特权宠臣之列，并立即抛弃了从前的伙伴。希特勒还以为自己找了个勤恳

1　劳施宁讲过一件事，里面的一个片段很有意思，带有戏剧性的讽喻元素。赫斯刚刚赢得一场飞行比赛的胜利，希特勒就对他说：“以后你必须得放弃这类爱好，还有更好的东西在等着你呢。”（《希特勒讲话》，第18页。）

2　鲍曼的照片被认为很罕见珍贵。

可靠的仆人，从未发现或至少从未怀疑这个行事低调的秘书有着如此强烈的野心，殊不知此人用无辜的外表掩盖着内心的欲望。到 1941 年，已成为元首私人秘书的 13
鲍曼几乎已经取代了赫斯在内部会议上的位置。鲍曼一直出席会议，赫斯却出现得越来越少，心怀怨恨地被隔绝在外。赫斯原是纳粹党总部主任，在他因飞行一事被撤职后，鲍曼就成了接替他这一位置的强有力的候选人。戈林感觉鲍曼是个势均力敌的对手，对他十分反感，于是提醒希特勒要提防他，但希特勒没听。两周后，戈林一打开早报，就看到了鲍曼被任命为纳粹党总部主任的消息。至于更高的位置——元首的第二顺位继任者，他暂时还无法企及。1941 年 6 月 29 日颁布的一项法令只指定了戈林一名继任者。自那时起，在这个犹如拜占庭王室一样的政坛中，戈林成了鲍曼在柏林、贝希特斯加登和机动的元首总部中的最大敌人，也是他下一个预谋推翻的对象。

尽管戈林仍是仅次于希特勒的国家副元首，但其真正的地位几乎与该职位的正式表述完全不符。自 1941 年起，权力的腐败和作为野心家的自满开始逐渐消耗并最终掩盖了这个曾经令人望而生畏者的强大能力，最后，在众人眼中，他只是一个骄奢淫逸之人，犹如那个在罗马被焚时拉着小提琴、浑身散发着浓香的尼禄。戈林的堕落是因为，到了这一年，他所追求的一切都已实现。他是首席大臣（Grand Vizier），是帝国元帅，极其富有，且心满意足。战争已经（当时公认）胜利，没有进一步努力的必要了。于是，他开始在那些阿谀奉承的声音中安逸享乐，玩忽职守。德国空军失败，敌方轰炸机闯入，德国工业岌岌可危，戈林却鲜少来柏林。他住在卡琳宫（Karinhall）中，那是他在绍尔夫海德的一座富丽堂皇的乡间府邸。在那里，他有时穿得像（据一名目击者称）某位东方的王公；有时穿着一身淡蓝色的制服，手握一根纯金和象牙打造的指挥杖，上面镶满了珠宝；有时身着白色丝绸，像是一名威尼斯总督，只是丝绸上点缀着珠宝，头上戴着象征圣胡贝图斯的雄鹿鹿角，鹿角之间还有一个珍珠制成的万字符，闪闪发光。在罗马式的奢靡场景中，他纵情宴饮、狩猎、招待贵客，带贵宾们参观他府邸四处的建筑和艺术奇观——一间像中型教堂一
14 样的书房；一个堪比梵蒂冈图书馆的圆顶图书馆；一张 26 英尺[*] 长的红木办公桌，镶嵌着青铜的万字符，桌上放着两个黄金制成的巴洛克式枝状大烛台；一个完全由缟玛瑙制成的墨水瓶；以及一把用绿色象牙制成的长直尺，上面嵌满了珠宝。与此同时，为他暴力搜刮艺术品

---

* 26 英尺约为 7.9 米。

的人源源不断地带着贡品从巴黎、罗马、雅典和基辅而来，也有一些从德国各地的博物馆而来。这些贡品包括珠宝、雕塑、绘画大师的作品、小型艺术品、哥白林双面挂毯、祭坛装饰品、金器和奥格斯堡艺术品，还有人去了更古老、有名的国度，通过劫掠博物馆和损毁宫殿抢夺来了古老的罗马主教权杖。

说到这里，我们可以暂时抛开戈林，无论他能在纽伦堡摆出何种姿态，都不会改变他在战争结束时已经名誉扫地的事实，这一点在后文中也能清晰看到。他相信了希特勒的话，表现得仿佛战争真的已经胜利，但事实并非如此。苏联熊拒绝躺下；英国人拒绝承认战败；很快，美国人也会掺和进来。人们对元首梦游般的战略疑虑加深；东线战场战败，西线战场遭遇轰炸，困惑迷茫普遍存在，这些让纳粹党、陆军和人民的短暂统一开始瓦解；其他人物崭露头角，取代了这位过快志得意满的帝国元帅。为解决人们心头的疑虑，为驳斥悄悄流传的异端邪说，沉默已久的“先知”戈培尔再次提高嗓门，发了声。他之所以沉默，是因为在胜利的时代，先知的存在没有必要，会令人分心。为防止异端邪说催生出阴谋诡计，希姆莱的权力开始迅速扩张，最终似乎甚至盖过了希特勒本人的权威。

约瑟夫·戈培尔是纳粹党的智囊——也许是该党唯一的智囊。纳粹党领导人大多来自萨克森、巴伐利亚和奥地利，戈培尔则不同，是个来自拉丁莱茵兰（Latin Rhineland）的西德人；凭借拉丁民族的清醒头脑，以及在辩论中与传统德国人不同的灵活变通，他传播思想的能力远远超过了南方那些夸夸其谈的民族主义者。就本质而言，戈培尔是个务实的人，性格焦躁不安，很激进，追求即时且彻底的结果。若说他有看到真理的能力，那他也有蔑视真理的能力。结果就是，他可以利用真理。思想对他来说一直都是货币，从来不是什么有价值之物，因此，他总能证明他想要的东西，他能说服德国人相信失败就是胜利，相信敌人只是表面上更胜一筹，相信新武器能解决一切旧问题——不过最终，他的话还是失去了说服力，他的建设性宣传变得荒谬可笑，毫无效果。“我时常有机会注意到，”施佩尔说，“戈培尔的风格属于‘拉丁民族’而非‘日耳曼民族’。他的政治宣传原则从本质上看也是拉丁式的。比如，如果他给人民的口号能和丘吉尔所用的‘热血、汗水和眼泪’一样，那效果会好得多。丘吉尔的口号严肃而诚实，很适合德国人民。戈培尔则总是在人民心中点燃虚假的希望，这种做法的唯一结果就是让他的宣传与大众的舆论趋势渐行渐远。”其实，戈培尔能有如今的地位并不只是因为政治宣传搞得好。他备受尊重的原因还有他的智慧、他的行政才能以及他表面上的正直：他既不相信显而易见的无稽之谈，也不会做出荒谬滑稽之举，更不会炫耀不义之财；他不采取恐怖或压迫的行动；他是一名激进分子，不仅鼓吹全面战争，还鼓吹全体动员，那些珍视自己特权生活的人（比如戈林）是永远不会提倡这些的。不过，政治宣传仍然是他的终身成就，是加诸在他名气之上的终极头衔。无论历史如何评价戈培尔博士，有一点都必不可少——他曾对政治学做出了一项可怕但绝对的（positive）贡献，这个贡献就像原子弹一样，可能会遭到谴责，但却无法抹去：他创造了一个政治宣传体系，颇具讽刺意味地命名为“公众启蒙”，就是把黑的说成白的，还让公众相信。毫无疑问，赫斯、戈林和鲍曼都没有可与此相提并论的成就。

在希特勒这边，希姆莱为人阴险的名声越来越大。在公众的想象中，希姆莱是一个真实且可怕的人物，
一个冷血、没有人性的食人恶魔，利用各种酷刑残酷 16
虐杀数百万无助的囚徒；他不是人类，只是一个没有人情味的抽象概念，只是一个不知怜悯和宽恕为何物的生物；他是一个冷酷无情的怪物，任何的祈祷和人类牺牲都无法对他那冰冷恶毒的狂怒有哪怕片刻的平息。希姆莱是不可能改变的，这一点毋庸置疑。他的权力似乎和他毁灭的野心一样不受限制。他下令灭绝犹太人和斯拉夫人的整个种族时，也是极其平静，毫无感

情波动的。他毫无怜悯之心，没有什么是他不敢做的。他曾将数以十万计的男男女女塞进“人道”的毒气车辆中（这些事件经常逼疯现场的犯罪参与者），让欧洲的刑讯室中塞满他的祭品，使得这整片大陆上每天的每个小时都有垂死之人叫着他的名字诅咒他。但这些事情（如果他曾想起过的话）从不曾打乱他规律的一日三餐，从不曾扰乱他办公室的常规运转，从不曾让他冰冷、自满的表情出现一丝焦虑和不安。不过希姆莱并不是虐待狂。他的性格中并没有特别糟糕或特别狂暴的部分。他性格的缺点在于他非常冷酷，这不是指待人冷若冰霜，而是指冷血无情。他并不喜欢残忍之事，他只是对此无动于衷；他并不蔑视他人的道德良知，他只是对此无法理解。有时，外国大使，甚至是他自己的下属，会对他的某些特别野蛮的大屠杀行径提出抗议，但他会带着天真的轻蔑语气说，“但他们只是动物啊”或“他们只是罪犯啊”。这个怪物身上有着许多令人不解的特质，这让他在某些人看来是个不可思议的、谜一般的人物。他极其无知和幼稚。他在做了那么多人神共愤的事情，并以彻底失败告终后，仍然认为自己是与盟军指挥官谈判的恰当人选，并希望得到他们的许可，继续担任他的公职，这样一个人不可能拥有恶魔般的狡诈。他还深受所有下属的爱戴——

这些人确实缺乏正常人的良知，但在其他方面显然也有着正常人的软弱。甚至在希姆莱死后，他的副官和顾问仍然无条件地忠诚于他。党卫队中没有人密谋反对他。直至最后他都是党卫队的全国领袖，被成员们带着爱慕之情称为“帝国的海尼”。[*]他残暴吗？他的下属们会一派无知地齐声高呼，他个人的天性中毫无残暴的迹象，在他们看来，犹豫似乎才是他最明显的性格特点。希姆莱自己永远也无法理解他所获得的名
声。最终，他实在理解不了，便断定这不过是外国人 17
某种古怪的小癖好，他满足于在自己的私人圈子里拿这件事开些小玩笑[1]。

不过，对那些熟知人类思想多样性的人来说，希姆莱的性格并不像这些事实所表现得那般神秘。在文明世界中，确实鲜少有人能容忍他这样的人，但当我们回顾一下历史上的社会大动荡时期、革命时期和社会剧变时期，就能找到他的原型——宗教大法官、政坛中的神秘主义者、准备为抽象理想牺牲人性的人。历史上的宗教大法官并不残忍，也不自我放纵。他们个人往往过着苦

---

* “帝国的海尼”（Reichsheini）中的“海尼”（heini）来自希姆莱的名字海因里希（Heinrich）。

1 贝纳多特伯爵的书《大幕落下》（*The Fall of the Curtain*，1945 年）中提到过一些此类笑话。

行僧一样的生活，勤勉认真，一丝不苟。他们对动物往往细致温柔[1]，比如圣罗伯特·贝拉明，他连衣服上的跳蚤都不忍打扰。（他说，）它们已然无法期冀神学上的极乐了，若连唯一可以追求的肉体快乐都不给它们，那就太冷酷了。不过，对于那些有机会信奉正道却走入歧途者，再严厉的惩罚都不为过。于是，高高的柴火垒起，异教徒及其书籍被投入火中，而那些看上去温和文雅的老主教们回家吃着白鱼和便宜蔬菜，喂着猫和金丝雀，沉思着悔罪诗。与此同时，作为他们下属的神父们正坐
18 在书房里为他们书写传记，向后世解释这些模范教徒过着圣徒般的生活，恪守教规、苦行禁欲、力行救济、简

---

1 “我们德国人，”希姆莱在一次演讲中说，“是全世界唯一得体对待动物的种族，也会得体对待这些人类动物【他指的是捷克和苏联的女性】，但如果因为担心他们，以及为了赋予他们理想，而伤害我们自己的种族，那就是犯罪。”（纽伦堡文件 1919-PS）。（该演讲在纽伦堡被形容为“有史以来最骇人听闻的书面文件之一”）克斯滕称，希姆莱痛恨狩猎之类的血腥运动，认为那是“在冷血谋杀无辜、无自卫能力的动物”，并曾对他说：“戈林，那条该死的猎犬，会杀死所有动物。请想象一下，克斯滕先生，一只可怜的鹿正在安静吃草，突然冒出一个猎人，开枪打死了它……这能让您感到高兴吗，克斯滕先生？”（这是克斯滕在阿姆斯特丹国家战争文件研究所给出的证词）。若有机会，戈林会驳斥这一称他很残忍的指控：他坚持正统观点，即动物是享受被猎杀的。在卡琳宫内，他代表这些动物为他自己修建了一座华丽的纪念碑，以证明帝国的动物们对它们的保护者——也就是他——的感激之情。

单朴素，并相信（正如红衣主教纽曼所说），让全人类在极度痛苦中灭亡都好过让他们犯下一个可赎的轻罪。这一对比看上去可能不可思议，但大自然在设计人类思维时就是这么异想天开。有一些人确实会在革命时期被推上高位，但在稳定时期又会被抛入监狱和修道院，无人问津。众人皆认同，希姆莱本人完全无足轻重，他普通、迂腐、吝啬。他花钱精打细算，他不会思考但又爱妄加揣测，容易迷失在纯纳粹学说带来的精神愉悦中，以及深陷在纯纳粹学说的神学细节里。从某种意义上说，希特勒本人并不是纳粹分子，纳粹主义学说（带着条顿式荒谬的庞大体系）对他而言只是一种政治武器；“他批评并嘲笑党卫队的思想体系”[1]；但在希姆莱眼中，这些学说中的每一个细枝末节都是纯粹的雅利安真理，即，一个人如果不能保持纯洁，不受玷污，那他就应该永远消失，这一点毋庸置疑。希姆莱带着狭隘的迂腐，以及对旧时德语书籍的考究，对纳粹主义学说这一荒唐的垃圾开展了极尽细致的研究，以致许多人曾误以为他当过教师。施佩尔对他的印象就是，“一半是教师，一半是怪人”。战争期间，在戈培尔要求全体动员时，希姆莱却在将数千人和数百万马克投入宗教狂热般的计划中。在他

1　施佩尔所言。

的对外情报局内有一个部门[1]，一批狂热的研究人员研究
着一些重要问题，比如玫瑰十字会运动、共济会组织及
纲领、阿尔斯特封锁竖琴的象征意义，以及伊顿公学的
哥特式建筑尖顶和高顶礼帽的神秘意义。党卫队的科学
实验室错误地将人力投入到分离纯雅利安人血脉上。他
们还派了一位探险家去西藏，寻找一个纯日耳曼种族的
足迹，据说该种族生活在无人造访过的深山中，保留着
古老的北欧奥秘。挖掘者们前往欧洲各地，寻找最纯粹
19 的德国文化的遗迹。在德国陆军正匆忙准备撤离那不勒
斯时，希姆莱的唯一要求是，一定要带走霍亨斯陶芬王
朝最后一位国王康拉丁的墓。与此同时，想要加入他朋
友圈[2]的富商们，必须得购买“入场券”，即向“阿内纳
贝”（*Ahnenerbe*）捐款大概一百万马克，这是一个研究
雅利安人起源的“科学”机构，研究项目都非常烧钱[3]。

---

1 该部门是帝国保安总局（RSHA）第七处。

2 党卫队全国领袖的朋友圈（*Freundeskreis des RfSS*），由一群神秘的富商组成，领头人是威廉·开普勒（见本书第 63 页脚注），他将这些人组织在一起，共同组建了一个以他名字命名的“排外”团体。

3 在纽伦堡提到的，收藏了大量人类头骨的机构就是阿内纳贝。希姆莱支持发动苏德战争的原因之一，就是能丰富他的收藏，获得迄今为止还没能得到的次等人“犹太—布尔什维克政委”的头骨。他还给出了非常具体的指示，确保这些政委被杀时，头骨不受损。（1946 年 8 月 8 日在纽伦堡宣读了阿内纳贝负责人沃尔弗拉姆·西弗斯博士写给希姆莱秘书勃兰特博士的信。）

甚至到了 1945 年 4 月，整个帝国正在一片废墟中土崩瓦解，希姆莱却还在考虑用他的按摩师提到的一个新宗教派系去殖民乌克兰[1]，在与贝纳多特伯爵谈话时（上一秒还在坚称自己是德国仅剩的一个理智的人，下一秒就）打断了关于战争与和平的讨论，跑题讲了一个小时的如尼文字。他对如尼文字特别感兴趣，这是欧洲黑暗时代北欧人所用的一套铭文字母。他相信，利用信仰的眼光来研究这些文字，就可能找到它们与日本表意文字之间的相似点，从而证明日本人也是雅利安人[2]。

在这样一个人身上，你看不出丝毫狡诈。希姆莱就是一个思想简单的信徒。他的狂热不是因为难以产生恐惧和软弱，他的犹豫也不是因为心存疑虑。他因极其广大的接受度，让内心获得了犹如婴儿般的宁静，这份宁静还尚未被疑虑蚕食。正是因为无法理解下属的思维过程或错综复杂的阴谋，他才没有参与其中。正是因为确信下属对自己极其忠诚，他才没有干涉他们看似不忠， 20

1 这一教派属于耶和华见证会（英文名为 *Jehovah's Witnesses*，德文名为 *Bibelforscher*）。该教派的教徒一般都会被关进集中营，希姆莱的按摩师克斯滕曾为他们求情，一如他曾经为希姆莱的众多其他受害者求情那样。希姆莱听到后，则提出了这样一个荒诞的想法（信息来自克斯滕和施伦堡）。

2 施佩尔。

有时也确实不忠的行径。希姆莱由衷认为自己是无条件效忠于希特勒的，在两年的时间里，这位“忠实信徒海因里希”允许自己最喜欢的顾问沉迷于用荒谬但正经的方式设法维护和平。对于有人打算让他取代希特勒一事，希姆莱不可能全不知情，但他既不谴责这些活动，也不接受它们释放的暗示。面对他无休止的犹豫，他的追随者们绝望地绞着双手。其实，他只是故意睁一只眼闭一只眼而已。真正的信徒可以容许他人揣测，只要他们能保证最后的忠诚即可。

当然，如果希姆莱只是个单纯的怪人，我们应该就不会听到那么多他的故事了。他的执行能力很强，且擅长挑选有用的下属。他个人麾下确实养了些奇奇怪怪的人。他会采纳自己医生提供的政治建议，他的医生就是格布哈特，许多人认为这位阴险的顾问对他产生了坏的影响（就像希特勒和华伦斯坦一样），他也过分受到了自己的占星师武尔夫的影响。他非常信任自己的按摩师克斯滕，就像正统信徒信任听自己告解的神父一样。他和希特勒之间的关系全靠目不识丁的赛马骑手费格莱因维系。不过，这些人都只是他的私人顾问。从纯粹执行的角度来看，他很会选人——至少在一个错误信仰的世界中，他已经尽可能地慧眼识人。作为回报，他确实从他们身上收获很多，甚至在他死后，这些下属依旧对他忠心耿耿。

我认为，希姆莱的职业生涯之所以这么不寻常，正是因为他的这种双重性格：一方面，作为执行者，他很有效率，不会被人情牵绊；另一方面，作为思想者，他极其轻信。出于对希特勒无条件的忠诚，他常常坚决表示，自己的一切都来自希特勒，而像他这样性格简单的人，往往也能激励追随者对他抱持类似的忠诚。如此一来，他既有了执行的能力，但又因为缺乏独创性而无法参与阴谋策划，因此，只要他的这一双重性格能够继续和谐共处下去，他就会是革命领导人心中最理想的警察首长。据说，希特勒在掌权后不久，曾前往慕尼黑拜访年迈的哲学家奥斯瓦尔德·斯宾格勒，寻求这位声名狼藉的哲人的祝福。斯宾格勒的回答异乎寻常地简洁，他说：“要警惕你的‘禁卫军’。” 1934 年 21
6 月 30 日，希特勒采取了必要的预防措施，将自己的“禁卫军”交给了愚蠢、忠诚、无情、行事高效且令人难以理解的希姆莱。这让希特勒感觉很安心。只有当希姆莱性格中的这种微妙平衡被逐渐打破后，这份安心才会消失；后来也是因为希姆莱出人意料的叛变，希特勒才决定要结束这一出冗长乏味的戏剧。只有理解了希姆莱的双重性格，才能理解 1945 年 4 月那些极不寻常的事件。

自苏德战争爆发，希姆莱的权势就开始不断扩张，这是因为尽管苏德战争让正规军，或者至少让总参谋部与党卫队离心离德，但它也让党卫队实现了长久以来的野心。希特勒和戈林被成功冲昏了头，变得不可一世，开始“分割”苏联位于欧洲大陆的广袤领土，并准备将伏尔加河、克里米亚半岛、别洛斯托克和巴库[*1]留给自己，然后将“这块巨大蛋糕”剩余的碎渣奖励给他们位于巴尔干半岛的卫星国。与此同时，希姆莱那越发神秘的眼睛正盯着更广阔、更遥远的地平线。他要求打通“一条通往东方的大道，想办法建立德意志帝国，让它成为我们 3000 万血脉同胞的迷人家园，这样，我们甚至可以在自己有生之年就成为一个拥有 1.2 亿日耳曼灵魂的民族”[1]。在斯大林格勒的战败狠狠教训了更现实主义的思想者，但丝毫没有动摇希姆莱超验主义的观点（因为偏执的人和思想怪异者都不会因事实而苦恼）。此时比以往任何时候都更需要他开展务实的警察活动。从 1943 年年初到 1944 年年末，他的权势一直在扩张。已经是党卫队、武装党卫队[*2]、秘密警察和刑事警察首

*1 巴库是苏联的“石油城”，现为阿塞拜疆共和国首都。

1 1946 年 2 月 15 日的《泰晤士报》刊登了纽伦堡审判中引述的希姆莱的原话。1945 年 12 月 18 日的《泰晤士报》援引了鲍曼备忘录中对 1941 年 7 月希特勒、戈林、凯特尔和罗森贝格在元首总部内“分割这块巨大蛋糕”的场景的描述。

*2 即“Waffen SS”。在德语中，Waffen 的意思是“武器，武装”。

长的他，又在 1943 年被任命为内政部长，德国的整个警察系统都统一由他指挥。1944 年，他又取得了一场重大胜利。在此之前，德国对外情报局（即“阿勃维尔”）一直隶属于国防军最高统帅部。时任阿勃维尔局长是卡纳里斯上将，一个神秘难解的人物，对反纳粹的阴谋比对他的公务更感兴趣[1]，对该部门的管理十分散
漫。在这场战争的头两年里，阿勃维尔就是个快乐的 22
寄生虫，完全依赖于德国陆军的成功，拿着高薪的阿勃维尔特务们还能在马德里和埃什托里尔享受喝咖啡、看卡巴莱歌舞表演的生活，还能在贝尔格莱德和索非亚的黑市上投机赚钱，完全不会良心不安。但在同盟军夺回战争主动权后，纳粹党开始有了更多期待，期待能有有用的情报，帮助其恢复对战争的主导地位。但这些期待完全落空，批评声开始出现。最大声、最没完没了的批评来自党卫队。此时，党卫队自己的对外情报局正在瓦尔特·施伦堡的麾下不断壮大，野心也在不断膨胀。

党卫队中的人普遍思想狭隘，作为其中最年轻的将

1 1945 年 11 月 30 日，（阿勃维尔成员之一）拉豪森上校在纽伦堡称，卡纳里斯是“一个纯理性者”，阿勃维尔是“一个精神组织”。这些描述是高度理想化的，你可以说阿勃维尔有少数殉道者，但那里没有圣徒和思想家。

军，施伦堡享受了不应得的美誉——懂外交事务。与他的一些竞争对手相比，他的想法确实稍好一点，没有那么不切实际，而且他早在 1942 年就开始努力回国，这让他有别于党内那些更粗鲁无情的知识分子。作为一个来自德国北部的人，他也没有受到奥地利纳粹和巴伐利亚纳粹荒谬思想观念的影响。他不相信武力，也不相信胡言乱语。他相信敏锐的观察力，也认为自己恰恰具备这一能力，而这或许是他最大的错误，他其实只是一个非常无关紧要之人。此外，他还犯了一些其他错误。他与希姆莱的其他许多下属一样，相信希姆莱，渴望成为主人麾下的有用之才，以对抗卡尔滕布鲁纳和奥伦道夫这样的怪物[1]，以及格布哈特这样诱人犯罪的魔鬼，这些人同样相信并误用了这位党卫队全国领袖的判断。施伦堡相信希姆莱仅凭一己之力就可以肃清政府内根深蒂固的无知和腐败，就可以纠正希特勒和里宾特洛甫那糟糕至极
23 且傲慢的外交政策。（施伦堡天真地相信，）如果希姆莱能够接受他的指导，也就是说这位德国最伟大、最高效

1 恩斯特·卡尔滕布鲁纳接替海德里希成为帝国保安总局局长，也成为施伦堡名义上的上级。不过，施伦堡可直接与希姆莱联系，这削弱了卡尔滕布鲁纳与他之间上下级关系的意义。奥托·奥伦道夫是帝国保安总局（又称帝国保安处，简称 SD）第三处处长，还是帝国经济部部长。

组织的统帅能够接受他这位最敏锐、消息最灵通的情报人员的指导，那就可能产生一个可与身处贝希特斯加登的致命狂徒相匹敌的权威，而且，若再加上一点运气和精心准备，就有可能通过谈判达成妥协，换来和平，拯救德国。

这些就是施伦堡的计划。1941 年，这位盖世太保军官接管了希姆莱的对外情报局，最终制订出了这些计划。要实现这些计划，有两件事是必须做的。第一，他必须建立一个在权势和效率上均优于所有竞争对手的情报机构；第二，他必须在同盟国阵营和中立强国中树立一些友好的名声，并在可能的情况下，设法减轻全世界对希姆莱这个名字的厌恶。施伦堡是真的在一丝不苟地推进这两个目标。两年里，他与瑞典和瑞士的朋友谈判，安排犹太人和已被判死刑的战俘出逃，并试图减轻希姆莱判决的严厉程度，阻挠卡尔滕布鲁纳的残暴行为[1]。随着

---

1 施伦堡拯救生命的动机当然是纯机会主义的，他太“现实”了，不耽于任何人道主义的幻想。正如他向一位朋友解释过的，如果能够彻底消灭犹太人，那此举无可指摘，但在有三分之二的犹太人你都够不着时，这样的政策就“比犯罪更糟糕了，因为它太过愚蠢”（德语原文为：“da aber nur ein Drittel in unserer Hand war，die übrigen aber ausserhalb unseres Machtbereiches lebten，sei die Art der Behandlung der Juden schlimmer als ein Verbrechen，es sei eine Dummheit gewesen.”出自什未林·冯·克罗西克的日记，1945 年 4 月 15 日）。

时间的推移，他变得比以往任何时候都更雄心勃勃和异想天开。和赫斯一样，他相信英国的公众人物会听从他的建议。他派遣使者穿越中立国，向他们讲述极其荒诞的故事，结果遭到了丢脸的嘲笑；他甚至找来了一位疯癫的心理学家，这位心理学家相信，通过巧妙的心理疗法，他可以“在心理上唤醒德国人的基督教徒的灵魂”。要说服笃信宗教的英国人，还有谁比他更适合担任和平
24 使者这个角色呢？因此，施伦堡计划派这位心理学家去游说坦普尔大主教。

与此同时，他正在建立自己的对外情报局。他与非常多的德国人一样，是英国情报局的崇拜者，不顾一切的崇拜者。其实，他对该机构知之甚少，但显然在盖世太保的参考书阅览室中看过很多有关它的精彩小说。从中，他了解了很多：这台无孔不入、无休止运转的情报引擎由爱德华三世创立，在奥利弗·克伦威尔手中得到了完善，它帮助英国在外交和政治上取得了不可思议的成功，并且通过基督教青年会、童子军运动及其他下属组织，在世界各地改朝换代、变更政府、暗杀不听话的部长。施伦堡的野心梦想就是在德国也建立一个这样无孔不入的“极权主义”情报机构。实现这一梦想的第一阶段行动包括摧毁当前的情报机构阿勃维尔。施伦堡历时两年，利用对手的每一个错误、每一个失败，最终成

功赢得了这场竞争。阿勃维尔非常清楚他为他们准备了
何种命运，但却无计可施。阿勃维尔内部腐败横行、效
率低下，在政治上也备受怀疑，根本什么都做不了。间
或会有一些尽职尽责的参谋官试图推动内部改革，但他
们最终都走向了幻灭和辞职。反观施伦堡的情报机构，
就算不比阿勃维尔更高效，也占尽了进攻优势。1944
年 2 月，卡纳里斯被撤职，一连串的明显失败证明他
不配身居此位。5 月，希姆莱接任。这家老“公司”幸
存下来的“董事们”被召集到了萨尔茨堡的库尔萨伦
（Kursalon），在那里见到了希姆莱，当时，施伦堡就站
在他身侧。希姆莱发表了浮夸、空洞的演讲，概述了他
的计划。他说，阿勃维尔这个名字非常不德国化，隐含
着防御的意思*。他打算新建一个进攻性的、极权主义的、
纯雅利安人的情报机构。在介绍完该机构冗长枯燥的细
节后，他开始描述未来即将发生之事，此时，他的想象
力立刻活跃起来，讲了一堆故弄玄虚的东西，充分体现
了他的理想主义精神。他说，现在已经没有失败主义的
容身之地了。伟大之事即将来临。元首受到了前所未有
的鼓舞，他的政治才能、技巧和直觉智慧将会通过他们 25
的这一杰作展现出来。他祈祷西欧那些昏了头的有财有

* “Abwehr”这个德语词的本意包括“防御、抵抗、防守部队”等。

势之人能够愚蠢到入侵欧洲大陆。他们会被击溃，会“溺死在由自己鲜血汇成的海洋中”。接着就轮到东方了。不出一年，苏联人就会仓皇逃窜，越过伏尔加河，翻过乌拉尔山脉，一路被赶回老巢——位于亚洲的那片蛮荒之地。在那里，一堵由斯拉夫奴隶劳工修建的“万里长城”将阻止他们卷土重来[1]。

两周后，西欧同盟军登陆诺曼底。又过了两个月，发生了 1934 年以来最令人震惊的政治事件：1944 年 7 月 20 日的“将军们的阴谋”。这一密谋事件表明，德国陆军指挥官们已认为德国输掉了这场战争，并准备切断与纳粹党之间的关联。

该密谋事件的诸多细节已广为人知，它的重要性再怎么评价都不过分。一小部分的德国人在经历漫长的准备后，终于主动出击，他们无视胆小共谋者的犹豫和迟疑，做出了积极、坚定的努力，且差一点就能成功摧毁纳粹政权。这部分人都是东德贵族（炸弹袭击就安排在他们位于东普鲁士的大本营），曾统率德国陆军，现在却只能作为劳施宁的同事，掌管总参谋部，他们曾以为，

1　希特勒对待这一“东方墙”项目是非常认真的，并时常提起，比如在 1943 年 3 月 25 日写给墨索里尼的信中。也可参阅乌尔里希·冯·哈塞尔所著《从另一个德国》（*Vom Andern Deutschland*）第 276 页。

接纳纳粹分子成为自己的“初级合伙人”，就可以如自己所愿地改变他们那充满怒火的泛德意志主义精神，如今，他们只希望通过这场不顾一切的炸弹袭击，纠正之前所犯的那个致命错误。但一切为时已晚，那个错误已不可弥补，现在，容克贵族这一整个阶级就像猛犸象、乳齿象一样，已经彻底不复存在[1]。

不过，这次密谋确实策划周详，距离成功只差一点。
炸弹曾被数次送入希特勒总部，后来是因为存在某种技 26
术故障而被原封不动地送了出来。最终是冯·施陶芬贝格伯爵将它藏入公文包中，带进了拉斯滕堡的会议室。在希特勒落座，会议开始后，施陶芬贝格将这个公文包靠在桌腿上，然后找了个借口溜出了房间。在他穿越外

1 应该强调的是，“7·20”密谋事件的参与者贝克、特雷斯科夫、奥尔布里希特、施陶芬贝格和总参谋部的少数其他官员同属于一个反纳粹政府的激进团体，不一定有其他众多反纳粹政府团体的支持，那些团体的反纳粹举措常常是明显无效的。如果施陶芬贝格成功杀死了希特勒，其他团体势必会效仿他，但他失败了，这吓得其他团体又退回到了相互怀疑、彼此敌视的状态中，得益于此，纳粹政府才能够迅猛出击，将他们全灭。所有团体都受到了同等程度的严惩，这让他们仿佛拥有了实际从未有过的一致目标和政策。格德勒和冯·特罗特·佐·索尔兹领导的非军方团体似乎一直与陆军团体无关，陆军团体内部也存在各种不同的派别。以隆美尔为例，他虽然认同该密谋的目的，但施陶芬贝格所用的方法似乎真的令他深感震惊。

面的围区时，爆炸声传来，接着，他登上自己的飞机，飞去了柏林，自信地宣称希特勒已死，新政府夺权成功。可惜，他言之过早，希特勒未死是天意（所有忠心的纳粹分子都这么认为）。目前仍不清楚希特勒究竟是如何躲过这一劫的。他可能是及时离开了座位，也可能是桌子的特殊构造帮他挡住了冲击波。当爆炸的尘土落下，混乱平息，事实清楚浮现——他们的密谋失败了。希特勒耳膜穿孔，右臂瘀伤，军装被炸得破破烂烂，正神志不清地躺在一贯谄媚于他的凯特尔怀中。无论如何，他确实在周围四人非死即重伤的情况下活了下来。如果这场会议不是在木屋里，而是在常见的混凝土地堡内举行，那就不会留下任何一名幸存者。

“7·20”密谋事件几乎影响到了德国政局的方方面面。自那时起，希特勒明白了，陆军是反对他的，自己若要取得战争的胜利，就不能依靠那些陆军将领，而是要将他们排除在外。也是自那时起，他身边出现了越来越多的海军和空军军官。德国海军或许没有在这场战争中发挥什么显著作用，但至少没有被背叛玷污，德国空
27 军的表现或许未能达到预期，但这不是它的责任，而是戈林的责任。至于陆军，普通士兵的忠诚毋庸置疑，希特勒与他们的关系越来越紧密，只是把陆军军官们排除在外。若说他真有什么信任的陆军将领，那也仅限于凯

特尔、布格道夫这几个马屁精[1]。他将整个陆军将领阶级都视为背叛者，一刻也不曾忘记他们的背叛，且时常挂在嘴边。每当有陆军部队撤退或有陆军据点陷落，他就会大喊这是背叛。元首总部不断发出指责的电报和愤怒的战略训诫。时刻都想向上爬的鲍曼喊得比他主人还要响亮三倍。希特勒还曾在最后一次全体大会上当面指责陆军将领们欺骗他。在希特勒最后的书面文件中，也就是他留给后世的遗书中，他都忍不住要最后一次间接地谴责陆军军官和陆军总参谋部的背叛。

正因如此，希特勒开始疏远陆军将领，开始向让他更有安全感的亲密崇拜者靠拢，这样一来，他便不可避免地加快了自己总部的转变——由一个战时内阁转变成一个由阿谀者和马屁精组成的东方王庭。从目击者对爆炸不久后场面的描述中即可清楚看到这个转变进程已经走出了多远。当时任伦巴第傀儡统治者的墨索里尼计划于同一天，也就是 7 月 20 日，抵达拉斯滕堡，拜访他的保护者。他所乘坐的火车下午很早就到站了，站台上，脸色惨白如纸的希特勒正在迎接他。在离开车站时，希

---

1 威廉·布格道夫将军是德国陆军总司令部的人事部部长、德意志第三帝国国防军副官，常驻元首总部工作。他完全认同希特勒、鲍曼和戈培尔。

特勒给他描述了自己在短短几小时前奇迹般生还的事。抵达总部后，他还带这位客人参观了事发现场。爆炸后墙壁起火，天花板也掉了下来，导致屋内一片狼藉。到烟雾尚未散尽的房内转了一圈后，他们退出房间，开了一场茶话会。茶杯交错间，希特勒又一如既往地摆出了他最骇人的姿态。

下午五点，茶话会开始，希特勒的全体“朝臣”共
28 聚在元首总部。他们很自然地聊到了元首的幸免于难，但谈话很快就变成了相互指责。他们非常愤怒，扯着嗓子激烈争论。每个人都因战争尚未胜利而遭受了指责。里宾特洛甫和邓尼茨对着陆军将领们咆哮怒骂，指责他们把德国出卖给了英国，陆军将领们也毫不示弱地回骂他俩。在此期间，希特勒和墨索里尼一直安静坐着，鲜少发言，仿佛只是与此无关的旁观者，格拉齐亚尼则在一旁为他们讲述着自己在非洲的惊险军事行动。突然，有人提起了纳粹历史上的另一个著名“阴谋”——1934年6月30日罗姆的阴谋，以及随后“长刀之夜”的血腥清洗。希特勒立刻暴怒，一跃而起，嘴角冒着白沫咆哮道，他要向所有的叛徒复仇。他尖声大喊道，天意再度证明，他就是那个天选之人，注定要创造世界历史。他咆哮着，说要对他们的妻儿实施可怕的惩罚，将他们通通关入集中营，以眼还眼，以牙还牙，凡是违抗神圣天

意的人，他一个都不会放过。元首的怒火烧了整整半个小时，“朝臣们”鸦雀无声地听着。访客们认为他一定是疯了，其中一人说：“我不知道自己为什么没有立刻跑去同盟军那里。”墨索里尼看上去很尴尬，一言不发。格拉齐亚尼试图与凯特尔展开一场技术讨论，以此打破当前的可怕局面，但没能奏效。身着白衣的仆从们一直在这些目瞪口呆的崇拜者间转来转去，拿着茶壶为他们添茶加水。

最终打断这一场面的是一通来自柏林的电话，那里的秩序尚未恢复。希特勒一把抓起电话，对着话筒喊出了他的命令，他下令射杀所有人，一个不留。希姆莱怎么到现在都还没到？接着，这个妄自尊大的人装腔作势地说：“我开始怀疑德国人民配不上我的伟大理想。”

这番话打破了沉默的魔咒。一时间，所有“朝臣”
都争相发言，坚称自己忠心不二。邓尼茨用谄媚之语歌
颂德国海军。戈林开始与里宾特洛甫激烈争吵，对他挥
舞着自己的陆军元帅指挥棒。里宾特洛甫则用盖过这一
片嘈杂的音量抗议道：“我现在还是外交部长，我的名字
是冯·里宾特洛甫。”此时，全场只有希特勒一人沉默不 29
语。这出滑稽歌剧的角色调换了，当同台的其他歌舞演
员唱得乱七八糟时，作为歌剧主角的“首席女歌手”反

倒安静了下来。他一动不动地坐着，手里拿着一管颜色鲜艳的含片[1]，不停吮吸着。他的怒气尚未平息，就像一座仍在扑哧作响的火山，间或迸发出一些关于血、天意和集中营的暴虐之言。

对该场面的描述[2]可能有夸张的成分，但也并非全不可能。绝对的权力绝对会导致腐败，我们已有太多关于这一异国“王庭”生活的描述，多到你都无法怀疑其主要描述的真实性了，对这一场面的描述也不例外。当一名古板的德国将军把戈林比作罗马皇帝埃拉加巴卢斯时，他并没有在夸大其词。在绝对主义中，在罗马帝国中期的富足与堕落中，我们或许可以找到与纳粹帝国鼎盛时期最为相似的对比物。在吉本[*]严肃的著作中，我们能看到一些表面权势滔天，细看之下又易被摆布的人物，其中有嫔妃、娈童、宦官和被解放的奴隶。书中，我们也能看到这一“千年帝国”的精英们的身影，他们不过是一群见风使舵、易受摆布的自负小丑。在那场茶话会中，就连墨索里尼也感觉十分尴尬，当然，他毕竟和戈培尔一样，有着拉丁民族的思维方式，他是永远无法在

1 一直看到第 88 页，读者就会对该含片有更多了解。

2 描述者为曾陪同墨索里尼参与这场茶话会的欧根·多尔曼，他是希姆莱派往意大利的“最高级别党卫队和警察部队指挥官”。

* 《罗马帝国衰亡史》的作者爱德华·吉本。

一群寻欢作乐的尼伯龙人[*1]中间感到舒适自在的。顺便一提，戈培尔并没有参加这场疯帽人[*2]的茶话会。他当时人在柏林，正在指挥镇压叛乱。

“将军们的阴谋”也对希姆莱的职业生涯产生了决定
性的影响，这一影响包括个人和政治两个方面。个人方
面，这一阴谋成功让他信仰了上帝。1945 年 4 月，他向
一位朋友描述了自己的这一重大转变。“我知道，”他说，
“在众人眼中，我就是一个不关心宗教的教外人员，但在
我内心深处，我是一名信徒，我相信上帝和天意。在过
去的一年里，我又学会了相信奇迹。元首 7 月 20 日的死
里逃生是第一次奇迹。第二次奇迹是我的亲身经历，就 30
在今年春天……”第二个奇迹是，希姆莱在奥得河畔指
挥着一个陆军兵团，正当对岸的苏联人要从冰上攻过来
时，河冰奇迹般地融化了[1]。

政治方面，“将军们的阴谋”标志着希姆莱衰落的开端。在外界看来，阴谋发生后的那几个月似乎就是希姆莱的权势巅峰期。在那几个月中，许多人都以为希姆莱

---

*1 感兴趣的读者可阅读《尼伯龙人之歌》，这是一部日耳曼民族的英雄史诗。

*2 疯帽人指因慢性汞中毒而患上“疯帽病”的人，症状包括精神、心理和行为上的失常。

1 什未林·冯·克罗西克，参见本书后文第 93 页。

成为了德国政权的实际掌控者，因为他们认为希特勒要么已死于爆炸，要么已被希姆莱这个篡位者囚禁。阴谋之后，希姆莱的权势确实有所提升，毕竟最需要警察的时刻恰恰就是一场牵连甚广的密谋事件被揭露之后。他采取的第一批行动之一是，完全战胜老的陆军情报局，后者的前领导人们确实大都参与了此次密谋，密谋所用的炸弹也确实来自他们缴获的物资。他们早已被证明工作效率低下，此刻，希姆莱又充分证明他们不忠。指证卡纳里斯上将的证据不够有决定性，但他还是被关入了监狱，消失在人们的视野之中，九个月后，他被以中世纪的残忍手段处决[1]。他的继任者汉森上校也被处决了。炸弹提供者是反破坏和政治颠覆部门的最高长官弗赖塔格·冯·洛林霍芬将军，他为避开更痛苦的结局，选择了自杀。他的前任拉豪森上校等人奇迹般地逃脱了，才得以在纽伦堡讲出这个故事，并以他们的幸存让戈林蒙羞。不过，希姆莱所针对的那个老情报局只是老总参谋部的一个部门，整个总参谋部卷入了，或者说被怀疑卷入了这一牵连甚广的阴谋。在随之而来的血腥大清洗中（比“1934 年的长刀之夜”还要极端），超过 50 名总参谋部官员丧生，还有数以百计的次要人物被悄无声

1　1945 年 4 月 9 日，卡纳里斯上将在弗洛森堡集中营被处以绞刑。

息地除掉了。该部门最高长官哈尔德将军被撤职，且仅因为有嫌疑，就被扔进了集中营，过了四个月不见天日的生活。他的前任贝克将军几乎是该阴谋参与各方公认的领袖，最终被迫不堪地自杀。他的继任者蔡茨勒被撤职。施陶芬贝格和另外三名密谋者则是在弗洛姆的命令 31
下，立即枪决，弗洛姆试图以此掩盖自己的罪行，但未能成功，他也被处以绞刑。法国占领军总指挥官史图尔普纳格轻率地听从了篡位者们的命令，囚禁了在巴黎的盖世太保成员，最终，他在凡尔登附近的森林中开枪自杀，但手枪哑火，只是导致他失明，他最终还是被处决的。战地指挥官克鲁格自杀。维茨莱本被处决。费尔吉贝尔将军也是，他泰然自若，效仿最佳做法，临死前的最后几个小时一直在与副官探讨灵魂的不朽。至于隆美尔将军，他曾是希特勒面前的大红人，并曾利用政治宣传刻意提高自己的声望，但现在看来，此举也令他陷入了危险的境地。希特勒将自己最殷勤的阿谀者布格道夫将军派去了隆美尔那里，随身带着左轮手枪和毒药胶囊。布格道夫告诉隆美尔，如果他愿意安静地自杀，那么他的家人就不会被公示和报复[1]。他顺从了。有一名将军于

1 关于隆美尔的这段描述来自约德尔和凯特尔，且经其他消息源确认。参阅汉斯・施派德尔的《入侵1944》(*Invasion 1944*, 图宾根,1949年)。

事发后不久阵亡，正要受到国葬时，其参与密谋之事被发现，计划立即更改，他的尸体被丢进了无人照管的罪犯墓地。难怪希特勒会久不露面，难怪他会对最有能力的军事顾问避而远之，只听党卫队里那些夸夸其谈的业余人士的建议——他再也无法笃信任何一名军官的忠诚了。也难怪希姆莱会在那几个月里看似权势滔天。在“将军们的阴谋”执行的那几日里，他接替弗洛姆成为陆军后备军总司令。不久后，他又从武装部队手中接管了所有战俘营。短短几个月，原本只是警察头目的他，成为一个陆军兵团的指挥官，在维斯瓦河前线徒劳地抵抗着苏联人。

希姆莱表面大权在握，实则已走上下坡路。虽然刺杀希特勒的阴谋一度赋予了他前所未有的重要性，但刺杀险些成功的事实也证明了他的失职。毕竟，希特勒是
32 真的命悬一线，拯救他的是上帝（希姆莱自己也这么认为）而非警察。有些人甚至坚称，这么大的阴谋不可能在希姆莱不知情的情况下筹谋这么长时间，这有悖自然规律，或者至少有悖一切先例[1]。

---

1 其实，希姆莱不太可能事先掌握与该阴谋有关的任何确切消息，但可以肯定的是，他的一些随从，包括施伦堡，是大致知道此事的。尽管施伦堡不敢对希姆莱提及此事，但希姆莱肯定有机会知道他的下属跟反对派有暗中往来。希姆莱的另一名下属奥伦道夫也声称知道该阴谋。

面对这些怀疑，耐心且坚持不懈的鲍曼是不可能不加以利用的。他被称为“元首的邪恶天才”，希特勒的“朝臣”之一[1]称他是“坐在阴影中的灰衣主教”，比这些都更为人所熟知的称呼是“希特勒的靡菲斯特”[*]。此时的他已经坐到了无可争议的显赫高位，他主人目前的其他随从们无一人有此成就。迄今为止，希特勒的政策一直是，或至少看上去是，不允许任何部长在他的顾问团中一人独大。他似乎总在挑拨部长之间的关系，从而维持他们之间的平衡。但现在的马丁·鲍曼就像德皇内阁中的荷尔斯泰因一样，“从一开始就意识到了韬光养晦的重要性”，而他无穷的耐心收获了回报。他从未离开过自己主人身边，甚至在独自掌控纳粹党这一庞大机构时，他仍保持着与他主人相同的古怪作息——凌晨 4：30 或 5 点睡，正午起床。作为希特勒不可或缺、不知疲倦且时刻都在身边的亲信，他现在成了希特勒秘密的唯一保管人，希特勒下达命令的唯一渠道，以及他人接近比以往任何时候都难接近的希特勒的唯一方法。

战争时期发生的种种事件都增强了鲍曼的权势。纳粹德国的所有地方长官只听命于他，他提升了他们的服

---

1 指什未林·冯·克罗西克。

* 靡菲斯特（Mephistopheles）是欧洲中世纪传说中的魔鬼。

从性，也改变了他们的特征。最初的地方长官都是曾在
33 党内从事艰苦乏味工作的老人，他们曾在纳粹运动初期大吹大擂地卖力宣传，然后作为奖赏，得到了这些待遇丰厚但又不太费劲的职位。鲍曼改变了这一点。老地方长官们一个接一个地走了，取而代之的是更年轻、更有活力、更狂热的新人。老地方长官们上位之时，鲍曼还默默无闻，因此他们忠诚于纳粹党，但这些新人认为自己能有今天的一切都是托了鲍曼的福。在整个战争期间，纳粹党的这一地方长官制度与党卫队产生了诸多共同点：都发展壮大了；都蚕食了武装部队的职能，尤其是在管理、供应、防御和撤离方面；都在随着德军的每一次失利而变得更加强大，更加不可或缺。看着这两台权势引擎并行发展的观察家们好奇，一旦它们发生冲突，一旦希姆莱和鲍曼在吸纳或征服了所有独立机构后终于开始正面交锋时，会发生什么。1943 年，希姆莱被任命为内政部长，这时，有趣的时刻到来了。在此之前，两人之间的关系一直特别好，但在此之后，他们爆发了激烈冲突。希姆莱只是稍微尝试着将手伸到党卫队之外，就招来了鲍曼的公开憎恨。数名党卫队和警察部门的高级长官[1]以

1 “党卫队和警察部门的高级长官”的德语为“Hoeherer SS und Polizei Fuehrer”，这些人是希姆莱在德国和德占国的地区代表。

为借助希姆莱新获得的权势，自己就可以侵占地方长官们在各地区独有的权力。他们很快就醒悟过来，自己错了。“鲍曼即刻向希特勒上报了此类情况，并借此机会巩固了自己的地位。令我们吃惊的是（说这话的人是施佩尔），他没花多长时间就把身为内政部长的希姆莱逼入了僵局。”[1]这就是身处权力核心的优势。

同样地，“7・20”密谋事件后，鲍曼再度迅速利用了这个对手的错误或疏漏。希姆莱曾天真地认为（既然 34
戈林很明显地失宠了），“王位”继承权毫无疑问就是自己的，他还把自己的每一次晋升都当作是对这一必然之事的证明。另一边的鲍曼却在确保自己没有向权力中心靠拢，而是在远离权力中心。在战争最后那个冬天的黑暗日子里，鲍曼取得了更大的胜利：他帮希姆莱锁定了陆军维斯瓦河兵团总司令的职位，这是一支新组建的部队，正在柏林以东与苏联人殊死搏斗。这样就能将希姆莱调离柏林，若他不走，就有可能继续获得希特勒的青

1 戈林也给出过类似的描述。应该强调的是，希姆莱和鲍曼之间的冲突不仅仅是性格和管辖权的冲突，也是纳粹党和党卫队之间的冲突。党卫队比纳粹党更狂热，因此（一般来说）也比纳粹党更不涉己利，更痛恨党内官员的腐败。这就是党卫队制订各种计划，想让希姆莱取代希特勒的原因所在。甚至连反对派都察觉到了这一点。参阅哈塞尔的《从另一个德国》，第 178 页。

睐，或者继续干涉鲍曼的影响力。鲍曼则继续牢牢占据（实际是独占）着元首的信息渠道，不忘将苏联红军势不可挡的前进归因于他这位竞争对手的无能，甚至背叛。

尽管鲍曼权势滔天，但在希特勒的总部中也不是没人能与他分庭抗礼，第一个要提到的就是戈培尔。在希特勒的所有下属（可能有一个例外）中，戈培尔有一个无可争辩的优势——他是真有才干。就连鲍曼也察觉到了，与戈培尔争吵可能是致命的。当然，戈培尔也明白，鲍曼因为经常出现在希特勒身边，占据着无可否认的有利地位。因此，尽管他们二人在许多政策问题上意见不一，但最终总能基本达成一致。戈培尔是元首的私人密友，一直都有直接面见元首的资格，但他认为比较谨慎的做法是，给鲍曼一些面子，若只是一些无关紧要的事，就让他居中传达，只在出现特殊情况时才利用自己的特殊地位单独面见元首。鲍曼那边也意识到了对方的这一让步，因此，并不会在戈培尔偶尔单独面见元首时横加干涉。戈培尔和鲍曼在最后那段日子里的行动就象征着这两位幸存下来的纳粹主义“大祭司”之间的务实妥协。他们的建议不同、野心不同、个人计划不同，但在关乎元首的决定，关乎元首王庭的那出哑剧表演方面，他们是一致的。而且，他们在走上不同道路，奔赴不同命运
35 之前，还共同主持了元首生命中最后的异教徒式婚礼和

葬礼。

第二个要提到的就是希特勒本人，他的性格限制了马丁·鲍曼权势的扩张。自由主义的逃亡者、绝望的反动派都假装或真的说服自己相信了，希特勒只是游戏中的一枚棋子，真正的玩家不是他，而是其他政客或某些更强大的力量。这是一种错觉，而且大错特错。在这场纳粹主义运动中，无论希特勒动用了多少独立力量，借助了多少偶然支持，他始终都是这场运动的唯一主宰。这场运动是由他本人煽动并创立，也是在他个人的领导下走向毁灭的。无论是罗姆还是希姆莱，无论是陆军还是容克贵族，无论是高级金融家还是重工业企业家，无论他们间或给予或接受过什么援助，无论他们是以什么样的希望或信任来安抚自己偶尔产生的疑虑和经常产生的失望，结果都是一样的，没人能控制这个恶魔般的、给人类带来灾难的天才。毫无疑问的是，无论鲍曼在与戈林、赫斯和希姆莱的竞争中占据了多大优势，他都从未控制过希特勒那不可控制的意志，毕竟他能拥有今天的地位，全靠希特勒的宠信。希特勒甚至拒绝了他给的最后一条政治建议——4 月离开柏林，前往上萨尔茨堡山；也无视了他最由衷的愿望——在希特勒死后继续掌权。1939 年，内维尔·亨德森（Nevile Henderson）爵士向戈林建议，他可以利用自己的影响力改变希特勒的想法，戈林回答说，元首一旦下定决心，“我们其余众人就只是他脚下的土地”。这是一个普遍的真理，对戈林是如此，对鲍曼也是如此，在 1939 年是如此，在 1945 年也是如此。施佩尔说，诚然，鲍曼最终确实完全掌控了所有内部事务，但是，无论何时，只要希特勒愿意，他就能立刻收回对这一切的直接控制权。“他一直贯彻着一个古老的原则：分而治之。总有一些政治集团随时准备着消灭其他政治集团。希特勒只需挑拨几句，鲍曼的所有敌人就会一拥而上，扑向他的咽喉。”如果鲍曼真能将自己的权力行使到最后，那他凭借的并不是自身的努力，而是这位可怕独裁者的默许。希特勒那不可思议的意志力和催眠般的影响力，甚至可以迫使批评他的人向他由
36 衷臣服。“作为一个重要的历史人物，希特勒是否是第一
次世界大战后那些年的产物？他是否是《凡尔赛和约》、革命以及后续事件所带来的结果？这些事件是否势必会造就他这样一个人物？”阿尔贝特·施佩尔在被囚禁于石堡中时，有了一些可以进行哲学思考的闲暇时光，他认真思考了这些问题，但要回答它们，他就不得不重新考虑这个在他看来是导致纳粹德国覆灭之人的性格。他在重新考虑之后给出的答案是，希特勒不止于此。“诚然，如果没有这些事件，希特勒绝不可能找到如此适宜的土壤，让他的活动迅速结出如此丰硕的果实，但他整个人

的恶魔形象永远不能被简单地解释为这些事件的产物。这些事件也很可能产生一个形象平庸的国家领导人。希特勒是人类历史上鲜少出现且令人费解的重要人物之一。他个人决定了一个国家的命运。他独自一人将这个国家带向了那个可怕的结局。作为一个历史罕见之人，他让整个国家都为他着了魔。”

说希特勒是人类历史上罕见的凤凰、不受普通定律约束的惊世之才，这个评价并未在德国国内被普遍接受。将领们，也就是那些精明冷静、不喜欢神秘主义的军事引擎们并不接受这一评价。在他们看来，希特勒一直都是一个手握滔天权力的粗俗之人，与他们心中的天才标准完全不符。“与他共事时，”最有才干的将领哈尔德说，“我一直在他身上搜寻天才的痕迹。我努力做到诚实公正，不被个人对他的憎恶所影响，但仍从未在他身上发现任何天才之处，我看到的只有恶魔。”但有一个人完全接受上述评价，他的接受也是这一评价成功的基础。他写道：“在人类历史上，时隔很久才有可能偶然出现一位兼具务实政客和政治哲人双重属性的人。这两种属性结合得越紧密，此人面临的政治困境就越艰巨。这样的人不会费力去满足庸俗之人眼中显而易见的要求；他所奋斗的目标只有少数人能够理解。正因如此，他的人生会在爱与恨之间来回拉扯。一边是不理解他的这一代人的

37 抗议，另一边是他所为之努力的后世之人的认可，二者相互角力。”

这一描述的作者就是希特勒本人，这是他的自画像[1]。写下这段话时，他正身陷囹圄，距离他获得自己朝思暮想的权力还有很久。他的性格之所以具有如此非凡的影响力，最重要的原因可能就是，他笃信自己肩负着救世主的使命，这一影响力在让它存在的外在原因消失后仍然存续了很长时间。就连聪明的施佩尔都接受了希特勒的神话，这就是它具有强大影响力的最好证明。

1 《我的奋斗》，第231页。

第二章

身陷败局的希特勒

1944 年 8 月，同盟军在阿夫朗什的突破揭开了德国悲剧的最后一幕，舞台背景和演员均已就位。这出戏剧的其余部分（灾难的发生速度、事件之间的相互关系和联结）则由一种不可控的外部力量决定，即同盟军部队的进展。每当有新的危机出现、有巨大堡垒被攻陷、有敌军渡过一条大河，似乎都会在拉斯滕堡、柏林或巴特瑙海姆掀起新的狂热反应。但这些只是戏剧发展中的不同阶段，并不会改变或影响它的发展轨迹。尽管在这一不懂政治（politically illiterate）的王庭中仍然存在奇怪的错误，尽管希姆莱仍然认为自己会成为新的巨人，尽管里宾特洛甫自始至终都认为同盟军必将分裂，但事实上，答案尚不确定的问题只有两个：纳粹德国的终结何时到来？纳粹党整体以及希特勒个人将如何面对它？自从“将军们的阴谋”失败以后，能决定大局的就只有希 38

特勒一人。最后这场对阴谋的胜利赋予他的并不是拯救纳粹德国的力量，这股力量甚至连延缓它的灭亡都做不到，只是能够让他以自己的方式来毁灭它。

对于第一个问题，德国国内无法给出合理答案，因为这个答案不再仅仅取决于德国。纳粹党当然有一个官方回答：纳粹德国根本不会终结——至少不会是以德国战败的形式。他们坚称："我们绝不投降！"1933 年时，希特勒就经常在讲话时喊出这句口号[1]，不过，在战争的最后那
39 个冬季，它出现得比以往任何时候都更频繁、更刺耳、更缺乏说服力，或者说重复得比以往更加唯命是从。如果我们真的承认了这个答案，那么第二个问题就没有意义了。事实上，并非每一个人，甚至并非每一个纳粹党高层都真心相信这一回答，他们中的许多人都已经在制订逃跑或至少是求生的计划了。但这就是官方答案，不能有另一种版本。由此就催生了一种匪夷所思但又必然会出现的结果。每个人嘴上都挂着胜利的口号，行动上却在为战败做准备。加之无法想象官方有任何应对的准备，纪律和组织的彻底崩溃就变得显而易见了，制订集体抵抗，甚至只是集体幸存的计划都变得不可能，这时候的每一个人，或者说几乎每一个人，都在秘密商讨着如何投降，或者秘密

---

1 劳施宁，《希特勒讲话》，第 15 页和 125 页。

制订着逃亡计划。他们大声吹嘘着南部有一座坚不可摧的堡垒“阿尔卑斯山要塞”，就位于纳粹神话中的圣山之中，那里流传着各种巴巴罗萨的传说，因是希特勒的住所所在而变得神圣。但是，除了希特勒自己和少数过于狂热又幼稚的学生外，没有人相信抵抗是有用的，大家都忙着制订个人的投降计划或消失计划，因此，纳粹所有关于抵抗的设计都只停留在已经拥挤不堪的德国形而上学领域。

所谓的德国抵抗运动从一开始就犯了同样致命的错误。事实上，从来就不存在这样的运动。根据这场战争的状况来定义的话，所谓“抵抗运动”就是在被征服国家中，那些不甘于被征服的人民的运动。但纳粹政府的官方声明又是，德国不仅不会被征服，也不可能被征服。既然“抵抗运动”有这样一层含义，那就绝对禁止提及“德国抵抗运动”。施伦堡告诉我们，有一位格伦少将长期专注于研究波兰地下运动，在这段黑暗的日子里，他起草了一份详尽的德国抵抗方案，适用于类似战线，但当施伦堡将方案转交给希姆莱时，希姆莱的反应让他感觉自己性命堪忧。“简直是疯了！”希姆莱的回答是，“如果我和文克[1]讨论
这个方案，他必然会痛骂我是第三帝国的第一个失败主义 40

1 文克将军是在易北河作战的德国陆军第 12 军总司令。这支军队在以后的历史中很重要。

者。这事也会传到元首耳中，令他暴跳如雷！”他接着谴责了安全坐在撤离区内的“高级参谋”，骂他们制订的居然不是战斗计划，而是战后方案。甚至到了 1945 年 2 月，非资深专业人士也看得出战败的命运之时，总参谋部的官员们仍然收到了一份通知函，提醒他们失败主义会招致严厉惩罚，还提及了此前因此罪名被枪毙的总参谋部官员的名字。许多早已完成自己秘密计划的德国参谋部军官在相互传递，并在这份此刻毫无意义的文件上签署自己的姓名首字母时，内心一定在发笑，就像罗马时期的占卜师一样，他们常常在庄严地举行过时的宗教仪式时，互相眨眼示意。

那么狼人计划呢？有人会问。答案很简单。狼人计划与这些事实并不矛盾，反而证实了这些事实。这些事实在很长一段时间里是令人费解的，因为它们看似互相矛盾。已知的是，在后来几乎无所不在的希姆莱的授权下，纳粹秘密创建了一个游击战组织，名为“狼人计划”。当时的德国广播电台还公开介绍了这场破釜沉舟、令人生畏的运动，以及其中不可战胜的决心和预期的结果。人们自然会认为，它将成为一场抵抗运动，可媲美在波兰、法国、意大利、丹麦和巴尔干地区抗衡德国占领军的地下部队。但是，同一时间，人们惊讶地发现，狼人计划的领袖，党卫队全国副总指挥汉斯·普吕茨曼（Hans Pruetzmann）与汉堡地方长官等人一起，正在或正设法通过丹麦的地下运动与英国谈判，以求和平投降。原本应该是，狼人计划会在投降之时正式开始行动，但事实正好相反。在一次广播讲话中，新任元首邓尼茨上将命令西线所有“狼人”停止活动。他们听从了他的命令。在所有被征服的欧洲国家中，只有德国没有发生抵抗运动。

关于这些事实的解释，起初晦涩难懂，现在却很清
晰了。1945 年 5 月，“狼首”普吕茨曼在弗伦斯堡投降。 41
遗憾的是，他成功地在我们对其实施全面审讯前自杀了。不过，他所知道的那些故事我们也已经从其他消息源了解到。狼人们从未制订过在战败后行动的计划，毕竟“战败”是被禁止提及或暗示的，自然也就不可能制订相关计划。按计划，他们是一个准军事编队，一支辅助部队，在同盟军战线后方作战，分散其注意力，以此帮助德军。因此，他们的活动应该是与常规部队同步的，而不是在其之后。他们从来没有打算独立于德国最高统帅部开展行动。狼人们确实从未想过有一天要穿着平民的衣服战斗，他们以为自己会穿着军装作战，因此，一旦被抓，就会被当作战俘对待。许多人就是因为发现事实原来并非如此，才会选择逃亡。

狼人在当时为何会被视为严重威胁呢？我们要再次利用后来得到的新信息来解决旧谜题。1945 年 4 月 1 日，事态有了新的发展，这不仅模糊了真正的问题，还生动

说明了当下宛若丛林战一样的战况，这一战况让纳粹的诸多计划和组织都失去了意义。普吕茨曼的办公室掌控着一个庞大的组织，但所有知道这一点的人都认为，这一控制中心效率低下，也不令人振奋。普吕茨曼这个人本身就自视过高、懒惰、爱自吹自擂。施伦堡说，普吕茨曼总部的组织结构与其成员的心智相符——都很虚弱（weak）。他还补充道，他曾亲自向希姆莱抗议这整个计划，称其是“犯罪且愚蠢的”。但在4月1日，一种新的中央集权工具出现了，那就是“狼人电台”。它率先公开了这个到这时为止一直都是秘密的组织，并将“狼人”从一个神秘符号变成了一个公开口号。但这个狼人电台其实是完全独立于普吕茨曼的组织的，该运动的宣传工作一直掌握在戈培尔手里，甚至到了最后一刻，戈培尔都还在争抢着不断缩小的权势碎片，（似乎是）希望将整个组织都收归麾下。戈培尔和普吕茨曼没有联系，他显
42 然认为普吕茨曼不够激进。不过，他对狼人电台的使用完全没有弥补这场运动的缺陷，只是让它更加混乱而已。他只是利用该电台宣扬意识形态的虚无主义，这与狼人组织真正的有限目标毫无关联，还常常令该组织的成员们感到名誉扫地和沮丧气馁。戈培尔篡夺了对狼人电台的掌控权，这是大众对狼人计划有诸多误解的原因所在，也是狼人计划预期目标与实际成果间存在荒谬差异的原

因所在。这对纳粹的事业毫无好处。非要说抹黑该运动有什么好处的话，可能就是加速了它的崩溃。[1]

不过，狼人电台非常重要，我们可以从中找到上文中第二个问题的答案。纳粹党会如何面对自己在公开场合甚至拒绝考虑的战败？正因为这一拒绝，对于该问题，官方自然是没有直接回答过的，不过，众所周知，希特勒会始终忠于自己的初始计划，即要么成为世界强国，要么走向彻底毁灭（德文：Weltmacht oder Niedergang）。如果无法成为世界强国，那么（所有认识他的人都一致认为）他就会尽其所能地增强毁灭的威力，而他自己会像加沙的大力士参孙一样，在自己制造的灾难中与敌人同归于尽。无论希特勒多么努力地想要扮演反抗亚洲布尔什维克主义的西欧卫士，他终究不是西欧人。他戏剧化的性格也决定了他无法按照儒家理想那样，体面而低调地死去。当他自视为一个重要的历史人物，当他在奉承与成功中越发狂热地耽溺于想象和自负，他在蔬菜饼

1 本段提供的事件记录是由奥伦道夫和施伦堡单独讲述的。在纽伦堡时，施佩尔和弗里奇说，他们认为狼人们是受鲍曼控制的——即掌控在柏林派手中，鲍曼霸占了这个名字，并试图控制这一政策。不过，弗里奇补充道，鲍曼麾下有个党卫队全国副总指挥，只是他不记得那人的名字了——那人就是普吕茨曼。其实，普吕茨曼一直是希姆莱的下属，且从始至终都是希姆莱私人参谋部的成员。

加蒸馏水的简餐前站起身来，一跃跳上了桌，将自己视为比肩过去那些伟大征服者的人物，但他并不希望被赞美为亚历山大大帝、恺撒或拿破仑，而是希望被赞美为那些毁灭天使的化身，比如洗劫罗马的阿拉里克、“上帝之鞭”阿提拉、蒙古帝国缔造者成吉思汗的化身。“我来
43 到这个世界，”他带着一种救世主的心态宣告着，“并不是为了让人类变得更好，而是为了利用他们的弱点。”[1] 与这种虚无主义理想、这种对毁灭的绝对热爱相一致的是，他如果无法毁灭自己的敌人，那么就会毁灭德国和他自己，他会拉着所有可能卷入废墟之中的人一起同归于尽。“即使我们无法征服世界，”他在 1934 年说过，“也要拖着半个世界一起毁灭，绝不能让任何人战胜德国。1918 年的事再也不会重演。我们绝不能投降。”[2] 他还说过：“我们绝不投降，绝不！我们有可能被摧毁，但若真被摧毁，那就要将整个世界都拖入炼狱。”[3] 此时的他，因为德国人民没有帮他实现那些狂妄自大的设计，而对他们产生了强烈的仇恨，于是他又旧话重提。德国人民配不上他的伟大理想，因此，他要让他们彻底毁灭。“如果德国人民

1 《希特勒讲话》，第 274 页。

2 同上，第 125 页。

3 同上，第 15 页。

要在这场斗争中被征服，”他在 1944 年 8 月的一次地方长官会议上说，“那他们就太软弱了，根本经受不住历史的考验，只适合被毁灭。”[1]

这就是希特勒面对战败挑战时的回答。这个回答确实带有一部分的个人情绪，是他在骄傲受挫后摆出的报复姿态，但它也有一部分源自希特勒那可怕哲学中的另一个特点，该特点是深思熟虑后的产物。希特勒相信反理性主义哲学家乔治·索雷尔和维尔弗雷多·帕累托所推荐的《神话》（*Myth*）一书，他也非常忠实地遵循着他们二人提出的准则，并且雄辩滔滔地为他们正名[2]。此外，他还极度鄙视德皇及其大臣们，称他们是“1914 年到 1918 年的傻瓜”，这在他有限的辱骂词汇中占了非常大的
比重。他鄙视他们的理由很多，包括他们犯下的诸多错 44
误。其中有许多是他也犯过的，比如低估敌人，同时在

1　施佩尔。

2　尽管希特勒不太可能读过这两位邪恶哲学家的著作，但他的准则与他们的准则有着诸多惊人相似之处。帕累托说，政府的艺术在于“利用情绪，而不是浪费精力去摧毁它们，那只是徒劳”[《一般社会学论集》（*Treatise on General Sociology*）]，这与刚刚引用的希特勒原话的内涵完全一致。希特勒的理论（《我的奋斗》，第 759 页）认为，一个民族或一个阶级，一旦屈服于一种威胁，就会永远屈服下去，这与索雷尔的预言完全一致。戈培尔称，纳粹对索雷尔神话理论的发展就是他自己对该运动做出的决定性贡献之一（参见泽姆勒，《戈培尔》，第 56—58 页）。

两条战线上发动战争[1]，也有许多是他避免了的，比如政治上过于温和，战争方法过于谨慎。但令他尤为鄙视的是，他们没能理解神话的重要性，没能理解发展和利用神话的条件。1918 年，德皇投降，他都没有等到战争失败，就软弱绝望地缴械认输了（这是纳粹的官方版本）。

无论想出了何种有用的谎言，在这样的软弱和绝望中是不可能孕育出任何欣欣向荣的神话的。神话需要一个激动人心的、英雄主义的结局。就算它的拥护者战败了，这种思想都必须继续存在，当战败的冬天过去，充满滋养的空气回归，它可能还会孕育出新的、明显一脉相承的花朵，继续绽放。因此，关于希特勒及其门徒将如何面对灾难，专家们早就达成了一致（甚至是在这些猜测看似言之过早且十分荒谬之时）。在 1944 年到 1945 年的那个冬天，这一理论得到证实的时间点明显临近了。一如在其他黑暗时刻中那样，又是先知戈培尔跳出来证实了它。

他所有的招数都已用尽，这些招数要么失败，要么只取得一时的成功，但一时的成功无助于带来最后时刻的

1 希特勒在《我的奋斗》（第 198 页）中攻击德皇的宣传人员轻敌，将敌人描绘成令人轻视的样子。希特勒还“保证”过，以后绝对不会再两线作战，这个就无须赘述了。

必要改变。他尝试过利用军国主义的荣光，但失败了。他尝试过“真正的社会主义”，但失败了。他尝试过新秩序，但失败了。他尝试过推进反布尔什维克主义的斗争，但失败了。他还尝试过保卫欧洲，抵御亚洲的大举入侵，但也失败了。在黑暗日子一步步降临时，他还尝试过（正如施佩尔说过他应该一试的）“热血、汗水和眼泪”的感染力，但政治宣传也躲不开收益递减规律。1940 年在英国奏效的手段，在 1944 年的德国已经不再管用，因为在此之前，他已经做出过许多相互矛盾且未能达成的承诺。在这招也失败后，他尝试了腓特烈式战争（Frederican War）。但当苏联人占领柏林，且在各方面都人数占优，而他却孤军奋
战时，德国人民不禁想起，在 18 世纪时，即使是腓特烈 45
大帝，在遭遇盟友背叛、敌军包围时，似乎也是注定失败的。不过，腓特烈大帝幸存下来，并取得最终的胜利，这要归功于他作为东欧人的忍耐力，他高明的战略，以及天意对他毫无疑问的眷顾，这些在他的敌人内部播下了不和的种子。既然 1944 年的德国统治者拥有着不少于腓特烈大帝的丰富资源和天意眷顾（如近期事件所示），还是有史以来最伟大的战略天才，那要是他们也具有同等的忍耐力，不是也可以期待拥有类似的结局吗？但在 1944 年到 1945 年的那个冬天，就连这样的呼吁也不够有感染力。那这位先知还能预言些什么呢？

戈培尔有能力应对这一局面。如果其他所有口号都失败了，如果所有后来的追随者都叛变了，他们至少还有引发巨变的纳粹主义最初的口号可用，这个口号曾激励过被社会摒弃和伤害的下层阶级与无产者，正是这些人让纳粹主义确立，容克贵族、将领、实业家和公务员都是后来才加入的，当这些只能同甘不能共苦的同盟者不再可靠之时，或许还能用这个口号再次激励那些下层阶级与无产者。先是在柏林电台，然后是在狼人电台，又响起了这个口号：毁灭的口号，这是纳粹主义的真实声音，不受当时一切发展变化约束和改变。劳施宁在怯懦贵族的恐慌情绪中，在茶杯、奶油面包、布谷鸟时钟和巴伐利亚式贝希特斯加登小摆件之间，突然又听到了这个口号。它是阶级战争和永恒革命的信条，也是杀人毁物的信条，是德国纳粹摧毁自己嫉妒且厌恶的一切文明价值观的信条，哪怕他们也曾费尽力气试图模仿这些价值观，而这些摧毁令他们快乐。此刻的戈培尔博士兴高采烈，对他来说，战争的考验和轰炸的恐怖有了新的意义：它们不是令人恐惧的工具，而是能干净利落实现毁灭的工具，他欢迎它们。“在炸弹恐怖中，”他得意扬扬地说，“无论是富人的住所还是穷人的住所，都无法幸免；要发动全面战争，就必须将劳工局前最后的阶级壁垒推倒。”“在我们被摧毁的城市的废墟之下，”德国媒

体也附和道，“中产阶级的 19 世纪*最终留下的所谓成 46
就终于被埋葬了。”狼人电台呼喊道：“革命没有尽头”；“只有当参与革命的人不再是革命者时，革命才是注定要失败的”；它也欢迎炸弹，现在每夜都会有轰炸，对德国工业城市造成了更毁灭性的影响：“连同那里的历史文化遗迹一并摧毁的，还有我们完成自己革命任务的最后障碍。既然一切已成废墟，我们就不得不重建欧洲。过去，私人财产把我们束缚在中产阶级的限制中。现在，炸弹没有杀死所有的欧洲人，只是打碎了囚禁他们的监狱围墙……敌人试图摧毁欧洲的未来，但只成功摧毁了它的过去；随之消失的是一切陈旧过时的东西。”戈培尔的优点在于他的清晰，他的思想和文风都具有拉丁民族的那种清晰思路。德语，尤其是在哲学家们的口中，常常是晦涩难懂的；这些观点如果从黑格尔、斯宾格勒、罗森贝格或施特莱歇尔的口中说出来，那就会显得高深莫测，但又模棱两可，因此会有被误解的可能。戈培尔的语言就不存在这种风险。你不会误解他的欣喜若狂。

这时候的希特勒在做些什么呢？他在“7·20”密谋事件后就主动或被动地退出了公众的视野，他退出得太过

* 19 世纪有时也被称为“中产阶级的世纪”。

彻底，导致许多人以为他死了，或是被无所不能的希姆莱囚禁了。由于回答这些推测和联想的只有沉默，谣言便飞快地越传越夸张，还提供了一些经常被当作证据的旁证细节。足智多谋的记者们带着但丁或贝德克尔（Baedeker）的那种勃勃兴致，描述了此刻正囚禁着那位被废黜元首的中世纪地下墓穴；或者用元首耳朵上的褶皱来证明德国照片上的元首是替身，只是故意亮相给德国人民看，用来掩盖希特勒已死的事实。其实，在希特勒的一生中，他日常生活的细节最为我们所熟知的阶段恰恰是从 1944 年 10 月到 1945 年 2 月底的这 5 个月，因为我们得到了他的贴身侍从海因茨·林格为他保管的日记。这本日记是一名英国军官于 1945 年 9 月在总理府的废墟中捡到的，是一本工
47 作记录形式的手稿。其中提到了空袭警报等不可能提前预测到的干扰，表明这些内容写于他们所提到的那些事件之后，而非之前。左边那页逐小时地记录了相关事件，右边那页上除了经常出现林格的签名外，只留下了当时的元首总部地址。在 11 月 20 日前，元首总部都在拉斯滕堡的“狼穴”（德语：Wolfschanze），也就是“7·20”密谋事件的发生地。自那时起到 12 月 10 日，总部在柏林。从 12 月 11 日开始，总部在陶努斯山巴特瑙海姆的“鹰巢”（德语：Adlershorst），希特勒就是在那里指挥了阿登高地的进攻。从 1 月 16 日到最后，元首总部就是柏林的帝国总理府，

他再也没能活着离开那里。

这本日记中的记录真实且简洁，尽管只记录了会谈、进餐和工作安排，但对研究希特勒的历史学家来说很有价值。它记录了希特勒日常生活中的例行公事，他的“朝臣”和访客的性质，他健康状况的变化，以及他日益频繁的工作安排。他每天都在正午前后起床，因此，所有预约的时间安排都和常人不太一样。他每天都会安排一系列的会谈，见政客、将领、副官、联络官、医生、秘书等，中间除了已经晚了的用餐时间外，他只会偶尔去花园散步半小时，以及每晚都会小睡片刻。他每日的最后一项活动是深夜两点到三点三十分之间的非政治性茶话会，大约持续两个小时，结束后，他就会回房睡觉。这种古怪的时间安排给他人造成的压力可想而知，会谈有时会持续到深夜三点三十分，其他与会者并不总能像希特勒一样，这个点结束回去，还能安稳地一觉睡到天明。在最后的那几个月里，希特勒的睡眠时间缩减到了三个小时，时间安排就更离谱了[1]。但至少有一个人一直都能满足他的各项要求，那就是坚持不懈的鲍曼。鲍曼决心永远不让他所有权势的倚仗，也就是他的主人，离开他的视线，也绝对不让其他人独占元首身侧能听到一

1　施佩尔。参阅本书中希姆莱的话，第 79 页。

切消息的位置。他调整了自己的作息，与元首那离谱的作息保持一致，确保至少自己能够随叫随到。

当然，关于希特勒在最后数月中的私人生活，除了
48 这本日记外，还有许多其他的证据来源。其中之一就是不可或缺的施佩尔，他讲述了战争期间，特别是在 1944 年 7 月 20 日的密谋后，希特勒习惯和性格的逐渐改变。显而易见的权力腐败让他憎恨批评，以奉承为食，只愿被没有脊梁的谄媚小人环绕[1]。在其他人都已放弃希望，准备投降之时，他却越来越笃定，仅凭他一人的毅力就可以继续这场斗争，并且取得最终的胜利，完成他个人的神圣使命。他的生活方式发生了根本性的改变，其他的变化一方面是这一改变的外在表现，另一方面也巩固了这一改变。因为希特勒（施佩尔坚持认为）是一名天生的艺术家，反感有条不紊的时间安排和无休止的工作，在他最后数月的日记中能很明显看出这一点。在和平的日子里，他的习惯就很不规律，会留出时间看电影和耽于幻想，会拖延、度假、旷工、野餐、外出视察，会去上萨尔茨堡山度周末，会开茶话会，会与其他“艺术家”

1　希特勒王庭的奴性与《我的奋斗》（第 259 页）中的理想形成了鲜明的对比，令人悲哀。书中，他谴责德皇身边的谄媚者是“君主制的掘墓人”，说诚实之人就算面对头戴王冠的君王本人也会严肃劝诫并努力说服。

社交，这些都是生活在颠覆性政治极端高压下的他所
必需的放松。施佩尔热衷于浪漫化过去，在他口中，希
特勒和平时期的生活仿佛田园诗一般。而他也一并过着
那样的生活，身处天堂的他，完全忘记了这一切从何而
来——残忍、集中营和血腥政治，对他这个快乐的技术
官僚来说，似乎都只是无关紧要的消遣。他十分怀念地
描述了那些无忧无虑的日子，当时的希特勒会倾听批评，
会与伙伴们谈笑风生，每当日常的政治工作压力太大，
他就会与非政治圈的朋友们以及爱娃·布劳恩一同躲到
上萨尔茨堡山去。帝国总理府太过嘈杂，不适合考虑一
些重大问题，他都会放到上萨尔茨堡山来决定。在这里，
他会享受阿尔卑斯山的夏日，散散步，去小酒馆坐一坐， 49
这能让他找回（他说）“内心的平静和自信，这些都是做
出震惊世界之决策所必需的”。在这里，他可以更集中
精力地享受艺术、建筑和电影，恢复被政治消耗殆尽的
能量：他的双眼会再次焕发神采，他的反应速度会加快，
他的决策热情会被重新点燃。在这里，他会过着中产阶
级似的生活：表现得就像一个好客的奥地利家长，对所
有人都温厚、诙谐、友好、亲和。当戈林等人浑身挂满
“锡制”奖章时，他的言行举止、穿着打扮都十分简单，
这帮他赢得了人民的赞扬，让他们愿意妥协，接受那些
不受欢迎的政治决策。“我觉得，”施佩尔说，“他是不满

意自身‘使命’的，如果可能，他会更愿意当一名建筑师而非政客。他对政治的反感常常表露无疑，对军事就更厌恶了。他透露过，他打算等这场战争结束就退出国家领导层，到林茨[1]去，建一栋大房子安度余生。他坚称，到时候他会彻底退休。他不希望令继任者感到丝毫难堪。人们很快就会忘记他，不再打扰他。一些前同事可能会偶尔拜访他，但他也不对此有何指望。他的身边，只会留下布劳恩小姐一人。他自己是不愿意和其他人生活在一起的，无论多久……”这些就是希特勒 1939 年时对未来的畅想，提过此事的人不止施佩尔一个。1939 年 8 月 25 日，内维尔·亨德森爵士在柏林与希特勒会面。“希特勒先生讲了很多，”这位大使说，“其中提到，他是一名天生的艺术家而非政客，波兰问题解决之时，就是他回归艺术家身份之时，他会以艺术家而非战争贩子的身份来结束自己的一生。”[2]

这个评价太过天真，天真得可怜。出人意料的是，
50 在其他事情上都精明睿智的施佩尔，在分析心理时却会如此幼稚，认为这种散发着美感的“内心呼喊”具有绝对的，而不仅仅是相对的意义。这种错误并不少见。有

1　希特勒一直视林茨为家乡。见本书后文第 51 页、160 页。

2 《德波关系文件》（第 6106 号）第 128 页。

太多这样的历史学家，他们会用家庭美德、艺术品位，以及个人生活中的和蔼可亲、朴素简单来为腐败的政客、软弱的统治者和嗜血的暴君辩护！这种错误常见于施佩尔这类人身上，他们认为政治无关紧要，会不知不觉地用非政治的标准来评判政客。劳施宁至少在这方面比施佩尔更具判断力。他对艺术和艺术家的兴趣不大，不会被这种中产阶级的友好欺骗。他在享用茶点的声音之外所听到的，就算不是战俘营中受刑者的哭喊，至少也是那令人毛骨悚然的众生毁灭的“颂歌”，他的判断和结论均由此而来。

尽管施佩尔对希特勒战前生活的描述不可尽信，但能从中看出希特勒战前生活所产生的影响，其中提及的事实也确有发生。施佩尔又说，战争发生后，一切都变了。在成为伟大的战神、有史以来最伟大的战略天才后，希特勒身边的人变了，工作日程也变得单调、规律，各种大事接踵而至，让他无处排遣。他没有放松和排遣压力的渠道，没有办法将自己被压抑的活力无害地释放出来。为了展示出体恤人民的一面，德国人民减少娱乐，他就必须减少娱乐。但对他来说，娱乐不仅仅是娱乐，还是他能够正常处理政务的必要条件。不信任和神经质随之而来，对背叛的恐惧加剧了权力的腐败。他不再看电影，不再去上萨尔茨堡山。围在他身边的也不再是艺术家和朋友，而是武夫。自命不凡的他根本看不起这些军人，这不仅体现在社交和政治上，也体现在军事上。与他们聊天也不愉快，聊的都是关于军队营房和食堂的琐事，令他厌烦，而且忍受这些并不会给他带来任何好处。德国陆军曾有允许下级军官自由批评上级的传统。随着纳粹党控制的加强，批评的声音越来越少，并在
51 1944 年 7 月 20 日后彻底消失。无处不在的猜疑抑制了所有正常合理的聊天，放大了每一次挫折的影响。在阴沉的环境中，在沉重的心理压抑下，曾经善于交际的元首越来越像一名孤独的隐士，与人隔绝，与事隔绝。他深信，只有他才能带领德国人民反败为胜，他的生命对德国人民至关重要，但他相信每个人都想对他不利，他身边杀机四伏。因此，他很少离开安全的地下总部，很少离开他身边那群平庸之人——庸医、秘书以及少数仍在奉承他的沉闷将领。他很少去前线，从不知道他的军队、他的城镇和他的工业遭遇了多可怕的灾难。他由始至终不曾去过任何一座被轰炸的德国城市。他仍然是个失意的隐士，焦躁不安，痛苦万分。他越来越常梦到自己体面退休，在林茨安度晚年。德国正在崩溃成一座废墟，他却一心忙于设计日益复杂的建筑平面图。他的敌人说，他是在重新设计白金汉宫，方便他今后入住，但事实并非如此，他其实是在为林茨设计一座新的歌剧院

和一座新的画廊[1]。随着他对其他人类的蔑视、猜疑与日俱增，他对爱娃·布劳恩的思念也越来越浓，她完全没有人类普遍存在的那个恶习——背叛。他说过，忠实于他的只有爱娃·布劳恩和他的德国牧羊犬布隆迪。他一再说过，他只有一个至死都会忠于他的朋友，那就是爱娃·布劳恩。“我们从不相信他的这番话，”施佩尔说，“但这一次，他的直觉并未让他失望。”

这样的生活会对希特勒的身体状况造成何种影响可想而知。“在 1940 年以前，”希特勒身边最可靠、最重要 52
的医生冯·哈塞尔巴赫[2]说，“希特勒看着比实际年龄年轻很多。在那之后，他开始快速衰老。1940 年到 1943 年间，他看起来与实际年龄相符。1943 年后，他的外表就比实际年龄要老了。”施佩尔说，他在最后那些日子里确实很苍老。但那还不是真正的最后，只是 1945 年的 4 月末，所有当时见过他的人都说他看上去很不健康，疲惫不堪。人们通常认为，希特勒身体状况的快速恶化源自 1944 年 7 月 20 日的那场爆炸，但事实并非如此。希

---

1 我曾于 1945 年 9 月进入地堡，当时，戈培尔的房间里还堆满了关于歌剧院建筑结构的绘本。

2 这是审讯者、吉辛医生和勃兰特医生（见本书后文第 53 页到 57 页）对冯·哈塞尔巴赫的描述。勃兰特还补充道，冯·哈塞尔巴赫“可能是少数未被希特勒迷住的人之一”。

特勒当时只受了轻伤，很快就恢复了。真正令他身体状况恶化的原因有两个：他在人生最后那几个月中的生活方式（如前文所述），以及他的医生们。

希特勒的性格太过独特，推测他的心理显然并不明智，不过，无论他的心理状况如何，他的体质都必然是极其强健的。若非如此，他的身体也不可能长期承受他那容易激动和暴怒的性格。战前，他的病例中只记录了喉咙不适。1935 年签订《英德海军协定》时，他的嗓音状况开始令他担忧，他派人前往柏林路易森大街的沙里泰医院，请来了专科医生冯·艾肯教授，这位教授曾治疗过他的一名副官[1]。冯·艾肯诊断出他的声带上有息肉，给他做了切除手术。自他痊愈之后到 1943 年间，除了耳朵偶尔会因为过劳而出现轻微刺痛，以及有胃痉挛的趋势外，他的健康状况一直很好。他确实认为自己心脏不好，1938 年后就不参与任何运动了。他在贝希特斯加登的上萨尔茨堡山山顶建了一座瞭望台“鹰巢”，从那里可以俯瞰壮丽的巴伐利亚阿尔卑斯山脉、被征服的奥地利以及美丽的国王湖。山体内修了一部电梯，他和访客可搭乘电梯直达鹰巢。不过，没过多久，希特勒就停

1 这名副官是布吕克纳，导致布吕克纳受伤的那起事件也是勃兰特能成为希特勒私人医生的起因。

止使用这一造价昂贵的瞭望台了。这里海拔5400英尺*，空气稀薄，令他胸闷气短，他认为是自己心脏不好。医生们并未发现他有心脏疾病，确信他的上腹部疼痛和痉 53
挛等症状是由他歇斯底里的情绪造成的。

在此期间，照料希特勒的医生主要是：勃兰特、冯·哈塞尔巴赫和莫雷尔。卡尔·勃兰特教授是希特勒的主治医生，自1934年起，一直跟在他身边。一场“幸运的”事故成就了勃兰特等人的事业。勃兰特来自一个臭名昭著的纳粹医生圈子，这个圈子以马格努斯教授为首，位于齐格尔大街的诊所就是他们的柏林总部。1933年8月，时年29岁的勃兰特正在上巴伐利亚避暑，希特勒的侄女和副官布吕克纳在赖特伊姆温克尔遭遇了一场严重车祸。勃兰特是当时治疗他们的医生之一，给他们留下了非常好的印象。第二年，布吕克纳就请他担任元首的私人医生，一同前往威尼斯。这是他成为希特勒“朝臣”的开端。勃兰特正式成为希特勒及其参谋的外科医生。这份工作令他无法长时间自由活动，也就没办法做手术（希特勒其实并不需要他的技术）。为了能外出做手术，他从马格努斯教授的圈子里找来了另外两名医生，充当他在希特勒王庭中的代理。他找来的第一个人是哈

* 5400英尺约为1646米。

泽教授，只是哈泽没过多久就以健康为由躲回了齐格尔大街——但他会在这段故事的尾声再度出现。哈泽走后，他又找来了汉斯·卡尔·冯·哈塞尔巴赫教授。自此，他们两人一直留在希特勒身边，直至1944年10月爆发的那场重大医学论战（后文将很快讲到）。勃兰特被逐步提拔成了帝国健康和卫生要员。他们提供的证据都包含在这一部分的希特勒健康状况概述中。

西奥多·莫雷尔教授是希特勒的内科医生。严格来说，勃兰特及其朋友都不是第一流的外科医生，他们的成功或可归功于好运，毕竟他们的大多数人事任命都得感谢好运。不过，他们的医术也绝不至于声名狼藉。至少勃兰特的治疗救了因车祸受伤的布吕克纳，如果希特勒受了类似的伤，无疑也能得到对症的治疗。至于莫雷尔，你就很难找出与他职业相符的语言来形容他。他就
54 是个庸医。在他被美军拘禁后，但凡见过他的人，对他的印象都是：一个老家伙，身材肥胖臃肿，精神状态却像泄了气的皮球一样，看上去局促不安，说话含混不清，还像猪一样不讲卫生。他们完全想象不出有谁会选这样一个毫无自尊的人担任自己的私人医生，哪怕此人选择有限。但希特勒不仅选了他，还留了他九年，让他一直照顾自己，青睐他胜过其他所有医生。最终，他还不顾其他人的一致反对，将自己的身体交给了这个江湖骗子，

让他拿去做可怕的实验。在 1936 年到 1945 年间，按莫雷尔的话说，希特勒是他“永远的伙伴”，但莫雷尔并没有真正将这名患者的健康作为最优先的考虑。所有证据都清楚表明，莫雷尔的眼里只有钱。他对科学和真理毫不关心。他不研究循序渐进的治疗方法，喜欢猛药和偏方。当有批评暗示他医术不精时，他只是用更离谱的谎言来回应。他坚称自己才是青霉素的真正发现者，那是他历时多年潜心研究的秘密成果，被无处不在的英国情报局窃取，由一名英国医生冒领了这一成就。其实，莫雷尔根本没必要这样辩解，他有此刻的地位，倚仗的恰恰是他的劣势而非技术。希特勒喜欢神秘力量，一如他喜欢占星术和梦游般的承诺一样。“他对外科医生几乎毫无敬意，”一名医生[1]说，“他相信的是一种类似基督教科学派[*]的神秘医学。”莫雷尔一开始是专门在柏林给暗娼治性病的，后来当了船医，希特勒的摄影师霍夫曼需要一名护理人员，他便以此身份与霍夫曼一同来了贝希特斯加登，并很快发了财。但这还远远满足不了莫雷尔对金钱的野心。他建工厂，造专利药，凭借希特勒私人医

1 指格布哈特教授。

* 基督教科学派是一个教派，比较著名的信条是用祈祷来治愈疾病。

生的身份，为自己的产品拿到了生产销售许可，赚得盆
55 满钵满。有时，德国各地还会被强制要求购买他的产品；有时，他的品牌还会垄断市场。他的维生素巧克力就是一个特别成功的商业项目。希特勒还曾下令，所有武装部队必须购买莫雷尔的“俄国”（Russia）虱子粉，任何人不得干预生产这一重要产品的工厂建设。莫雷尔位于布达佩斯的公司生产了一款名为“磺胺甲基噻唑”的磺胺类药物，莱比锡大学药理学系指责该产品比同类的德国产品更伤害神经。有人将该系的研究报告呈交给了希特勒，但对莫雷尔毫无影响。莫雷尔的这一专利产品仍旧获得了必要的政治许可和优先权，进一步提高了产量。

这些药物在德国人民中大举推广、大笔赚钱之前，并不是没有进行初步实验的，它们的实验对象是希特勒本人。根据莫雷尔自己的供述（在这一问题上，他不太可能故意夸大），整理出了一份近乎完整的希特勒试用药品清单，去掉同样让希特勒使用过的吗啡和安眠药，清单上共有二十八种复合药物，包括被药理学家们谴责过的那种专利药品、各种假药、麻醉剂、兴奋剂和春药。勃兰特医生对莫雷尔使用这些药物的方式描述如下：

> 莫雷尔越来越多地使用注射治疗，最后，注射成了他唯一的治疗手段。例如，只是轻微感冒，他也

> 会使用大剂量的磺胺类药物，并分发给希特勒总部的
> 每一个人。为此，我和莫雷尔有过多次争吵。后来，
> 莫雷尔开始给患者注射含有葡萄糖、激素、维生素等
> 的混合药物，这能让患者立刻感觉自己好多了。这种
> 治疗方式似乎深得希特勒之心。每当他觉得自己要感
> 冒了，都会一天打上三到六针，阻止感冒的进一步发
> 展。从疗效上看，这种治疗方法是令人满意的。随后，
> 莫雷尔开始将它用作预防手段。如果希特勒不得不在
> 寒冷天或下雨天发表演讲，莫雷尔就会在他演讲的前
> 一天和后一天给他注射药物。渐渐地，人体的正常免
> 疫功能被人工介质取代。战争开始后，希特勒认为自
> 己不可或缺，绝不能病倒，因此，几乎整个战争期间
> 他都在接受注射治疗，在最后那两年天天注射。当我 56
> 要求莫雷尔说出所用药物的名称时，他拒绝了。希特
> 勒越来越依赖注射，这种依赖性在最后一年里格外明
> 显。除约德尔将军外，希特勒参谋部的所有人员都会
> 不时地接受莫雷尔的治疗。

被拘禁时的勃兰特完全有理由憎恨莫雷尔，因此，初看上去，他的观点可能带有偏见，但事实上，他说的确实都是事实，所有知情医生的说法都证明了这一点。医生们的专业判断也得到了同为目击者的聪明门外汉们的支持。

提及希特勒加诸己身的过度紧张和疲劳，施佩尔说：“我相信任何从事高强度脑力工作的人都了解这种过度透支的精神状态。但你几乎找不到另一个像他一样的人，这么多年，一直承受着与日俱增的压力，后来，为了维持工作能力，还落到这样一个医生手里，被用作全新药物和独特医学实验的实验对象。分析希特勒最后几个月的笔迹是件很有趣的事，他的笔迹中透露出老人的那种不确定感。他固执的行事方式、经常性的突然大怒，常常让我想起老糊涂的人。到 1944 年后，这种状态已成为他的常态，很少会有脱离这种状态的时候。”“单就身体而言，”施佩尔曾在别处说过，“大部分人都会在这样一种生活的高压下崩溃，必须放松，才能恢复工作能力，不放松，大自然就会用疾病来拯救他们。但希特勒的医生莫雷尔所做的，只是设法用人工兴奋剂来掩盖他的疲惫，最终，这种方法彻底摧毁了莫雷尔的这位患者。希特勒习惯了用这些方法来维持精力，并不断要求使用。他很赞赏莫雷尔及其疗法，从某种意义上来说甚至是依赖莫雷尔及其疗法。”[1]

57 在这种生活与这种治疗方法的双重压力下，若非希特勒本身体格强健，他的身体可能早就垮了。1943 年，

1 就要点而言，施佩尔这番话与海因茨·洛伦茨所说的几乎完全相同。从希特勒的遗嘱中或可看出他当时的状态（本书第 159 页）。

他的身体开始表现出明显的症状，四肢颤动，尤其是左臂和左腿，左脚拖在地上，渐渐还驼背了。关于为何颤动，医生们一直没能给出令人满意的解释，一些人说可能是帕金森病[1]，另一些人说可能是他歇斯底里的精神状态导致的。虽然无法给出定论，但肯定不是人们经常传言的那样，是 1944 年 7 月 20 日那场爆炸的后遗症。在此之前，该症状就已经明显存在一段时间了。甚至早在 1943 年 4 月，元首健康明显恶化的问题就已成为戈培尔博士的元首生日广播演讲的主题，在他饱含感情的描述中，此刻的元首满脸皱纹、形容憔悴，一如“以肩顶天的巨神阿特拉斯的面容”[2]。事实上，所有医生都一致提到，希特勒持续恶化的颤动症状在爆炸的冲击后曾一度完全消失，只是后来又再度复发，且更为严重，并持续恶化到了他生命的尽头。

因此，“7 · 20”密谋事件对希特勒来说确实是一场军事、政治和心理的危机，但对他的身体并没有多大影

---

1 与希特勒无直接接触的医生大都持这种观点（比如德 · 克里尼斯；见本书后文第 79 页），勃兰特也没有彻底排除这一可能性。

2 这次广播与《我的奋斗》形成了又一个对比。书中（第 304 页）提到，德皇曾试图以宣传自己长时间工作且节俭饭食的形象来争取支持，希特勒对此嗤之以鼻，认为此举十分愚蠢。“没人认为他不配吃丰盛的饭食，不配拥有必要的睡眠……这些传言对他没什么帮助，却有很大的伤害。”

响。当时最快被叫来的是附近一家军医院的耳鼻喉专家埃尔温·吉辛医生，为希特勒做过手术的冯·艾肯教授紧随其后。他们发现几乎所有在场官员的鼓膜都破了。希特勒的两侧鼓膜破裂；内耳迷路受到刺激，失去了平
58 衡能力；右臂皮下大面积出血[1]。他卧床休养，约四周就从爆炸的直接影响中彻底恢复了过来。

压力过大的生活和莫雷尔的治疗在他身上不断累加的影响不是那么容易能治愈的。希特勒在拉斯滕堡恢复工作后，时间安排异于常人，东普鲁士的气候又特别潮湿，对健康不利。他再也没有离开过地堡，因为他的恐惧症在加速恶化：他躲避天空、害怕运动、怀疑身边险象重重。冯·艾肯教授仍然经常随侍在他身边，并一再敦促他离开这个空气潮湿、不够卫生、环境容易令人不安的地下掩体。那时夏天尚未结束，去上萨尔茨堡山住上一两周就能让他恢复，但他拒绝了。后来，凯特尔也加入进来，力劝他离开，尽管希特勒最终在 11 月屈从于凯特尔的压力，返回了柏林，但他还是反抗了很长一段时间，一直坚称：“我要继续留在拉斯滕堡。一旦我离开东普鲁士，东普鲁士就会沦陷。只要我还在这里，它

1 有人提及，希特勒在“7·20”密谋事件后欢迎墨索里尼的照片里，是用左手与对方握手的。

就能守住。”留在拉斯滕堡期间，他时不时就需要卧床几天，但他总会起床参加参谋部的每日会议。他显然病得不轻，以往充满活力和激情的洪亮声音已变得虚弱无力。9月和10月，冯·艾肯为他治疗了上颌窦感染。他还发现自己脖子上的腺体肿胀。10月，他又切除了一块声带息肉。其间，他还饱受持续性头痛和胃痉挛的折磨，这些症状是莫雷尔用药物在治疗。胃痉挛并不是什么新毛病，这些年来，他时不时就会出现胃痉挛，但此刻病情严重了很多，他不得不卧床静养了两周。[1]

希特勒的健康每况愈下，直到1944年秋，一直掩盖的病情终于藏不住了。从10月14日的日记开始，能
看到众多医生持续来往于他身边。除了冯·艾肯和每天 59
都在的莫雷尔外，还有心脏病专家韦伯医生、牙医布拉施克教授等人，他们的来访记录持续到了11月底，接着，一切重归平静，希特勒的身边又成了莫雷尔一个人的帝国。至少就外在看来，希特勒曾一度渡过了健康危机。12月30日，离开一个月的冯·艾肯来到希特勒位于巴特瑙海姆的总部，为他复诊，他的健康状况似乎很不错，声音完全恢复了，看着也强壮、健康了不少。但他的这段患病期还是在他的王庭中留下了痕迹，在此

1　本段提及的事实来自凯特尔和冯·艾肯。

期间，莫雷尔的治疗方法直接引发了一场重大的医学论战。

这场危机发生于9月，希特勒胃痉挛最严重的时候。“7·20”密谋事件发生后，他们请来了耳鼻喉专家吉辛医生[1]，吉辛医生有了一个有趣的发现。他发现，莫雷尔为了缓解希特勒的胃部疼痛，一直在给他用一种名为“克斯特医生的抗酸通气丸”[2]的专利药物，且至少持续了两年，这种药物是马钱子碱和颠茄的混合物。据说，希特勒服用的剂量是每餐二到四粒，而每日的最大安全剂量是八粒。这还不是最糟的，最糟的是，莫雷尔并不亲自给药，他都是一次拿一大堆给希特勒的贴身侍从海因茨·林格。只要希特勒要，林格就会给，完全没有医生监督。吉辛医生就是偶然在林格的抽屉里发现了这些可作为莫雷尔罪证的毒药。吉辛震惊于这一发现，跑去找外科医生勃兰特商讨。他们一致认为，莫雷尔的治疗是在让希特勒慢性中毒，这种慢性中毒本身就足以引发胃痛这一本应由该治疗缓解的症状，以及逐渐令希特勒
60 的皮肤明显变色。勃兰特又咨询了他的副手冯·哈塞尔

1 严格来说，吉辛只是一名耳鼻喉科的专家，但他也有其他领域的诊疗经验。他的审讯者认为，他是一名非常称职的医生，给希特勒做的检查比希特勒的私人医生们还要全面。

2 配方为马钱子浸膏、颠茄浸膏和龙胆浸膏。

巴赫，他也同意他们的判断。于是，勃兰特和吉辛将这一发现告诉了希特勒，说莫雷尔正在有计划地给他下毒，摧毁他的健康。但这时候的希特勒已经不听人讲道理、给论据了。这位主宰者沉默了一会儿，不知在想什么，周身笼罩在蓝色的烟雾中，下一刻，他就大发雷霆，解除了勃兰特在政府内的一切职务，赶走了这名在他身边待了十二年的私人医生；紧随其后被赶走的就是冯·哈塞尔巴赫；吉辛也再未接到元首总部的召见。众所周知，在东方暴君的统治之下，等待失宠大臣的命运就是死亡，如果勃兰特没有因自己的鲁莽之举丢掉性命，那绝不是因为敌人的懊悔。1945 年 4 月 16 日，柏林之战的最后阶段即将开始，这位注定失败的暴君变得愈发嗜血，他亲自下令逮捕了勃兰特，将勃兰特送上了一个即决法庭。勃兰特被指控将妻子送到了一个容易落入挺进的美军之手的地方。法庭还收到了一封来自希特勒的私信，指控勃兰特丧失了战胜的信念。勃兰特被判处死刑。“你与我们有着不同的思维方式，”法庭发言人阿图尔·阿克斯曼宣称，“你必须承担由此产生的后果。”鲍曼下令将勃兰特转移到了基尔的一间死囚牢房。不过战事发展得太过迅速，勃兰特在自己那些纳粹高层朋友的有意拖延下捡回了一条命，熬到了性格反复无常的希特勒去世。希特勒去世后，勃兰特得到了与他真实罪行匹配的合理判决[1]。

勃兰特和哈塞尔巴赫被撤职后，王庭没了外科医生，
61 希特勒便让忠心耿耿的希姆莱去物色可填补这一空缺的人选。当时，众人各怀鬼胎，希特勒可信任之人寥寥。身为党卫队全国领袖的希姆莱能够推荐一个绝对可靠的人吗？他决定就这个重要问题咨询一下第一流的专业人士。他找来了自己的医生卡尔·格布哈特教授。

希姆莱和格布哈特很早就认识，是多年密友。人们对格布哈特的评价也惊人一致——希姆莱的邪恶天才。施伦堡说他“可憎”。希姆莱的另一个下属奥伦道夫说他是个腐败、自私的阴谋家，只为一己私利玩弄权谋（奥伦道夫也是个和正派完全不沾边的人，他在纽伦堡承认屠杀了九万犹太人）。其他人说他在政治上就是个寡廉鲜耻的半吊子，用医学的纯洁外衣掩盖自己的阴谋。他曾在奥斯维辛集中营拿波兰女孩做医学实验，还因此“贡献”被希姆莱任命为德国红十字会主席。施佩尔和他的过往就很有

1 这一与职业相关的事件可能不是勃兰特失宠的唯一原因，施佩尔说，鲍曼“出于某个令人费解的原因”，一直仇视勃兰特。施伦堡认为，这整件事都只是“某个大阴谋”的一部分，爱娃·布劳恩及其妹妹也牵涉其中。【作者注，1956 年：欲深入了解这些阴谋，见 A. 措勒尔，《私下的希特勒》（*Hitler Privat*，杜塞尔多夫，1949 年），第 62—65 页；《鲍曼书信集》（*Bormann Letters*，1954 年），书中各处。】

意思了。1944 年，长期患病的施佩尔在希姆莱的推荐下，找来格布哈特为自己看病，但病情并无好转。这让他的朋友们有了疑心，他们请来了柏林沙里泰医院的科赫教授，让他评判格布哈特的治疗方法。这位医生说格布哈特是在故意加重而非治疗施佩尔的病情。医生间有分歧很正常，这事可能原本也不重要，只是格布哈特恶名在外，足以让人从最恶毒的角度来解读他的行为。此后，施佩尔就尽可能不与希姆莱打交道了。这样的一个人恰恰是希姆莱认为适合咨询的对象。格布哈特推荐了自己最有前途的弟子路德维希·施通普费格。施通普费格是一位有能力的整形外科医生，曾在格布哈特位于霍亨林青（Hohenlychen）的诊所工作，专攻骨骼再生。

希姆莱和格布哈特将施通普费格派往东普鲁士，担任希特勒的新外科医生，无论此举有何动机（认识格布哈特
的人都不相信他毫无私心），至少就结果而言，他们确实 62
一无所获。或许他们真是一无所求，毕竟希姆莱天真到也想不出什么周密计划。无论如何，就施通普费格这人而言，他是不会为没有利用价值之人服务的。他一到元首总部，就十分高调地向希特勒表露了无条件的忠诚。他像个忠诚的巨人（他身材十分魁梧），在终于有机会走到神的面前时，他饱含真挚的崇敬，弯下了腰。他还时常在希特勒面前语气轻蔑地谈论他的引荐人格布哈特。10 月 31 日，施

通普费格首次来到希特勒总部，此后，他开始越来越频繁地到访。希特勒的日记中几乎每天都会出现“散步”（德语：*Spaziergang*）一词，围着花园散步已经成为希特勒唯一的透气方式。他几乎都是独自散步，日记中提到的与他一同散过步的只有希姆莱、戈林、阿尔贝特·鲍曼（希特勒的副官，马丁·鲍曼的弟弟）和施通普费格。在最后的日子里，施通普费格随着希特勒搬到了柏林。当包括莫雷尔在内的其他人离开或被撤职时，他都还在。当被问及是否真心认为德国能赢时，他带着真正信徒的天真信念回答道，尽管他对军事一无所知，但他不是认为德国能赢，而是知道德国能赢。元首眼神中的坚定信念就是他的确信。花园里，不是病人和医生在散步（自始至终希特勒都不需要外科医生），而是弥赛亚和他的门徒在交流，是神和被他选中的神父在交流。

施通普费格自然从未犯过勃兰特所犯之罪。他从不和莫雷尔争吵。他只履行自己作为外科医生的职责，与这位无所不能的内科医生毫无冲突。在希特勒人生的最后六个月中，莫雷尔对他身体的掌控并未受到任何挑战。他甚至在让勃兰特被免职后，又成功让希特勒的摄影师霍夫曼丢了工作。霍夫曼的痼疾是他成功的开端，但霍夫曼的出现只会让他想起曾受对方引荐的耻辱。自此，他赶走了所有
63 先他而来的医生，赶走了他的引荐人，新来的医生又对他

言听计从，若战事允许，莫雷尔就可以舒舒服服地期待着他医疗垄断事业最后也最辉煌的时期了。

在最后那段日子里，尽管希特勒并没有患上器质性疾病，但据大量证言所示，他的身体状况已经极度糟糕。他从一个强大的征服者变成了一个不停颤抖的病鬼，让他沦落至此的原因有无休止的工作，完全丧失自由，所有希望的破灭，莫雷尔的“毒药”，以及可能影响最大的、他在不断增加的痛苦和挫败中越发狂暴冲动的性格。曾在那段时期见过他的人都表示，那时的他一脸憔悴、面无血色、双眼满是疲惫，身体佝偻着，手脚抽动，说话也是嘶哑而颤抖的。他们也都提到了一些没那么外露的症状：严重的疑心病、持续的盛怒、忽而乐观忽而绝望的心理。不过，他身上有两点不曾改变。一是他那双眼睛的魔力，他的双眼蛊惑过诸多看似清醒之人——令施佩尔身心俱疲、令劳施宁深感困惑、令施通普费格深信不疑。希特勒的双眼曾让一名实业家相信他能用心灵感应与全能的上帝[1]直接交流。敌人再怎么抱怨他的双眼令

1　这名实业家就是前文注释中提到的威廉·开普勒。他是 1933 年希特勒派去参加伦敦世界经济会议的代表之一。威廉·开普勒的一名英国朋友曾问起希特勒，他回答说：“元首有可与上帝直接联系的天线（Der Fuehrer hat eine Antenne direkt zum lieben Gott）。”

人厌恶也无法削减其魔力。“它们既不深邃，也不湛蓝，”劳施宁辩称，“他的眼神要么紧盯着你，要么毫无生气，缺乏真正生命力所能散发的耀眼光芒。”[1] 不过，无论劳施宁如何解释，如何寻找托词，他都不得不承认希特勒有双催眠师的眼睛，蛊惑了所有贪慕权势之人，让他们为之贡献自己的智慧和崇拜。这一点也得到了施佩尔和数千名没那么关键的德国证人（和他国证人）的承认。就连他的医生，包括其中最为挑剔之人，也承认那双了无生气的蓝灰色眼睛充满魔力，这一魔力足以弥补他其他特征的一切粗鄙。“照片，”他们说，“无法再现他那张脸
64 的蛊惑力。”这种个人魅力一直伴随他走到了最后。我们也只能用这一点来解释，为何直至他人生的最后一周，所有强制力和说服力均已消失殆尽，他那灾难性统治的失败和代价一目了然，他只剩个人魅力之时，他的下属依然无比臣服于他。

第二点没变的是他的嗜血欲望，这一欲望甚至可能随着时间的推移、败局的注定而加剧了。希特勒有晕血症，但一想到血就会兴奋陶醉，正如一切形式的毁灭似乎都能勾起他灵魂深处的虚无主义一样。（我们从劳施宁处获悉，）早期，希特勒在谈到纳粹的夺权暴动时就曾“饶有兴致地

1 《希特勒讲话》，第 23 页。

探讨血腥屠杀街头马克思主义抵抗分子的可能性”，他认为，没有鲜血的奔涌就不可能在历史上成就伟大[1]。他并不在乎流血的是谁，真正激励他的不是胜利及其实际价值，而是他脑海中那血流成河的壮观场面。“大自然都是残酷的，我们当然也可以残酷，”1934 年他在探讨犹太人和斯拉夫人时说，“若我连德意志之花都能送入战争的炼狱，若我看着珍贵的德意志之血奔涌而出都不感到丝毫怜惜，那我当然有权消灭数百万像害虫一样繁殖的劣等种族！”[2] 不感到丝毫怜惜……若用逻辑三段论来看，这个命题可能有缺陷，但只作为一个心理学例证，它完全无须改进。

整个战争期间，希特勒不断证明着自己的嗜血欲望，他光是想到为屠杀而屠杀就能获得身体的愉悦。对此，就连久经沙场的杀戮机器、以冷酷无情的铁血战士而臭名昭著的将领们都深感震惊，他们举出了大量实证。波兰战役期间，哈尔德坚称猛攻华沙毫无必要，波兰军队已不复存在，华沙自然会不攻自破，但希特勒坚持要摧毁华沙。他艺术家的情绪被激发了出来，描绘了他要求看到的美妙场面——天空黑沉沉的，一百万吨炮 65
弹如雨落下，人们淹死在鲜血之中，“接着，他突然像

1 《希特勒讲话》，第 26 页。

2 同上，第 140 页。

换了个人，双目圆瞪，眼珠都要跳出来了。那是一股嗜血的欲望突然攫住了他。”另一名将军[1]曾说过，希特勒收到消息称，他自己的一个党卫队师“阿道夫·希特勒警卫旗队”在苏联遭受重创。愧疚的赖歇瑙将军试图解释德军为何很不幸地出现了重大伤亡。希特勒打断了他的话。“再大的伤亡也不过分！”他得意扬扬地喊道，“他们为未来的伟大播下了种子。”一如前文所言，“7·20”密谋事件后，只是提到“1934年长刀之夜”都会让他大发雷霆。他的嗜血欲望从未因得到满足而有所消退，不仅如此，当流的不再是劣等种族的血，而是雅利安人的血时，这种越发惨痛的代价似乎反而助长了这种欲望，一如他对物质毁灭的欲望一样。在最后那段日子中，也就是在狼人电台和自杀战略那个阶段，希特勒就像某个噬食同类的神，为自己神庙的毁灭而狂喜。他最后下达的几乎都是言简意赅的处决命令，处决对象有：囚犯、他过去的外科医生、他的姐夫以及所有叛徒。希特勒希望自己死后能像古代英雄一样，被埋葬时有活人献祭。他的身体一直都是这个纳粹政府的中心和图腾，焚烧它就是在从逻辑和象征意义上对这场毁灭革命（Revolution of Destruction）做总结。

---

1 指海姆将军。

第三章

即将战败的王庭

同归于尽的前景可能会让具有某种审美癖好的人兴 66
奋不已，尤其是那些本就不想逃过一劫的人，他们可以像欣赏壮丽奇观一样，毫无负担、毫不焦虑地欣赏自己的末日葬礼。但对想要在一片焦炭废墟之中求生的世人来说，根本没那么多时间来感受这种纯精神的境界。在这场肆意破坏的狂欢中，诸多德国人深感恐慌，决心尽己所能阻止。汉堡地方长官卡尔·考夫曼就是其中之一。他辖下有德国最大的港口城市，也是德国最古老、最繁荣的城镇之一，他眼见着这座城市被空袭重创，决心不让它再被英国的炮弹或纳粹的炸药进一步摧毁。另一人是考夫曼最亲密的朋友阿尔贝特·施佩尔，他或可算是纳粹政府中最能干、最有趣的人了。

本书经常提及施佩尔，也经常引用他的话，那并不是不加辨别的胡乱引用，也不是因为引用比反驳更容易。

许多纳粹政客被监禁时，痛苦但又无所事事，便撰写了自传和辩解文，阐明希特勒无比热衷的那些宏大命题。在研究了许多较为客观，乍一看比较可靠的记录后，我们得出了一些结论，施佩尔的言论与之相符，只是在表述上更书面，有时也更严谨，用词更优雅，这就是本书引用他的话的原因。有些人的话就全无引用的必要，也不建议引用，例如施伦堡精心撰写的自传，他是希姆莱麾下的外事专家，但他的判断和观点只体现了他智力之平庸、眼界之狭
67 隘。还有卢茨·什未林·冯·克罗西克伯爵的自传，他当了十三年部长，但他的话只体现了他的愚蠢而非睿智。施佩尔的话才具有被引用的价值。他的结论从不天真，也不狭隘，似乎都很诚实，往往还很深刻。他也有被暴君蛊惑之时，但至少在这一众仆从中，他是唯一一个没有因效忠于这位可怕主人而丧失判断力的，他至少保留住了自省的能力和诚实，敢于承认自己的错误和自己的信念。当纳粹主义迎来末日时，他不惧告诉希特勒自己的违抗之举；当被同盟军囚禁时，他深入分析了希特勒的性格和经历，不惧承认自己对希特勒还有残留的、无法完全摆脱的忠诚。

施佩尔的整个政治生涯十分不同寻常——希望用“不同寻常”一词来形容与纳粹德国相关的种种不算太过缺乏新意。他这样一个独来独往、不受欢迎的人，竟能从希特勒一众腐败的随从中脱颖而出，竟能在一群警惕心

强、复仇心强的阴谋家的埋伏中幸存下来，真是太奇怪了。36 岁的他毫无从政和行政经验，却在危机中突然被委以重任，希特勒让他全权掌管军备的生产和协调、通信的建设和维护、工业的方向和改革。在纳粹德国这个专制的世界中，希特勒能做出这一决定或许还不算太过令人惊奇；真正令人难以置信的是，面对这一艰巨任务，他居然能成功，并且屡屡成功；在这样一个世界中取得了如此巨大的成就，他居然还能客观、理智地看待自己的经历，这真是一个无法轻易解释的谜。施佩尔最初的职业是建筑师。1934 年，29 岁的他成为帝国总理府的建筑经理，为希特勒的建筑师特罗斯特教授工作。同为艺术家的希特勒对手下的建筑师们很感兴趣，几次闲聊后，就把施佩尔纳入了自己的亲密圈，邀请他共进午餐，密切关注他。自那时起，施佩尔的前途就有了保障。希特勒"凭直觉"选择了他，一如"凭直觉"选中香槟销售员里宾特洛甫担任大使和外交部长，选中波罗的海神秘宗教人士罗森贝格管理被征服的东欧土地一样。相比 68
之下，选中施佩尔真是最明智的。诚然，施佩尔也和其他人一样，屈服于自己这位雇主的蛊惑力，面对那双了无生气但又自带神秘魔力的蓝灰色眼睛，面对那副刺耳但又带有弥赛亚式自负的神谕般嗓音，他毫无招架之力。"他们都被他迷住了，"他解释道，"盲目地服从于他，毫无自己的意志——无论你能找到什么医学术语来解释，事实都是如此。我在从事建筑工作期间发现，只要有他在，我就会感觉空虚、精疲力竭，无法独立工作。”诚然，他的建筑成就可能谈不上十足优雅，比如新建的庞然大物——帝国总理府。为了接待捷克斯洛伐克的哈赫总统和南斯拉夫的保罗王子，为了让这些附属国的统治者在新“法老”的恢宏建筑前瑟瑟发抖，他不得不匆促赶工。但至少他的建筑作品在结构上是健全的，这是纳粹德国所不具备的。时至今日，这座代表强烈虚荣心的宏伟建筑只剩废墟，但它的遗迹之于德国就像孟菲斯的废墟之于埃及，仍是柏林市中心那片巨大墓地中最重要的纪念物。

其实，施佩尔既不是艺术家，也不是政客，这或许就是他能在希特勒的王庭中幸存下来的秘诀所在。他与该王庭中的其他人没有任何共同的兴趣或抱负。他只是旁观他们的荒唐，并不与之竞争；他是希特勒的朋友（或许也是唯一的朋友），直接依赖于希特勒——其他人发现，最安全的做法就是让他继续不讨人喜欢地独来独往下去。施佩尔是技术官僚，建立了一套技术官僚哲学。技术官僚与马克思主义者一样，都认为政治无关紧要。在他看来，一个人的成功和未来并不取决于掌权者的性格，也不取决于规定着掌权者间关系的那个体制（这些都与个人的成功和未来无关，不具有可动摇其根本的重要性），而是取决于维持社会运转的技术手段，取决于国家为之投入劳力并从中获取财富的公路、铁路、运河、桥梁、 69
服务业和工厂。这是一种便宜行事的哲学，有时确实可以忽略政治（只要可将政治视为理所当然的存在）。在接替托特成为军备部长近两年后，施佩尔发现，他可以将政治视为理所当然，一边在“贵宾席”上旁观政客们的荒唐行径，一边集中精力忙于自己擅长且喜欢的事——通信和工厂。但后来，他产生了幻灭感。希特勒和戈培尔提出了“焦土政策”，只是为了一个神话，为了再现瓦格纳式的诸神黄昏，他们呼吁德国人民摧毁自己的城镇和工厂、炸毁大坝和桥梁、破坏铁路和全部铁道机车车辆。由此，施佩尔终于看清了自己哲学的谬误。政治很重要，政客可以影响国家的命运。他遭遇了人生危机。

做出选择并不容易。十一年来，在这一便宜行事的哲学支持下，施佩尔一直享受着被希特勒青睐所带来的种种好处。他在暴君的庇荫下获得了财富和权势，他一直深信，既然暴君的专制并不阻碍他实现个人抱负，那这就与他无关。他被希特勒的人格魅力吸引，因希特勒的关注而自命不凡，但他从未丧失过理智（若我们可以原谅他最初的错误，即投入极权主义的怀抱，那就可以这么说）。他仍然坚持自己不为一己之私的理想，当希特勒公开与这些理想为敌时，他准备牺牲的不是理想，而是希特勒，包括他们之间的利益与友谊，以及这一长期关系对他个人的影响。他很自然地选择了欺骗自己。虚无主义一直存在于纳粹哲学之中，且常常显而易见，但已经与之合作良久的施佩尔无法（像流亡的劳施宁一样）承认这一事实。他宁愿相信这是突然的转变，是暴君在无人挑战的滔天权势腐蚀下，独断专行地改变了原有的定位。他说，希特勒的路线突然变得杂乱无章、飘忽不定，这势必带来可怕后果。“他就是想让人民为他陪葬。他舍弃了一切道德底线，对他来说，自己生命的终点就是万物的末日。”让更具判断力的人看一看就会发现，希
70 特勒的世界里从不存在道德底线，他自己也常常这么说。

当需要在公职与私交间做取舍时，施佩尔毫不迟疑地选了前者。“自那时起，”他说，“我不得不计划、发起并执行许多反对希特勒政策或反对他本人的行动，而且这不仅限于我个人的职责范围内。”当希特勒日益激进地要求摧毁欧洲时，施佩尔也日益热衷于阻止他，试图让他取消命令。希特勒命令施佩尔摧毁工业设施，他就下令保留。元首总部、纳粹党总部和柏林电台每发出一道摧毁工业的命令，施佩尔都会通过自己的渠道发出指令将其撤销。他不懈地奔走于德国各地，利用自己的巨大权势阻止摧毁者之手，说服摧毁者的间谍、下属和支持

者，如果不得不将通信设施和工厂交给敌人，就要完好无损地交出。他利用自己的权势，将比利时和法国北部的矿和工厂、荷兰的运河、芬兰的镍矿、巴尔干地区的矿石和匈牙利的油田通通保护了起来。当新年到来，同盟军攻入德国时，希特勒和他唯一的朋友还在德国的“躯体”之上继续着这场无言但痛苦的斗争。

1945 年 2 月，施佩尔的思想陷入了最两难的境地。扭转局势显然已毫无希望，但绝望只是加剧了纳粹党的虚无主义。“7 · 20”密谋事件后被任命为陆军总参谋长的古德里安将军告诉里宾特洛甫，德国要败了。里宾特洛甫转头就报告了希特勒，希特勒将古德里安和施佩尔召来，告诉他们说这种话就是叛国，以后，无论谁说了这种话，军衔、地位再高都必死无疑，亲属也要入狱。与此同时，德累斯顿遭受大规模空袭，激怒了戈培尔，他要求推翻《日内瓦公约》，屠杀四万名同盟军飞行员，并使用塔崩和沙林这两种可怕的新型毒气。施佩尔这边则是更公开地走上了叛国之路。长久以来，他一直认为
可以忽略政治，此时终于决定干政。 71

施佩尔的计划不亚于通过刺杀一锅端了第三帝国的政府领导层。此类计划在七个月前的他看来简直不可思议，曾经的他既不知道也不赞成“将军们的阴谋”，但从那以后，他的整个世界都变了，他曾是希特勒最爱的门

徒，现在已经比肩元首的死敌们。此刻的希特勒在柏林的帝国总理府，他习惯与最亲近的下属（戈培尔、鲍曼、布格道夫和莱伊[1]）在地堡的地下部分讨论政策，要进入地堡的地下，所有人，包括他们，都必须接受搜身，防止藏有炸药。不过施佩尔不需要携带这种看得见的武器。地堡利用大型空调设备通风，设备的外部烟囱伸入了总理府的花园。身为建筑师，施佩尔很熟悉它的构造，并通过咨询修建总理府的总工程师确认了不了解的部分。他发现，若在希特勒开会时在烟囱中释放毒气，毒气能很快蔓延至整个地堡，这个制造灾难的小型集团会在短短几分钟内覆灭。施佩尔找了几个自己信任的人参与该计划，共同开展准备工作，但该计划未能实施。施佩尔在准备工作完成后去了一趟总理府的花园，发现元首不
72 久前亲自下令修建了一个约十二英尺[*]高的保护性烟囱，将原本的那根烟囱围了起来，他的计划行不通了。希特

1　德意志劳工阵线全国领袖罗伯特·莱伊被人们记住的主要身份是“喜悦中产生力量”（Strength Through Joy）运动的赞助人。他似乎有志于为无产阶级创造无穷、无限的快乐。但他经常喝得醉醺醺的，公开讲话时常常讲不清自己的观点。他只是一个跟在希特勒身边的马屁精，不代表任何政治利益。3 月 28 日，希特勒让他统率“阿道夫·希特勒自由军团”（Freikorps Adolf Hitler），这是一个失败的党派组织。莱伊没有留在柏林，他在德国南部被美军抓获，等待接受纽伦堡审判期间，成功自杀。

*　十二英尺约为 3.7 米。

勒躲过了这七个月中的第二次暗杀。[1]

救了希特勒一命的并不单单是这个技术难题。施佩尔不太愿意提及这一明显令人不快的事件，在他为数不多的相关供述中提到了致使该计划失败的另一原因。计划实施前不久，施佩尔去德军的莱茵河前线视察，有天夜里，他与一群德国矿工坐在防空洞内，洞内一片漆黑，偶尔才能透进一点战壕的光，没人认出他来。他默默听着矿工们聊天，得出了一个新的政治结论。他深信这些矿工代表着普通的德国军人或德国工人，而他们似乎仍然相信希特勒，且只相信希特勒。他们相信希特勒既了解工人阶级，也了解统治阶级不让其他德国人民了解的政治秘密，他们相信只有希特勒有能力拯救他们摆脱这种孤立无援的困境。这番所见所闻让施佩尔有了愧疚之感，他开始重新考虑自己的计划。除掉希特勒，就是除掉了威胁德国工业和通信业的最大破坏者，但也除掉了仍然深受德国人民信任的政治领袖。他们仍习惯性地将自己的共同意志寄托在希特勒身上，临近末日，他们仍会服从他的命令。这再一次让施佩尔意识到了不同

1　军需主委员会（Hauptausschuss Munition）负责人迪特里希·施塔尔单独给出的证词印证了施佩尔密谋中的这些细节，该主委员会隶属于施佩尔的军备部。

于简单技术官僚哲学的政治有多重要。他取消了摧毁希特勒及其王庭的计划，且再未重启。施佩尔也成了那群令人失望的德国高层人员之一，他们都是失败的阴谋家。

施佩尔暗杀失败的真正原因，究竟是那个技术难题，还是那个政治教训，其实并不重要，他本人也没
73 有给出明确的答案[1]。但从这段不同寻常的历史中可以清晰看到这样一个事实：思想的转变不可能与情感毫无关联。乍一看，施佩尔与希特勒的决裂之果决，与希姆莱无休止的犹豫形成了极其鲜明的对比，但我们不能因此忽略他做出这一决定的艰难，以及由此产生的心理危机。这些问题对他的影响之大可清晰见于他后来的经历之中——他的思想一直在政治对抗和个人忠诚之间撕扯。

3 月 18 日，施佩尔不顾希特勒的明确禁令，写信给他，宣称德国已经从军事和经济上输掉了这场战争，若不想一并失去整个国家，就必须保留一些物质基础，让人民得以继续生活，无论这样的生活会有多么艰苦。

---

1 早期，施佩尔将计划失败归因于他在西部前线的经历。后来在纽伦堡，他只提到了那个技术难题。总的来说，与早前版本相比，他在纽伦堡更少强调自己对希特勒的依赖，但这并不意味着他前后不一致，也不意味着有一个版本是假的。

此举是在公然违抗希特勒的毁灭政策，希特勒的回复也很坚决，他召来斯皮尔，告诉他：“一旦战败，国家也会灭亡，这是必然的命运。到时候，最原始的生活都将不复存在，没必要考虑物质基础。由我们自己亲手毁灭才是最好的选择。这个国家已经证明了自己的软弱，未来只属于更强大的东欧国家。战后苟活下来的那些人一文不值，有价值的都已殉国。”那天，希特勒和鲍曼发布了新的破坏命令：不要顾虑德国人民，继续战斗；希特勒亲自下令枪毙了八名未能摧毁桥梁的军官，武装部队还对此事进行了公示；掌管工业的施佩尔也遭停职。

不过，没了正式任命也没能阻止施佩尔继续活动。
他下令隐藏烈性炸药，并减少其产量，以便消耗现有库
存；他还给工厂经理发了机关枪，让他们用来对付那些
坚持要毁灭工厂的纳粹地方长官们。他以国防军最高统 74
帅部的名义发布命令，当他自己的命令传达渠道被中断
后，他就利用最高统帅部的渠道或帝国铁路来传达。停
职丝毫不能阻止他，他也因此于3月29日被希特勒再次
召见。

希特勒指责他公开宣称德国战败，命令他发表公开声明，推翻自己之前的说辞。施佩尔只回了一句：“德国就是败了。”希特勒给他二十四小时考虑。考虑结束后，

施佩尔带来了一封信，继续捍卫自己的观点[1]。希特勒拒收这封信，命令施佩尔请长假离开。施佩尔拒绝，他说坚守岗位是他的职责。接着，这位毁灭天使与他桀骜不驯的门徒居然离奇地达成了和解，门徒也未受到任何惩罚。“我郑重地告诉他，”施佩尔说，“即便如此，他未来仍然可以信赖我。”就这么一句简简单单、充满谎言的承诺，施佩尔又官复原职，并且还像过去一样，利用着希特勒给他的权势，但逃避希特勒授予他这一权势的目的。前文这些故事已清楚展示了施佩尔行为的二重性，下面这个故事依旧如此。故事发生在 4 月 23 日，他最后一次前往地堡，对希特勒坦白了一切。从他的话中也能清楚看到他对希特勒性格的总结。“尽管就内心而言，我当时就已与他决裂，”他说，“但时至今日，在落笔写下关于他的研究结论时，我依旧感觉艰难。我觉得自己有责任协助探究他的错误，这些错误是他带来灾难性影响的根源，他的影响无论对德国，还是对世界其他地方来说，都一样是悲剧。即使我有时不得不直言不讳，但也并不愿意与那些为自证清白而故意中伤他的人为伍。”

1 施佩尔在信中描述了他们 3 月 18 日的谈话，这封信也成了纽伦堡审判中的证据之一。这封信仍然存世，且意义非凡，它证明了在他们二人的关系中，希特勒有多纵容他（且只有他）。前文有关他们那次谈话的内容就摘自于此。

因纠结于该用何种态度面对元首而陷入理智危机的不止施佩尔一人，当然，“理智”一词或许不太适用于希姆莱这种头脑极其简单之人。希姆莱也开始注意到希特勒行为上的矛盾、古怪和易怒。这当然不是他自己发现 75
的，而是别人告诉他的（热切的阴谋家总是很愿意揭露这些），一旦得知，他便不得不承认，他现在收到的指令确实不如过去清晰、明确、可理解。若论执行而言，他效率很高，做事干净利索，因此可借助清晰、明确、可理解的指令来掩盖自己的优柔寡断。没了上帝的大祭司能做些什么呢？

没了上帝，他念诵的连祷文、他主持的圣礼、他不断献上的人类祭品似乎通通失去了意义，变成了徒劳。他需要再找一个上帝，而他也确实在天堂找到了，这得感谢前一年那场幸免于难的奇迹。只是这个上帝距离他有些遥远，给的建议有点太过笼统，无法为他应对德国当前极端复杂的政治和军事局势提供多少切实的帮助。他需要一个更接地气的神明，不幸的是，他没能找到，在最后的那几个月中，他只找到了一名颇具说服力的传教士，不过，此人只能说服他放弃旧的启示，却无法让他完全相信新的启示。这人就是瓦尔特·施伦堡。

施伦堡接到的第一个任务是建立一个庞大、高效的极权主义情报机构，但他失败了，而且是一败涂地。不过，若将失败完全归咎于他也不太公平，毕竟这本来就是一个不可能完成的任务。在“极权主义”德国这样一个利己主义者横行混战的丛林中，一切计划，尤其是施伦堡的计划，只能沦为空谈。他的第二个任务更有针对性，计划让希姆莱成为希特勒的竞争对手或继任者，若有必要，就毁掉希特勒，代替他与西欧和平谈判，成为德国的救世主。他的这一任务还是较为成功的，至少他自己是这么认为的。在约一年的时间中，他从未向希姆莱隐瞒过自己的计划范围和野心，他深信自己的精明，深信自己对趋势和细微差别的完美洞察，这些都是中式外交博弈（Chinese game of diplomacy）和女性诱惑游戏的必备技能。他可能过高估计了希姆莱那迟钝笨拙的脑子，相信他不仅能够理解，还会认可自己的想法。施伦堡确实没敢告诉希姆莱，自己对他的一些期待与部分更有野心的“7・20”密谋者一样；不过他曾巧妙地旁敲侧
76 击过，他提到了慕尼黑的汉夫施滕格尔小姐，她曾计划强迫希特勒撤往上萨尔茨堡山，在那里做一个名存实亡的国家元首，政府交由希姆莱全权掌控。希姆莱并未理会这一建议，好在施伦堡还有备用方案。他在汉堡发现了一位很有前途的占星师武尔夫，他精通毒药、梵文等有趣的东西。施伦堡回想后发现，武尔夫的预言似乎非常准确。他曾预言希特勒会逃过 1944 年 7 月 20 日的血

光之灾；会在 1944 年 11 月生病；会在 1945 年 5 月 7 日前神秘死亡。他关于希姆莱的预言也同样惊人，只是被视为机密小心隐藏着，未曾透露。施伦堡发现武尔夫很有政治判断力，于是将他介绍给了希姆莱，以制衡缺乏政治判断力的卡尔滕布鲁纳。施伦堡称此举非常成功，在纳粹德国覆灭前的那段时间里，希姆莱几乎做什么都会先让武尔夫给他用占星术占卜[1]。对施伦堡具有同等价值的还有希姆莱的芬兰按摩师克斯滕。施伦堡认为希姆莱患有肠癌，他的痛苦只有克斯滕能够缓解。希姆莱对克斯滕按摩的依赖逐渐加深，最终都已不亚于希特勒对莫雷尔药物的依赖。一方面，作为希姆莱的不可或缺之人，克斯滕很快发现，自己竟然可以对希姆莱说一些连施伦堡都不敢说的话。另一方面，同样依赖克斯滕按摩的施伦堡发现，克斯滕也很有政治判断力。从那时起，克斯滕就成了施伦堡阴谋中的又一间谍。施伦堡认为此举进一步证明了自己的精明，并为自己感到骄傲。

施伦堡就这样一点点地巧妙暗示、小心试探，时而

---

1 【作者注，1995 年。武尔夫将自己担任希姆莱御用占星师的经历写成了书，德文版名为 *Tierkreis und Hakenkreuz*（居特斯洛，1968 年），英文版名为《黄道十二宫和纳粹万字符》（*Zodiac and Swastika*，纽约，1973 年）。书中描述的占星师与按摩师之间的影响力竞争十分有趣。】

77 透露一些小的细节，时而透露一些大的概述。他总爱停下来欣赏自己的精湛演技。最终，施伦堡成功腐蚀了，或他自认为自己成功腐蚀了希姆莱无条件忠诚于希特勒的那根链条，希姆莱全凭那根链条在调节自己的性格，掩盖自己内在的不稳定。希特勒一直是希姆莱崇拜的神，而在希姆莱个人崇拜的这个神龛中，希特勒的神像正在逐渐崩塌，施伦堡不顾他顽固且绝望的抵抗，慢慢地、试探性地换掉了这尊神像，取而代之的是更不值得崇拜的对象：希姆莱自己。施伦堡将他誉为第二任元首，雅利安德国精神的第二个化身。施伦堡曾滔滔不绝、扬扬自得地讲述过他层出不穷的手段，从中能清楚看到他有多么不屈不挠，希姆莱又有多么顽固不化。1945 年 2 月，作为将军的希姆莱名誉扫地，精神崩溃，“身体和精神都垮了”。他停下工作，去格布哈特教授位于霍亨林青的诊所休养，但只得到了片刻的安宁。施伦堡怎么可能任由他留在自己讨厌的格布哈特那里？施伦堡立刻带着占星师武尔夫的新预言赶到霍亨林青，旧事重提。瑞典红十字会代表福尔克·贝纳多特伯爵来到柏林时，施伦堡巧施手腕，安排他与希姆莱会面，纵然希姆莱并不愿意，但施伦堡引以为豪的这些手腕就连里宾特洛甫和卡尔滕布鲁纳也挑不出毛病！这些会面是失败的，一方面，贝纳多特不会主动接近同盟军；另一方面，希姆莱也不会背着希特勒擅自行事。“你可能认为我感情用事，甚至荒谬可笑，”他坚称，“但我曾宣誓效忠阿道夫·希特勒，身为一名军人，身为一名德国人，我不能违背自己的誓言。”[1] 即便如此，施伦堡仍未丧失改变他的信心。内心的犹疑令希姆莱痛苦不堪，施伦堡却对攻击他的犹疑乐此不疲，这一点在施伦堡夸赞自己的坚持不懈时几乎展露 78
无疑。“我的一切都是希特勒给的，”希姆莱辩称，“我怎么能背叛他呢？”“忠诚是我建立党卫队的基石，我不能背弃这个基本原则。”但狡猾的施伦堡早已为他想好了一百种放弃原则的合理理由。希姆莱抗议道，此事已经导致他的身体一日不如一日。“确实，”施伦堡说，“他当时就是一副备受折磨、焦躁不安、心存不满的样子。”施伦堡似乎是真心喜欢、钦佩希姆莱（尽管我们觉得不可思议），但又对他正承受的精神折磨毫不在意。“这是我与他的角力，”他无情地说，“就像魔鬼在抢夺灵魂。”

直到 1945 年春，施伦堡才下定决心，不再顾左右而

---

1 福尔克·贝纳多特，《大幕落下》，第 20 页。贝纳多特伯爵与希姆莱总共会见了四次，分别是在 2 月 19 日、4 月 2 日、4 月 21 日和 4 月 23 日至 24 日（后两次会面见后文）。在 4 月 2 日的会面中，希姆莱有趣但夸张地描述了纳粹领袖们：希特勒几乎一门心思在研究重建德国城市的建筑方案；戈林吸食可卡因，穿托加长袍，涂红指甲。

言他，不再做无效的暗示，要将自己的计划向希姆莱全盘托出。他犹豫了很久，毕竟希姆莱身边还有其他更阴险的顾问：卡尔滕布鲁纳，这名奥地利暴徒掌管着希姆莱的总办公室，因此也是施伦堡（理论上）的上级，此人正因受希特勒青睐而自我膨胀；斯科尔兹内，维也纳恐怖分子，解救过墨索里尼，绑架过匈牙利摄政王之子，现在在希姆莱麾下，掌管纳粹德国的所有恐怖集团；费格莱因，无知的马痴，现在是希姆莱驻元首总部代表，已经成为希特勒的亲信之一，与鲍曼和布格道夫一样，能经常近距离地见到希特勒。这些人都是“南派”（Southern Party），顽固分子，提倡抵抗、憎恨和解，无知地高呼着要在阿尔卑斯山上演光荣的诸神黄昏。施佩尔、施伦堡等“北派”（Northerner）更愿意考虑政治和解。尽管如此，此刻的施伦堡还是认为，自己已经足够强大，可以冒险一试。希姆莱问：“你是要我罢免元首？”施伦堡答：“是。”现在问题都已摊开，他们的对话上升到了一个新的高度。

“对话过程中，”施伦堡说，“希姆莱经常提到希特勒的健康状况每况愈下。我问他，这样的希特勒如何能继续
79 产生强大的影响力？他回答说，希特勒确实过着完全不正常的生活，昼夜颠倒，每天只睡几个小时，他也确实闲不下来、经常暴怒，这些不但令他的随从们精疲力竭，也营

造了一种令人窒息的氛围，但他本人一如既往地精力旺盛。我经常暗示，‘7·20’密谋事件可能终究还是伤了他的身体，特别是头部。希姆莱也认为有此可能，他特别提到了希特勒经常驼背，脸色苍白，左臂越来越抖，以及11月做的耳朵手术，那很明显是因为脑震荡。”

希姆莱的这些话显然并不完全准确，但却给足智多谋的施伦堡提供了一条新的说服希姆莱的思路。4月初，他向他的朋友德·克里尼斯教授打听希特勒的身体状况。德·克里尼斯是沙里泰医院的心理科主任，并没有为希特勒看过病，但毕竟是医学圈的人，肯定听过希特勒的医生们的一些推测。他回复说：“我在新闻片中观察到，希特勒走动时跛得特别厉害，在我看来，那些明显就是帕金森病的征兆。”一听到这个词，施伦堡立刻兴奋了起来，他为希姆莱和德·克里尼斯安排了一场会面，希姆莱带上了“帝国卫生主管”康蒂，此人或许是所有纳粹医生中最大的江湖骗子。德·克里尼斯重复了自己对希特勒身体状况和帕金森病症状的看法，他后来说，党卫队的这位全国领袖“听得津津有味，非常理解”。

几天后，也就是4月13日，希姆莱在自己位于武斯特罗的古老齐藤城堡的总部召见了施伦堡，他们在鲜花盛开的树林中散了一个半小时的步。“施伦堡，”希姆莱说，“我相信，我们已经再不能为希特勒做什么了。你相

信德·克里尼斯的判断吗？”施伦堡说，他已有两年没见过希特勒了，“但就我最近对他行为的了解，我倾向于
80 认为，现在已经是你该采取行动的最后关头了。”接着，他们偏离了主题，聊起了一些具体问题：犹太人问题；新的国外联系人；施伦堡面对的日益棘手的新外交谈判。

“希姆莱精神上非常痛苦。元首已经对阿道夫·希特勒警卫旗队施加了羞辱性的惩罚，命令他们摘掉臂章[1]，基本等同于公开且彻底地抛弃了他，但他还说，可能除了党卫队旗队长勃兰特博士[2]以外，自己是希特勒唯一可以完全信任的人。他能怎么办呢？他不能杀了希特勒，不

---

1 这是希特勒对自己军队做过的最过分的恶意行为之一。阿道夫·希特勒警卫旗队是武装党卫队的一个师，当时正在多瑙河上游与党卫队第6装甲部队并肩作战，指挥官是希特勒最青睐的暴徒泽普·迪特里希。阿道夫·希特勒警卫旗队接到的命令是，根据希特勒的战略计划发动攻击，可由于天气预报有误，攻击当天暴雨倾盆，但希特勒的计划神圣不可变更，攻击依旧按原计划进行，最终伤亡惨重。收到战败消息的希特勒勃然大怒，命令阿道夫·希特勒警卫旗队摘掉臂章作为惩罚。愤怒的士兵们撕掉了制服上的勋章、奖章，通通塞进一个锡制夜壶中，让希姆莱转交希特勒。一并送去的还有他们牺牲战友的一条胳膊，胳膊上仍戴着臂章。希特勒从未撤销过该命令，士兵们从未原谅过未能阻止此事的希姆莱和泽普·迪特里希，尽管他们二人也因此事遭受了同等的羞辱。

2 即鲁道夫·勃兰特博士，希姆莱的秘书，并非前文提到的希特勒的外科医生卡尔·勃兰特。

能给他下毒，不能将他囚禁于总理府，否则，帝国的整台军事机器都将停摆。我给他解释，这一切毫不重要，他现在只有两种可能的选择，要么直接对希特勒坦白过去两年的所有事，说服他辞职……‘这不可能！’希姆莱生气地说，‘他会勃然大怒，立刻枪毙了我！’‘那你就必须保护自己，’我说，‘你麾下有足够多的党卫队指挥官，他们完全可以出其不意地逮捕希特勒。实在不行，就必须让医生动手了。’”

对于这些建议，希姆莱未置可否。施伦堡仍旧没能改变他的态度，他只准备从纯理论角度仔细考虑这些极端举措，并不会真的做出决定，更不用说采取行动了。

散步结束时，希姆莱只是说，他想与自己的代表之
一德·克里尼斯教授一道，召集莫雷尔教授、施通普费
格医生和鲍曼开个会。再没有什么比这更能证明希姆莱 81
的想法有多不切实际了（这也最能证明施伦堡的想法有
多天真，他居然认为希姆莱有朝一日能成为阴谋家）。
莫雷尔和鲍曼完全依附于希特勒，他们没有独立的政治
地位，没有私人军队，并非不可或缺。至于施通普费格，
希姆莱可能以为他仍忠于他在霍亨林青的老金主们，但
事实是，他已经在帝国总理府的新神殿里点起了香。这
些人并不打算宣称希特勒无能，也不打算让希姆莱悄无
声息地取而代之。德·克里尼斯倒是听从了希姆莱的指

示，向施通普费格咨询了希特勒的健康状况。施通普费格并不同意元首患有帕金森病的说法。德·克里尼斯主动提出，为元首配制一些可能对他有益的药，施通普费格同意了，但从未派人去取。说实在的，他有何理由多此一举呢？他是外科医生，又不是内科医生，有了勃兰特的前车之鉴，他深知不插手莫雷尔之事才是明智之举。

此时，再度受挫的施伦堡想起了另一个可能帮他一起说服希姆莱采取行动的人，此人就是希特勒的财政部长卢茨·什未林·冯·克罗西克伯爵。他为二人安排了一场会面，时间定在 4 月 19 日。但在讲述卢茨·什未林·冯·克罗西克伯爵到底有多无能之前，我们的视线必须先回到柏林。

因为此时的希特勒已经回到柏林，迎接他的是这场战争的最后一搏。12 月时，希特勒在巴特瑙海姆指挥了西线的最后一场反攻——阿登战役，但以失败告终，西线盟军跨过了莱茵河。希特勒又转战东线，集结各师，在多瑙河上反击苏军，再次失败，苏军跨过奥得河，来到了易北河上游。此刻，希特勒正在帝国总理府的地堡中指挥着最后的行动。他的所有参谋、所有朝臣都心知肚明，此战必败。其中一些人多年前就已料到这一结果。

但希特勒仍然相信自己是天之骄子，相信天意站在他那 82
边，相信他是不可或缺之人。此刻，没了继任者，他就比以往任何时候都更加不可或缺了。任命戈林为其继任者的法令仍然有效，但戈林已经彻底失宠，几乎已被遗忘[1]。鲍曼对帝国内政的垄断，希姆莱对党卫队的控制，将他们的野心展露无疑，但他们都没有被正式任命为继任者。“7·20”密谋事件后，希特勒是肯定不会考虑军方领导人了，他已完全丧失对军方领导层的信任，只有那些对他言听计从的马屁精才不被怀疑。1945 年 3 月，希特勒在与各部长的讨论中承认，他在选继任者方面一败涂地。他说，赫斯疯了；戈林因为生活方式和德国空军的战败而遭到了德国人民的厌恶。希姆莱似乎是公认的第三选择，许多人认为，党卫队全国领袖的头衔就意味着他是命中注定的“王位”继任者，但希特勒说，这绝不可能：他与纳粹党（也就是和鲍曼）的关系不好，“而且毫无用处，因为他完全不懂艺术”。希特勒不知道可以选谁，因此谁都没选。这时的希特勒当然不知道希姆莱

1　1945 年 1 月，兰马斯（帝国总理府秘书长）问鲍曼，戈林已经名誉扫地，希特勒是否可能重新考虑继任者的问题。鲍曼回答说：“我想，如果这个问题尚无定论，元首就不会现在任命帝国元帅。此外，我也不认为他会更改已经发布的任命。我们就别谈这个了。”（来自兰马斯的陈述）

正准备否定他，而施佩尔已经否定了他，但他无论走到哪里，都能感觉到背叛的气息。值得庆幸的是，他身边还有爱娃·布劳恩和布隆迪，他相信这一人一狗绝不会被正在蔓延的“背叛”传染。

施佩尔说，“遇到爱娃·布劳恩，所有历史书作者都会大失所望”，历史书读者亦然。她与传统的暴君情妇截然不同，完全没有她们那些丰富多彩、精彩十足的特征。她既不像狄奥多拉皇后，也不像蓬巴杜夫人和劳拉·蒙特斯。希特勒也不是一个典型的暴君，他确实有令人胆寒的狂怒，有巨大的野心和自信，但他并不纵情酒色，他只有小中产阶级的琐碎趣味，过着传统的家庭生活。
83 人不能忘记平凡生活中的奶油面包——这是希特勒性格中从未改变的特征，这正是他被爱娃·布劳恩吸引的原因所在。她的无趣，恰恰能吸引希特勒喜好平凡琐事而非铺张浪费的天性。说实在的，她身上最有趣的事，大概就是她的存在本身了，她的存在是个被严守着的秘密。他们的友谊至少维持了十二年，但直到他们死后，她的存在才为外人所知。她周遭笼罩着一股隐秘的沉默，仆人们不能同她说话，元首的照片在发表或传播前，都会先将她的部分去除。

与莫雷尔一样，爱娃·布劳恩是由摄影师霍夫曼引荐给希特勒的。当时，她为霍夫曼工作。她皮肤白皙、颧骨略高，与其说美艳，不如说标致。她不过分炫耀，不多管闲事，也不急于讨好。她的闲适宁静、与世无争，恰恰是希特勒政治生活中极度匮乏的，也是他中产阶级灵魂所迫切渴望的。很快，她就占据了希特勒的心。在她身边，希特勒感受到了前所未有的宁静。而她，虽然为希特勒提供了一个家的港湾，但从不试图在他处理外部政治事务时影响他，因此，对外，他依旧是那种残酷、暴躁的风格。她擅长滑雪、爬山，喜欢跳舞（她学过专业的舞蹈），在那个无知的小团体中可谓博学。她热衷于探讨书画，热衷于帮希特勒购买小型艺术品，她非常适合阿尔卑斯山区的贝希特斯加登“艺术”世界，那也是她的主要活动范围，直到希特勒去世前两年，她才获准来到柏林。他对她的爱从未动摇，没有人能威胁到她[1]。曾经，戈培尔为了宣传，找了些性感的北欧女演员到总理府，希特勒对她们却毫无兴趣。其实，希特勒似乎是
害怕女人的，害怕她们干政，害怕“衬裙政治”——尽 84

1 就连神秘的奥尔加也威胁不了她。“奥尔加”这个名字发现于“希特勒私人公寓隔壁”的房门上，该私人公寓位于国防军最高统帅部在图林根州奥尔德鲁夫的临时总部内。奥尔德鲁夫被占领后，富于想象力的记者们开始口若悬河地编织奥尔加的故事，讲述她如何美丽优雅有品位，如何影响希特勒，以及如何热爱站在卧室阳台上沉思。遗憾的是，“她”从未存在过。“奥尔加”只不过是奥尔德鲁夫通讯办公室的代号，希特勒本人也从未去过奥尔德鲁夫。

管绝对主义王庭的政治与之并无太大不同。爱娃·布劳恩在这方面是无害的。她只关注政治活动的间歇，她会利用那几个小时主持休闲放松的茶话会，其间不会有任何政客参与。大家无不称赞她的节制。她有魅力、有机会，但从未加以利用，这就令她更无趣了。她不喜欢鲍曼，但从未试图让希特勒也讨厌他。希特勒也不会容忍她这样做。希特勒对她关怀备至，对她的健康、习惯和安全都非常在意，不允许她坐飞机，也不允许她开车时速超过 40 英里[*1]。

至于他们有怎样更亲密的关系，外人一无所知。“他们分床睡，”令人讨厌的莫雷尔医生说，“不过，我认为……”但他的主观臆测并不重要。希特勒对这段关系很满意，视之为理想状态，在遗嘱中称之为“多年真挚的友谊”。为避免在谈论金钱等必要又低俗的话题时伤害到这段关系，希特勒将自己照片的销售权全权授予了她，由她独立决策，霍夫曼提供协助。但众人对她的身份无疑讳莫如深。仆人们总是称呼她“E. B.”[*2]，每次提到她，都会压低声音。时至今日，整件事已成历史，他们也依旧如此。她无名无分地陪在希特勒身边超过十二年：既

---

*1　40 英里约合 64.4 公里。

*2　爱娃·布劳恩的英文名首字母缩写。

不是妻子，也不是公认的情妇。身份不明让她产生或加剧了自卑情结，症状表现为傲慢、自负。这或许也是她另一些缺点的由来。她的字里行间透露着精神和心理的不成熟，有着小女生的矫揉造作。希特勒不在时，或无法经常见到他时，她就会故作姿态，威胁要自杀。但这些都是喜好问题，在这方面，希特勒自己可能也没有给她树立一个好榜样。

希特勒对她的爱毋庸置疑，那人们不禁要问，他为什么那么久都不给她名分，将她置于一个如此尴尬的境地。或许我们永远无从得知他们相处的细节，但最简单 85
的答案或许就是正确答案。如果他们的关系是柏拉图式的，或者有意让外界如此认为，那就没必要给她一个公开的妻子或情妇的身份。柏拉图式的关系无疑最适合这位德国弥赛亚，他是革命精神的化身，似乎超越了一切人类局限，他也必须给外界这样的观感。如果答案真是如此，那他们死前的那场婚礼就只具备纯粹的象征意义。如果没有名分，出现在元首死亡仪式中的她，就不会比元首的秘书们、元首的素食厨师曼齐亚利小姐（爱娃·布劳恩不在时，曼齐亚利小姐会与希特勒一同用餐）更特别。而她又绝不会错过元首人生的最后一幕。兵临城下时，希特勒将她送到了慕尼黑，但她不愿留在那里。4月15日，柏林已经在做被围困的准备了，她却自行回了帝国总理府，希特勒命令她离开，她不肯。她是来参加自己的婚礼和葬礼的。我们碰巧有一份文件，描述了最后那段日子里柏林的政治气氛。这份不同寻常、颇具讽刺意味的文件就是卢茨·什未林·冯·克罗西克伯爵的日记。当时，不屈不挠的施伦堡误将说服希姆莱的希望寄托在了自己这位朋友身上。什未林·冯·克罗西克和施伦堡一样，都是有教养的德国人，努力将自己与西欧文明密切关联起来，但只证明了他们对西欧文明的全然误解。什未林·冯·克罗西克曾用尽一切机会了解西欧，甚至当过牛津大学的罗德学者，却完全没有学到西欧的价值观；他说着西欧的语言，却没有学到西欧的思维方式和行为方式。施伦堡强烈反对北欧式的胡言乱语和空洞的形而上学，真正的德国人却对这些习以为常。什未林会小心提醒希姆莱，在与有教养的瑞典人交谈时，“不要提到两国人民之间的业报（Karma），也不要提到世界观、宇宙观，等等”。他自己却会一本正经地夸夸其谈，畅聊“冥冥中注定的结果”（这是他喜欢的说法）。正因如此，纵使接受过良好教育，他也总爱摆出一副高高在
86 上的姿态，并在晦涩的德语修辞中迷失了自己。什未林与施伦堡一样，完全不切实际。他俩的组合堪称完美，就是德国版的叮当兄和叮当弟，一对自命不凡的蠢蛋。事实正如一些圣贤所言，一个人不可能碰沥青而不染。

施伦堡和什未林·冯·克罗西克在纳粹政府中资历都很深。他们相信自己可以在这个政府中保持独立性，可以一直影响它，可以被认为是反纳粹的或至少是非纳粹的，这些只证明了他们有多盲目。所有纳粹分子都误解了外国的政治，施伦堡和什未林·冯·克罗西克不仅误解了外国的政治，还误解了纳粹自己的政治。或许，什未林·冯·克罗西克之所以可以在一众纳粹分子中幸存良久，正是由于他完全误解了他们。当然，他也展现了生存的天赋。他在纳粹 1933 年掌权之前当上了部长，整个纳粹统治时期仍是部长，就连希特勒的政治遗嘱中，都将他作为新政府的成员之一推荐给了邓尼茨。希姆莱原计划组建的影子政府中也有他的一席之地。尽管这个计划未能实现，但还是让什未林·冯·克罗西克感到了安慰。邓尼茨在组建政府时，拒绝受希特勒遗嘱约束，希特勒推荐的新政府成员他几乎一个都没有采纳，只有一人例外，那就是被任命为外交部长的什未林·冯·克罗西克伯爵（这是他接到的唯一任命）。

什未林·冯·克罗西克的日记记载了他漫长而不引人注目的政治生涯，涵盖了两个阶段：一个是 1932 年至 1933 年的冬天，当时纳粹即将掌权；另一个是 1945 年 4 月，纳粹政权正在废墟中分崩离析。一些人可能以为他记日记是为了让后人了解这些时期的历史事件，但（据他所说）并非如此，他“作为纳粹德国内阁成员，经历了它的鼎盛与衰亡”，他希望用日记“让我的后代了解这样的我究竟是一个什么样的人”。如果后人将他视为傻瓜，他也只能怪自己自揭己短了。

日记的第二部分始于1945年4月15日，但提到了几天前发生的一件要事。戈培尔告诉什未林·冯·克罗
87 西克，他最近一直在为元首大声朗读，以安抚元首内心难以消除的挫败感。他读的是他最喜欢的书——卡莱尔的《腓特烈大帝史》，当时正读到的那一章写道：“这位伟大的国王深陷困境，再也看不到任何出路，再也制订不出任何计划。所有的文武大臣都认定他即将倒台。敌人认为普鲁士已被摧毁。他的未来一片黑暗，在写给大臣芬肯施泰因伯爵的最后一封信中[1]，他给了自己最后一次喘息的机会：如果2月15日局势还未好转，他就放弃，服毒自尽。‘勇敢的王啊！’卡莱尔说，‘再等一等，痛苦的日子就要结束了。您的好运就如那云层后的太阳，很快就会升起，照耀着您了。’2月12日，女沙皇去世，腓特烈大帝迎来了勃兰登堡王室的奇迹。”戈培尔说，听到

---

1 什未林·冯·克罗西克日记中的引用有误，这不是卡莱尔的原话，也不符合事实。腓特烈大帝的这封信其实是写给另一名大臣达根森伯爵的。

这个动人的故事，“元首热泪盈眶”。他们来来回回地探讨着这件事，在此期间还派人前往希姆莱的一个研究部门，取来了两份精心保管的占星预言：一份关于元首，日期为1933年1月30日；另一份关于魏玛共和国，日期为1918年9月9日。他们仔细研究了这两份神谕，发现了“一个惊人的事实”（他们或许应该早一点研究的）。“两份预言都给出了这场战争的走势，且内容一致：1939年战争爆发，此后屡战屡胜，从1941年开始频尝败果，最惨烈的失败出现于1945年年初的几个月，尤其是4月的上半月。4月下半月，我们又将取得一场压倒性的胜利。此后战事停滞，8月是一派宁静，但宁静之后是一段长达三年的艰难时期。从1948年开始，德国又会重新崛起，再度伟大。戈培尔隔天就派人将这两份占星预言交给了我，我无法全部理解，但看到新补充的解释就都懂了，此刻，我正迫不及待地等着4月下半月的到来。”

这些预言一扫帝国总理府地堡下的沉闷空气，让等待4月下半月到来的那几个小时有了生气。遗憾的是， 88
它们极其准确地预言了过去，却没能准确预言未来。什未林·冯·克罗西克白等了一场，没有等来能让4月下半月充满喜气的那场大胜。不过，朗读卡莱尔的书确实产生了一个值得记录的影响。

几天后，柏林又经历了一轮漫长的猛烈空袭，空袭后的凌晨，什未林·冯·克罗西克在与几名友人喝葡萄酒时，得知了一个消息：德国最后一家火药厂已根据总参谋部的命令撤离。他的朋友们一致认为，末日一定已近在眼前。“没了弹药，再勇敢的士兵也无法战斗”。“末日真的来临了吗？”言辞浮夸的什未林·冯·克罗西克在日记中写道，“尽管我的理智早在很久之前就已看到了这一末日之必然，但我的精神却在奋力挣扎，努力对其视而不见。我刚提出这个问题，电话铃就响了，国务秘书想和我通话。都这么晚了，会是什么事呢？他只说了几个字：‘罗斯福死了。’我们听到了历史天使在房中扇动翅膀的沙沙声。这会是我们期待已久的命运转折吗？”第二天早上，什未林·冯·克罗西克致电戈培尔，就这一重大事件祝贺他，但他不仅表示了祝贺，还提出了建议。

什未林·冯·克罗西克和施伦堡一样，都是非常敏锐之人，总能看到旁人难以察觉的细微差别，他担心，如果没有他的建议，有点粗心的德国媒体可能会错失这一良机。他建议戈培尔，对美国的新总统，既不要辱骂，也不要直白地夸赞，要巧妙地突显出他与罗斯福之间的不同。戈培尔礼貌地表示，这些问题宣传部*都考虑到了，也已经做出必要指示。接着，戈培尔给什未林·冯·克

---

* 戈培尔任纳粹德国宣传部长。

罗西克讲述了自己昨天的经历。昨天，他去了布塞将军位于屈斯特林的总部，夜里，他与布塞将军的参谋官们坐在一起，“提出了他的观点：由于历史之必然与正义，命运的转折必将到来，一如七年战争中的‘勃兰登堡王室的奇迹’。一名参谋官略带怀疑和讽刺地问，这次会死哪位女沙皇？戈培尔回答说，他也不知道，但命运女神 89
的手中仍握有诸多的可能性。接着，他便乘车回了家，听到了罗斯福去世的消息。他立刻致电布塞说：‘女沙皇死了’。布塞告诉他，这个消息让他的士兵们大受震撼，也让他们看到了反败为胜的机会。戈培尔相信，这一消息将让全体德国人民重燃希望，重新振作，他们肯定能从中看到历史之必然与正义的力量……我【这位爱说教的伯爵说】打断了他：‘不如说是上帝的力量。’……”

什未林·冯·克罗西克酷爱使用修辞手法和省略号，抽象名词也用得格外随意，还特别容易听到历史天使在他身边扇动翅膀的沙沙声，因此，他的描述可能有些过于夸张。不过，我们碰巧还有一个信息来源——宣传部的一名秘书[1]，他们二人没什么来往，她间接证实了他的描述。

---

1 此人是英格·哈伯策特尔夫人，她曾与戈培尔的秘书希尔德布兰特小姐共用一间办公室。我的这一消息来自《标准晚报》的记者莱斯利·兰德尔先生，十分感谢。

“我清楚记得4月13日那个周五，”她说，“戈培尔每周都会去东线部队做演讲，去的时候都会给他们带香烟、干邑白兰地和书。这天他去了屈斯特林……在他乘车返回柏林后，我们得到了罗斯福总统去世的消息。戈培尔一如往常，回来得非常晚。一场非常猛烈的轰炸正在进行，总理府和艾德隆酒店都在燃烧。我们站在宣传部的台阶上见到了戈培尔。一名记者对他说：‘帝国部长阁下，罗斯福死了。’他立刻从车里跳了出来，一动不动地站了一会儿，仿佛惊呆了。我永远不会忘记他脸上的表情，那个表情在柏林的火光中清晰可见。‘快，’他说：‘拿出我们最好的香槟，我要与元首通话。’我们走进他的书房，倒好了香槟。他通过私人专线联系到了希特勒，
90 说：‘我的元首，祝贺您！罗斯福已死。星象中写着，我们将在4月的下半月迎来转折。今天4月13日，周五，就是我们的转折点啊！’希特勒又对他说了些什么，然后他放下听筒，欣喜若狂[1]。

---

1 施滕格拉赫特和施佩尔都提到过戈培尔在听到罗斯福死讯时的狂喜。施滕格拉赫特是德国外交部的一名官员，在纽伦堡提供了关于里宾特洛甫的证词。泽姆勒的日记也提供了关于此次事件的详尽描述，证实了此处提到的种种细节（泽姆勒，《戈培尔》，第191—192页）。值得一提且几乎可以肯定的是，戈培尔本人并不相信占星术，这只是他利用的工具。他曾在另一场合对**（下转）**

末日中，纳粹德国的领导层居然以为星象，或一个巧妙之举，就可以拯救他们，真是太令人难以置信了。所有证据都清楚表明，他们从未看懂自己灭亡的必然性。他们也给自己建了一个政治和思想上的万里长城，躲在城墙之后，自给自足了十二年，与世隔绝。就算他们曾经懂得他国的政治、思想和思维习惯，那也已经是很久之前的事了。

所有的德国领导人都没能意识到，无论“伟大的同盟”内部可能隐藏着多少政治、外交分歧，他们的决心都是一致的：任何分歧都不能影响击败德国的进程，在摧毁纳粹政府之前，不考虑在外交等方面做任何其他安排。看到施伦堡煞费苦心又不切实际的计划，什未林·冯·克罗西克天真的自我安慰，以及戈培尔和希姆莱对占星的笃信，真是令人难以置信。此时，东西两线的军队几乎将德国一分为二，戈培尔却还在坚称，苏联与英美之间的同盟很快就会破裂（大概是出于历史之必然和正义），德国政府只需在柏林静候时机成熟。这些人

（上接）泽姆勒说：“疯狂的时代需要疯狂的手段（同上，第 124 页）。”纳粹和反纳粹阵营都很依赖星象，不过前者是为了维护纳粹德国，后者是为了推翻它。见参议院议长卡梅克的观点（乌尔里希·冯·哈塞尔的日记《从另一个德国》，第 53 页、107 页、140 页和 152 页）。很遗憾，占星术的所有信徒都会大失所望。

仍生活在愚人的天堂中，最显著、最确凿的证据就是，这些注定失败的提线木偶们仍在急切争抢着日益缩小的
91 权力碎片。希特勒的继承权问题仍未解决，目前的合法继任者仍是戈林。此时此刻，人们或许以为，希特勒的位置已经不再令人垂涎了。事实完全相反。此时的希姆莱虽仍不敢采纳施伦堡的建议，加快希特勒权力的下放，但他理所当然地认为，继承权就是他的。此时的鲍曼仍然站在权力的中心搞阴谋，一边在主人耳边进谗言，一边抓住一切机会摧毁对手。此时的戈培尔还在密谋夺取里宾特洛甫的外交部长之位[1]。对这些狂热密谋漠不关心的只有里宾特洛甫一人，他没有阵营，没有支持者，在王庭错综复杂的政治斗争中，他没有可以联合之人。其他所有人，哪怕互为死敌，都有一个共识：里宾特洛甫不能留。戈林和希姆莱，戈培尔和鲍曼，施佩尔、施伦堡和什未林·冯·克罗西克都发出了类似的呼声。不久前，他们还同时向希特勒进言，但希特勒说是他们错估了里宾特洛甫的才能：他是“第二个俾斯麦”，不能撤职。在这一重要时刻，里宾特洛甫最由衷的愿望终于实现：

1 据什未林·冯·克罗西克所言。参阅泽姆勒的《戈培尔》，第119—123页。

媒体刊登了一张外交部长身处前线的照片[1]。

在这些充满阴谋诡计的日子里，施伦堡和什未林·冯·克罗西克的关系开始日益密切。他们曾经见过[2]，对彼此的印象都非常好。施伦堡发现这位伯爵非常熟悉外国事务，尤其是英国事务。这位伯爵认为施伦堡“年轻、能干、讨人喜欢”。他们交流了几次，一致认为必须努力开启与西欧的谈判，也一致讨厌里宾特洛甫。理论上，阻碍他们实现愿望的难题只有一个。什未林·冯·克罗西克坚持认为，他们所选的谈判对象必须理解一点，其他所有的纳粹领袖都可以立即除掉，但希特勒和希姆莱必须留下，他们是不可或缺的，有他们在，才能避免出现混乱的局势。遗憾的是，在外国势力眼中，他们二
人似乎才是最该被除掉的……施伦堡则是慢慢准备着自 92
己的依据。他承认希姆莱在国外确实声名狼藉，不过许多打着希姆莱名号犯下的罪行，其实并非希姆莱授意（这个说法比较委婉，实际就是指贝尔森集中营和布痕瓦尔德集中营中的罪行）。施伦堡正在用尽一切努力消除这个误解。很长一段时间以来，他都试图以不易察觉的方式

---

1 据施佩尔和什未林·冯·克罗西克所言，并参阅贝纳多特的《大幕落下》第18页，书中提到，1945年春时，“希特勒”明显“仍旧愿意听取并支持”里宾特洛甫“的意见”。

2 他们是通过施伦堡的下属奥特弗里德·德维茨牵的线。

影响外国媒体，以达到自己的目的……什未林·冯·克罗西克会同意与希姆莱见面吗？难度肯定有，他们今年年初刚大吵了一架。不过施伦堡有办法解决他们之间的这一矛盾。至于希特勒，施伦堡只字未提，他对美化希特勒的名声毫无兴趣。

4 月 19 日，安排希姆莱和什未林·冯·克罗西克伯爵会面的正式流程走完，二人在伯爵家里进行了长谈。事前，施伦堡已给伯爵详细介绍了相关情况。伯爵竭力说服希姆莱接受与西欧谈判的必要性，只有谈判才能带来喘息之机，有了喘息之机才可能找到解决办法，也才有可能要求德国人民继续英勇抵抗。希姆莱问，那该如何谈判呢？伯爵十分机智，他解释到，可尝试的方法很多。首先是教皇。在美国，罗马天主教徒规模庞大，十分团结，新教徒则分化成了诸多教派，没什么影响力。如果能争取到教皇的支持……其次是欧洲红十字会主席布尔克哈特博士，葡萄牙的萨拉查博士，以及各个领域的有用商人和旅行教授（travelling Professor）。再者，东欧与西欧之间的同盟关系一直都岌岌可危。希姆莱反对道，那希特勒呢？什未林·冯·克罗西克承认，这确实是个难题，一个心理学之谜。“无论元首的计划多么崇高，他毕竟是个凡人。计划用白纸黑字写在那里，他看着，真的不会有所幻想吗？我不明白，他还在等什么。”这番话令希姆莱坐立难安，他含糊辩称，元首有计划，而且该计划的正确性毋庸置疑。他自己也深信一切最终都会好起来的。他也承认这个信念并不理性，只是出于直觉。什未林·冯·克罗西克有没有意识到希姆莱不再是一个 93
没有被教化的异教徒，有没有意识到他已经开始信仰上帝、相信天意？希姆莱给他讲了改变自己信仰的两个事件：元首奇迹般地躲过了1944年7月20日的刺杀；奥得河河冰奇迹般地融化。最终，什未林·冯·克罗西克在说服希姆莱这件事上，并没有比施伦堡做得更好。他每次刚要提到问题的关键，希姆莱就会含糊其辞地转移话题，最终，这场谈话没有带来任何改变。

会面结束后，希姆莱和什未林·冯·克罗西克走出房间，与施伦堡和泽尔特[1]会合——泽尔特是什未林·冯·克罗西克的朋友。他们正讨论着同一问题，只是一如往常，聊得比他们的两位上司更深入些。他们已经得出结论，希姆莱应该接管国家权力，逼希特勒在生日当天（也就是明天）向德国人民广播宣言，宣布终结单一政党和人民法院，承诺举行选举。希姆莱一出现，泽尔特立刻恳请他利用自己的势力将元首控制起来，并开展和平谈判。他坚称这

1 泽尔特曾是钢盔团领袖。他与什未林·冯·克罗西克一样，都很擅长生存之道，他自1933年起一直是纳粹德国的劳工部长。

已不再是希姆莱个人的事，“德国人民的命脉”岌岌可危。这些话的来源毋庸置疑，施伦堡很爱这么说。乘车离开什未林·冯·克罗西克家的路上，施伦堡老话重提，还向希姆莱竭力夸赞什未林·冯·克罗西克的美德——他向希姆莱保证，什未林·冯·克罗西克是唯一能胜任希姆莱政府外交部长一职的人。

什未林·冯·克罗西克和泽尔特的角色与克斯滕和武尔夫一样，坚持不懈的施伦堡是想要借助他们力劝希姆莱脱离希特勒，罢免希特勒，如有必要则杀掉希特勒，与此同时，开启与西欧的谈判。他天性乐观，对自己的手腕充满信心，但不了解现实，他以为每一次新的努力都让他离自己的目标更近了一步。但从证据中能明显看出，事实并非如此。希姆莱一如既往地犹豫不决，在忠
94 诚与怀疑之间摇摆不定。那天午夜时分，他命人去取香槟，准备向元首敬酒，因为此刻已是元首生日。施伦堡一听到这一命令便离开了，他不愿意参加这个庆生仪式。他出发前往哈兹瓦尔德，那是他盟友克斯滕的庄园，他打算到那里继续他坚持不懈且不顾一切的阴谋诡计。

第四章

危机与决策

4 月 20—24 日

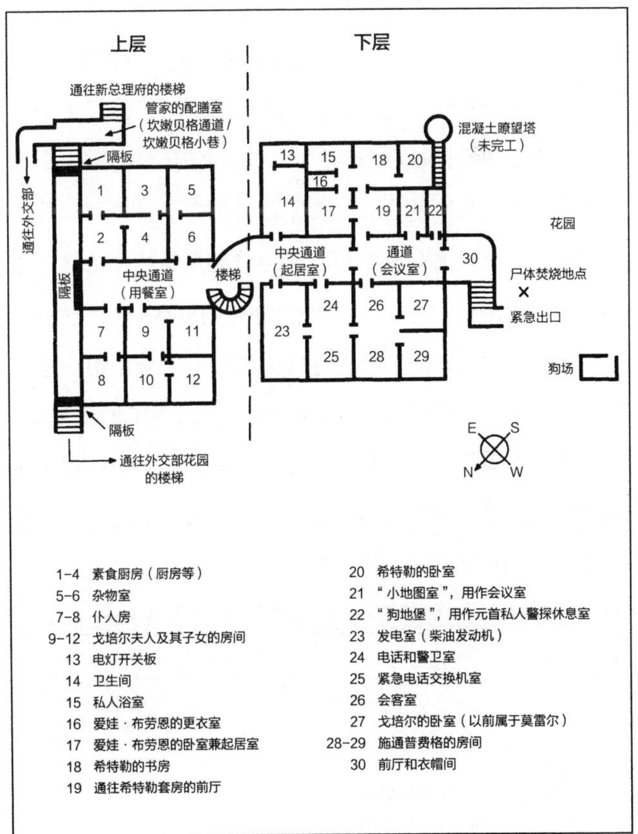

95 4月20日是希特勒的生日，戈培尔的广播演讲提醒了德国人这一事实，他号召德国人不假思索地信任元首和星象，告诉他们，元首和星象将共同带领他们走出当前的重重困境。希特勒早已计划好要在这天离开柏林，前往上萨尔茨堡山。他会在巴巴罗萨绝美的山洞中指挥南线战斗。他已于十天前派出仆从，提前收拾好住处，准备迎接他的到来[1]。但在那十天里，灾难接踵而至。“整整一周，”什未林·冯·克罗西克说，“只有约伯的信使[*]络绎不绝。”此时的德国几乎已被一分为二，只剩一条狭窄的陆上走廊阻止着美军与苏军的会合。美军已经跨过了易北河，苏军已经跨过了奥得河和奈塞河，威胁着德累斯顿和柏林。北线战场，英军已经来到不来梅和汉堡的郊区。南线战场，法军已经来到多瑙河上游，苏联人已经进入维也纳。意大利战场，陆军元帅亚历山大的部队已经占领了博洛尼亚，正率领大部队涌入波河河谷。在帝国腹地，巴顿将军正在向南猛攻，穿过纳粹运动的摇篮巴伐利亚，朝该运动自己选定的墓地阿尔卑斯山脉挺进。

希特勒的总部设在帝国总理府中，他修建这座庞大的陵墓是为了盛放自己的骄傲，震慑附属国的君主。打

1　来自阿图尔·坎嫩贝格的供述。

*　约伯的信使比喻带来坏消息的人。

开一扇扇笨重的房门，宽敞的房间里铺设着一块块斑岩和大理石的巨大石板，还摆放着许多枝状大烛台。此刻，这些房间都已不再使用。

它们被轰炸、烧毁，不再用作办公室，只作为仍有人值守的指挥所。但这场战争期间，就在旧总理府和花园的地下五十英尺处，他们修建了一座地堡。从总理府 96
内走楼梯即可进入，楼梯向下，经过配膳室，尽头是一个狭窄空间，由三块不透气、不透水的隔板围了起来。三块隔板背后是三条通道，第一条通往配膳室，这条通道也被称为“坎嫩贝格小巷”[1]（阿图尔·坎嫩贝格是希特勒的管家）；第二条通道通往一段室外的楼梯，从那里可以进入外交部的花园；第三条通道通向地堡深处。地堡分为两部分。第一部分由十二个房间组成，它们分布于一条中央通道的两侧，每侧各六间，每间都不超过一个大型壁橱的大小。这些房间用作杂物室和仆人住所，还有一间用作“素食厨房”，也就是为希特勒准备餐食的地方。中央通道的尽头是一个普通的用餐室，可供所有藏身地堡的人使用。这里还有一段曲折的楼梯，通向更深处，那里有一个更大的地堡，也就是地堡的第二部分——

1　坎嫩贝格小巷（Kannenberg-alley）就是德语里的坎嫩贝格通道（Kannenberg）。

元首地堡，希特勒专用，也是纳粹闹剧最后一幕的舞台。这里空间狭小，表演空间有限，但至少可以保留布瓦洛所提倡的戏剧在时间、地点和情节上的基本一致性。

元首地堡由十八个房间和一条中央通道组成，每个房间都很逼仄，并不舒适。新总理府里那些埃及式的房间宽敞无比，瑟瑟发抖的他国使节要走很久才能走到头，地下这些笼子一般的小房间令人压抑，在这里，业已缩水的王庭已经没有那么多繁文缛节的恭敬，但依旧恭顺服从。再没有比这二者更鲜明的对比、更巨大的落差了。至于中央通道，它被一道隔断一分为二。靠近隔断的这部分空间是一个普通的起居室，与它相连的房间都是实用性的，有卫生间、警卫室、紧急电话交换机室和发电室。隔断的远端是贵宾室。在那里，中央通道成了一间会议室，希特勒就是在这里主持日常的参谋会议。左边一扇门后是一个套房，共六个房间，那是希特勒和爱娃·布劳恩的私人公寓。爱娃·布劳恩有一间卧
97 室兼起居室、一间浴室和一间更衣室；希特勒有一间卧室和一间书房。第六个房间是前厅。左边的另外两扇门后分别是一间小地图室（用来举行小型会议）和一个狭窄的壁橱［被称为“狗地堡”（Hundebunker）[1]，此时已

1　德语为 *Hundebunker*。

用作元首私人警探的休息室，他们负责保护元首的安全]。狗地堡的一头有个梯子，连接着地面上一个未完工的混凝土瞭望塔。通道右边分别是莫雷尔医生的房间，以及施通普费格医生的房间和急救室。4月初，希特勒下令让施通普费格在总理府内设一个急救站，救治战斗中的伤者。施通普费格从他位于霍亨林青的老医院里取来了外科手术器械。这个急救站设在新总理府的地下室里，不在地堡中。元首地堡里的这个急救室是他的私人储物间。

通道尽头还有一扇门，门后是一个小小的前厅，已经用作衣帽间。从这个房间往上，爬四段混凝土楼梯，就会抵达总理府花园。这是一个紧急出口。

在这个政府建筑群中，除了元首地堡外，还有其他地堡。一个是纳粹党总部的地堡，鲍曼及其参谋就住在那里，另外还有军方人员和党卫队卫兵。另一个地堡住着党卫队支队长蒙克及其参谋，蒙克将军是负责护卫总理府的作战指挥官。戈培尔及其参谋则住在宣传部的地堡内。这些军政官员每天都会离开自己的地堡，前往元首地堡，在那条狭窄的中央通道内参与一场接一场的会议。位于措森或波茨坦总部的约德尔和凯特尔也会前来参会，一并前来的还有新任陆军总参谋长。前任陆军总参谋长是古德里安将军，他与自己的前任们一样，实在无法接受元首受神明感召制定的策略，因此，继一系列暴力事件后，他于3月30日接受元首“建议”，以心脏衰弱为由辞职。希特勒遂任命汉斯·克雷布斯将军填补了这一空缺。在此之前，克雷布斯长期担任驻莫斯科大使馆武官。他很有才干，但趋炎附势，施佩尔称其“圆
98 滑世故，为活下去不择手段”。他还是希特勒跟前的马屁精，鲍曼的密友，他自称坚定不移地拥护民族社会主义，最后将作为民族社会主义的密使向他的苏联朋友们投诚。

4月20日，地堡里来了一些常客和一些稀客，他们为元首送上了正式的生日祝贺，但大部分祝福都非出自真心。从正午开始，宾客络绎不绝，这一天都被招待会、演讲和会议占满了。宾客们发现，尽管形势极其严峻，元首仍然充满信心，他仍然相信，苏军将在进入柏林前遭遇最血腥的惨败。希特勒在总理府花园接见了一支由希特勒青年团领袖阿图尔·阿克斯曼率领的代表团，现场还有希姆莱、戈林和戈培尔（但没有士兵在场，以免遮掩了这些年轻战士们的光彩）。他感谢他们为当下这场决战付出的努力，并授予了他们勋章。接着，他又回到了自己的小会议室，逐一接见了邓尼茨、凯特尔和约德尔。其余人则在他面前排成一行，跟他握手后一起听他演讲。他对凯特尔格外平易近人。“我永远也不

会忘记你，”他说，“我永远不会忘记，是你在那次密谋事件中救了我，是你将我带出了拉斯滕堡[1]。在当时，这些都是正确的决定，正确的行动。”这是希特勒生前最后一场礼仪活动，鲍曼、里宾特洛甫和施佩尔也都有出席。

招待会后就是开会。会议探讨的一个重大问题就是帝国领土完整所面临的紧迫威胁。不出几天，甚至可能不出几个小时，通往南方的最后一条陆上通道就会被切断。所有军方总部和政府各部门总部都已南迁或正在南迁，希特勒会考虑将他的总部也南迁吗？他的顾问一致认为，苏军包围圈终将把柏林这座城围得水泄不通，届时再想逃就没机会了；唯一的选择就是撤到南方，撤到
上萨尔茨堡山，现在道路还通，此事刻不容缓，否则可 99
能永远走不了了。戈林、凯特尔、希姆莱、鲍曼、戈培尔、克雷布斯和布格道夫都恳请希特勒离开这座注定毁灭的城市，但希特勒未置可否，他可能做出的最大妥协就是执行十天前制定的那项决策，该决策所应对的恰恰是当前的局面：如果帝国被同盟军一分为二，无法互通消息，且希特勒没有决定将元首总部迁往任何一边，那

1 1944 年 7 月 20 日那天，是凯特尔用双臂接住了希特勒（见本书正文第 26 页并参考第 58 页）。

就分设两个司令部，北方所有德军由海军元帅邓尼茨指挥，南方所有德军由陆军元帅凯塞林指挥。此刻，希特勒决定将北方全部军事力量交予邓尼茨，至于南方，他尚无任命。并非他不信任凯塞林，也并非他得知了真相，即，就连自己最青睐的这位陆军元帅也已经放弃希望，正谋划着无条件投降[1]。希特勒只是尚未下定决心。他迟早会做出决定的，或者，如他所说，听从天意。希特勒的优柔寡断与希姆莱不同，只是一时的，只是做出决定前的预备状态。他的决定一经宣布，就不可能被其他任何人改变，也不可能在其他任何人的催促下加快执行。此刻，无人知道他将做出何种决定。会议结束后，鲍曼笃定地告诉自己的秘书，不出一天，或者最多两天，希特勒及其参谋就会离开柏林。其他人对此就没有那么肯定了。希特勒的空军副官尼古劳斯·冯·贝洛（Nicolaus von Below）上校与他共事了八年，确信他绝对不会在此刻离开。

会议结束后，宾客们离开地堡，由卡车、飞机组成的一支庞大护卫队带着大多数宾客离开柏林，前往上萨

1 在意大利的所有德军无条件投降一事，就是由凯塞林在意大利的继任者菲廷霍夫将军和党卫队将领沃尔夫将军谈判促成的；不过初始基础是凯塞林在调职前打下的。凯塞林和舍尔纳一般都被认为是“希特勒的陆军元帅”。

尔茨堡山。离开的人中有纳粹空军的高级指挥官，他们终于松了一口气，在上萨尔茨堡山，他们至少不必再像最近一样，每次失败都要面对来自希特勒的无尽侮辱、 100
离谱命令和暴怒指责。希特勒会向正在开脱自身罪责的将领咆哮道："应该枪毙一两个空军军官！这样才能有所改变！"他还会通过电话对心惊胆战的科勒将军尖声高喊道："所有空军参谋都该被绞死！"然后砰的一声挂断电话。此时的纳粹空军已经彻底战败，败果无可补救。因此，它的缔造者及导致它战败的罪魁赫尔曼·戈林也离开了柏林。他是4月20日晚上向元首辞行的，场面十分冷漠，这也是他们见的最后一面。为了与元首总部保持联系，戈林留下了两名高级军官：他的参谋长科勒将军，以及他的作战主管克里斯蒂安将军[1]。克里斯蒂安将军年轻有为，在这个新建立且一度备受元首青睐的军种中晋升迅速。他的第二任妻子是希特勒的秘书格尔达·达拉诺夫斯基（Gerda Daranowski）。此时的他已经是希特勒王庭的一员了。科勒将军没那么年轻，没那么能干，也没那么受宠。希特勒蓄积的侮辱和持续的威胁都发泄在他身上，而他，一个较真、神经质且相当小题

1 克里斯蒂安的正规头衔是纳粹空军作战参谋部参谋长。科勒和克里斯蒂安会将自己所参与活动的信息提供给戈林。

大做的老绅士，也不停地公开反抗着这些，尽管徒劳无果。不过，他对还原这段复杂的历史意义重大：因为他有写日记的习惯。

阿尔贝特·施佩尔也参加了元首生日那天的会议，并在当晚离开地堡。在此之前，他已经忙碌了许多个星期，忙于制订拯救德国工业、工厂和通信设施的计划，防止它们被纳粹党的毁灭政策破坏。他命令自己最信任的各地技术人员、工厂主和车间经理，一定要冲锋在前，不惜用肉体阻挡敌人的车轮；一定要坚守岗位，待浪潮过去，要在同盟军的控制下尽自己所能地保护并重建工业[1]。施佩尔 4 月 20 日来到柏林的目的不
101 仅仅是为希特勒庆生，还有为他的目标据理力争，这是他此刻唯一关心的目标，他要拯救的不是德国政府，不是德国陆军，也不是纳粹党，而是德国人民的物质遗产。他已于一周前写好了一份讲稿，打算找个合适的时机，通过广播说给全德国人民听。这场战争明显已近尾声，他担心纳粹党可能会在垮台前疯狂一把，肆意大屠杀。因此，他将在这次演讲中公开宣布德国战败，命令德国人民将所有的工厂、集中营和监狱，以

1　施佩尔对自己政策的描述得到了科勒及汉堡地方长官卡尔·考夫曼的证实。

及集中营和监狱中的所有被关押者完好无损地移交给同盟军，命令他们停止一切破坏，停止一切“狼人计划”活动。几天后，仍未演讲的他去了柏林以东的军营。他向将军们提议，请他们撤退时从柏林的北边和南边走，绕开这座城市，不要为这座城市而战，减少对这座城市的破坏，让希特勒自行迎接他的命运。此刻的施佩尔深信，需要他公开效忠的只有德国人民，希特勒死得越早越好。施佩尔还建议他们在撤退的过程中，占领位于柯尼希斯武斯特豪森的狼人电台，那里很适合施佩尔广播他的演讲。将军们同意了他的提议。他之所以在 4 月 20 日这天来到柏林，是为了说服戈培尔放弃破坏柏林地区数百座桥梁的计划，这种破坏行为将让这座城市长期陷于食物运输瘫痪的困境。戈培尔最终同意了他的观点，也同意人民冲锋队的战场应该在城外，而非城内。克雷布斯将这个决定报告给了希特勒，得到了希特勒的批准。

成功说服戈培尔后，施佩尔启程前往汉堡。他原计划利用狼人电台广播他的演讲，但这似乎不太行得通了，于是，他开始制订备用方案。他和汉堡地方长官考夫曼是朋友，他们在汉堡会面，共同做出了保护汉堡的工厂和桥梁的安排。接着，施佩尔把自己演讲的内容告诉了考夫曼，将一直随身携带着那份讲稿。

102 考夫曼对他的计划和讲稿都表示赞同。他们一致认为，施佩尔应该到汉堡广播电台把演讲录下来。在该电台的地下播音室内，施佩尔当着两名陌生官员的面，心神不宁地发表了自己的叛国演讲。开始前，他请两人边听边考虑，最后给他一个是否应该保留该录音的意见。两人面无表情地听完了他的演讲，没有提出任何反对，于是，施佩尔带走了录音，寄存在考夫曼处。他告诉考夫曼，他可能会被令他恐惧的狼人刺杀，也可能被得知此事的希特勒下令处死，不过，就算他出了事，这段录音也必须广播出去，而且必须在希特勒死亡当天广播。之所以选在希特勒死后，是因为即便时至此刻，施佩尔仍然受制于自己对这位暴君残存的忠诚，这些忠诚仍在阻碍着他。他是反对希特勒的毁灭政策，但也无法忘记希特勒对他的长久支持与庇护。即便时至此刻，他也无法在政治上反对这个人，因为他相信德国人民仍然信任此人[1]。施佩尔的演讲并不针对希特勒本人，而是针对任何企图在希特勒死后执行其毁灭政策的纳粹分子。当然，这也并非阻碍施佩尔的

1 这部分内容参考的是施佩尔关于此事的最初陈述版本，与他一年后在纽伦堡的供述略有不同，后者称：他当时提出只能在希特勒死后广播该演讲是应了录制官员的要求，是他们受制于效忠希特勒的誓言。

全部理由。我们很快会讲到一个更有趣的插曲，这一插曲清楚展示了这段忠诚割裂的历史。

4 月 20 日的会议结束后，希姆莱也离开元首地堡，于深夜回到了自己位于齐藤城堡的总部，发现坚持不懈的施伦堡正等着他，有个消息要告诉他。施伦堡趁希姆莱在柏林期间，去了一趟哈兹瓦尔德，与他在世界犹太人组织的朋友们就犹太人问题进行了磋商。在此期间，他接到了瑞典公使馆的电话，得知贝纳多特伯爵将于明早六点半离开德国。他立即采取行动，为希姆莱安排了一场与贝纳多特伯爵的会面。贝纳多特伯爵将在霍亨林青过夜，希姆莱将于早上六点抵达他的住处，与他共进早餐。

希姆莱和施伦堡于早上六点准时抵达霍亨林青，同
贝纳多特伯爵共进了早餐。施伦堡满怀希望，想着，希 103
姆莱终于要承认自身行为必将带来的合理后果了；终于要打破那条无形的忠诚锁链，让他不再因忠诚于希特勒而无法自由听从施伦堡的建议了；终于要接受已经自动出现在他面前的最后一次机会了；终于要抛开希特勒下属的身份，以实际上的德国元首身份与贝纳多特伯爵对话，他前两次与贝纳多特伯爵会面，都是以希特勒下属的身份，受制于希特勒的指示，这一次的德国元首身份则赋予他向西欧提条件的资格。但施伦堡的希望再次全

部落空，希姆莱只与贝纳多特伯爵探讨了一些务实的细节——释放拉文斯布吕克集中营的部分波兰妇女；就连此事，他都坚持要先获得希特勒的批准，以此举摆出的是反苏姿态为理由来说服希特勒。半小时后，贝纳多特告辞，希姆莱错过了他的第三次机会，可能也是最后一次机会。施伦堡送了贝纳多特一程。他热衷于揣度别人内心隐秘的想法，总认为这些想法与自己的愿望不谋而合。他说："希姆莱内心一定希望我再次邀请伯爵主动飞往艾森豪威尔将军那里，为希姆莱和艾森豪威尔之间的直接谈判铺路。"不过，贝纳多特比施伦堡更清楚地看到了事实和可能性。除非有希姆莱直接给出的明确授权，否则他不会干涉这些高层事务。在一同乘车前往瓦伦的路上，贝纳多特说："希姆莱已经完全脱离现实，我帮不了他了。早在我第一次访问德国后，他就应该把帝国大权尽收自己手中。"施伦堡返回霍亨林青后，发现希姆莱还在犹豫不决，满腹疑虑。"施伦堡，"他说，"我害怕未来。"情绪高涨的施伦堡立刻反驳道："正因为害怕，才更应该采取行动。"希姆莱没有回答。他的"灵魂陷入了两难"。

在这个完全脱离实际的地方，根本做不出什么有利
104 于解决德国事务的决定。在此期间，各部委陆续撤出柏

林，希特勒仍留在地堡中，尚未决定撤离，他至少要再做一次将苏军赶出柏林的努力，才会甘心。这段日子以来，柏林各军营的行动都是由希特勒直接指挥，4 月 21 日，希特勒下令，命令柏林军队发动最后一场全面进攻。这场进攻由党卫队将军施坦因纳指挥，被称为施坦因纳进攻（Steiner attack），进攻发动点位于柏林南边郊区。所有人、所有坦克、所有飞机都要改道参战。“任何拖后腿的指挥官，”希特勒咆哮道，“五小时内必死无疑。”他对科勒说：“你要用项上人头保证，全军参战：一个不漏。”

希特勒下达了命令，但他的命令已经完全脱离实际。他正在调动想象中的军队、制订不具可行性的计划、布置不可能实现的阵形。施坦因纳进攻是最能够体现希特勒个人战略的一个例子，也是最后一个例子，但从未施行。

4 月 22 日的参谋会议终于拨开幻想，揭开了事实。一整个上午，元首地堡都在接连不断地向外拨打电话，询问进攻是否发动。前一刻刚收到希姆莱的电话留言，说已发动，过一会儿又收到纳粹空军的报告，说没有。直至下午三点仍然毫无消息，于是，希特勒召开了参谋会议，与会者有鲍曼、布格道夫、凯特尔、约德尔和克雷布斯，另外还有两名速记员赫格塞尔和哈根。邓尼茨不在，他和他的参谋部连夜转移到了位于石勒苏益格－荷尔斯泰因州普罗恩的新总部，仅在地堡留了一名联络官，海军上将福斯。福斯和其他联络官（赫韦尔和费格莱因）、副官等人都在会议室的隔断外侧，等待传召。戈林的参谋长科勒将军未与会，他正忙于指挥工作，分身乏术。“再说，”他哀怨地写道，“我也不能去接受一整天的侮辱。”因此，他安排克里斯蒂安将军代表他参会。

会议一开始，克雷布斯和约德尔照例介绍了军队的
105 情况，说法也一如往常：他们处于劣势，但并非毫无希望。接着就是关于施坦因纳进攻的消息：进攻未能发动，什么事都没有发生。尽管有周密的计划，尽管有被处死的威胁，纳粹空军仍旧毫无行动。施坦因纳没有下达任何命令。紧随这些负面消息之后的，是重大灾难的报告。军队撤退，前往南边支援施坦因纳，给苏军留出了可乘之机，他们已经攻入柏林北边的郊区，此刻，他们的装甲先锋部队已经进入柏林城中。

紧接着就是希特勒的滔天怒火，他的怒火让 4 月 22 日的这场会议成了他末日里的一次著名事件，且具有决定性的意义。许多人都给出了关于此次事件的描述，包括会议室内亲眼所见的首长们，还有等在会议室外瑟瑟发抖的副官们和秘书们。这场会议持续了三个小时，当精疲力竭的与会者们走出会议室时，副官和秘书纷纷上

前，打探会议细节。由于情绪过于激动，众人对此次著名事件的记忆和描述都有些混乱，且支离破碎，不过，他们提供的关键细节是一致的[1]。

希特勒勃然大怒，尖声大喊道，他被背弃了。他痛骂军方，谴责所有背叛者，声称背叛、失败、腐败和谎言无处不在，最终，精疲力尽的他宣告末日已经来临。这是他第一次感到绝望，认为自己的使命无法完成。一切都完了，第三帝国败了，它的缔造者无计可施，唯有死亡一途。此刻，他内心的犹疑荡然无存，他决心放弃南迁，谁想走谁走，但他会留守柏林，他会在柏林迎接末日的到来。

无论将军还是政客，所有人都反对他的这一决定。他们请他回忆过去的种种牺牲，告诉他这些牺牲没有白费，指出舍尔纳和凯塞林的陆军集团仍然完好无损，并向他保证，现在还不到绝望之时。他们再次苦口婆心地劝他，趁现在还不算太晚，立即动身前往上萨尔茨堡山。
费格莱因和福斯分别致电希姆莱和邓尼茨，将这一情况 106

1 关于 4 月 22 日那场会议的主要消息来源有：凯特尔、约德尔（据科勒说）、克里斯蒂安、弗赖塔格·冯·洛林霍芬、洛伦茨、赫格塞尔、冯·贝洛和克吕格尔小姐。他们获知此事的方式不同，描述不尽一致，但他们在上文给出的关键细节上是一致的，对此我很确信。

告知了他们。希姆莱和邓尼茨也恳请希特勒三思，并许诺倾海军和党卫队全军之力，救援柏林。里宾特洛甫也致电地堡，给元首留了个口信，他说自己有一个外交妙计，很有希望成功解决这一切。但希特勒拒绝听他介绍这个妙计。现在就算是希特勒口中的“第二个俾斯麦”也无法说服他了。希特勒一再重申他会留守柏林，亲自接管该市的防御工作，他下令告知柏林人民，元首仍在柏林，不会离开，将誓死保卫柏林。第二天，这条消息就被转播到了全世界。德国电台说，柏林和布拉格是德意志帝国不可侵犯的双堡垒，元首希特勒和地方长官戈培尔都会在柏林坚守到最后一刻。

整场会议结束后，惊魂未定的与会者们退到了地堡外区，副官们和秘书们正等在那里。他们一脸愤慨和苦闷，每个人都像失了魂一样。一名秘书[1]说：“他们走出会议室时，全是一副心烦意乱的样子，说着末日到了。”亲身经历了这场会议的克里斯蒂安将军高呼道：“我太崩溃了，我到现在都没弄明白是怎么回事。这个地堡的氛围对我影响太深，但我无法解释这是种什么影响。”[2]就连克

1　指克吕格尔小姐。

2　这是科勒引用的克里斯蒂安的话。数月后，克里斯蒂安在审讯中再次提及此事，依旧能看出他内心十分困惑。

雷布斯也言辞谨慎地向他的副官承认，元首极其激动，用极其不堪的语言痛骂了最高指挥官们[1]。

这出戏并未到此结束，它的后续剧情发生在元首的私人房间里，只有为数不多的见证者。希特勒先是派人叫来了戈培尔，然后又叫来了戈培尔的夫人和孩子们。在此之前，戈培尔一家要么住在自己家里，要么住在宣传部，在此之后，他们住进了元首地堡。戈培尔的夫人和六个孩子住在地堡外区，戈培尔本人住在元首的私人 107
区域。他们曾坐在一起讨论未来。戈培尔说他也要留在柏林，在柏林自尽。戈培尔夫人不顾希特勒的反对，表示要和丈夫共进退。他们还说会让自己的孩子们也服毒自尽。讨论之后，希特勒派人取来文件，亲自分类整理，选出了必须销毁的那部分，由他的副官之一——尤利乌斯·绍布——带去花园烧掉了。

这一幕过后，希特勒似乎觉得还需进一步突显自己的决心，他把凯特尔和鲍曼又叫了回来，言简意赅地对他们说：“我永远不会离开柏林——永远不会！”他们又震惊地对此表示反对，但希特勒不为所动。他传召了一名新闻处的工作人员，询问自己的声明是否已经传遍了柏林的大街小巷。接着，他一根手指指向凯特尔，对他说：“我命

1　弗赖塔格·冯·洛林霍芬，指挥官之一，还是本信息提供人。

令你明天就离开柏林，前往贝希特斯加登。”凯特尔坚称自己不走，除非元首和他一起走。希特勒又派人叫来了约德尔，命令他前往南方，然后又命令鲍曼离开房间。

那天发生了诸多非同寻常的事件，其中的高潮便是紧随其后的一幕，这一幕催生了富有戏剧性的后果。除希特勒以外，亲历者只有约德尔和凯特尔两人，他们的描述并不一致，但他们对所有重要细节的认知是一致的，我没理由质疑他们提供的这些旁证。希特勒重申了他接管柏林防务的决心，其他人没能保卫柏林，那就由他来做。他说，一旦柏林陷落，他会在最后一刻开枪自尽。他解释称，他的身体不好，不能战斗，但无论生死，他都不会落入敌人手中。约德尔和凯特尔试图劝阻他，但没能成功。他们提出从西线分流军队回援柏林，这样纵使会将德国西部拱手让给英美两国，但至少能阻止柏林落入苏军之手。他们坚称，四分之三的武装部队都部署在德国南部，如果国防军最高统帅部及其作战司令部一并南迁，身在柏林的希特勒怎么可能指挥得了他们呢？
108 如果有必要进行谈判[1]，那也得在希特勒前往南方之后。

1　希特勒当时似乎确实提到过谈判的可能性。约德尔（事后数小时内一字不漏地告诉了科勒）和凯特尔（在数月后的审讯中供述）都曾明确提到可能确有必要谈判，而戈林能够胜任这类任务。另可参阅 4 月 23 日希特勒对施佩尔说的话（见本书后文，第 124 页）。

希特勒还是不听，他说："我意已决，不能改变。"此刻已经没有下达更多命令的必要了，整个帝国正在分崩离析。再没有什么可做的了。末日已至。不过，他们仍然恳请希特勒下令，如果希特勒已经放弃希望，这一请求至少能让他想起自己是武装部队的最高指挥官。他的将军们等待着他的指令，他们不知道自己下一步该做些什么。"您已经指挥、领导我们如此之久，现在突然将参谋部送走，指望他们自己领导自己，这根本不可能！"希特勒一再重申，他没有命令要下达。在这番具有深远影响的话中，他又补充道，如果他们需要指示，就去找帝国元帅吧。将军们抗议道："没有一个德国士兵会听从帝国元帅的指挥战斗！""现在已经不存在战斗的问题了，"希特勒回复道，"没有什么可与之一战的了，现在只剩谈判，在这方面，戈林会做得比我好。"[1]

说完这些意味深长的话后，希特勒与凯特尔探讨了为柏林解围的可行方法。希特勒亲自创建的陆军第十二军此刻正在柏林西南的易北河作战，由文克将军指挥。必须让该部队脱战，朝波茨坦方向杀出一条路，才能拯

1 这些话援引自约德尔的叙述。凯特尔的叙述中也曾明确提到，要命令就去找戈林，他后来还补充道："我印象中他还说过'论处理这些事情，戈林要擅长得多，他更擅长与另一方打交道'，或类似含义的话。"

救柏林，拯救总理府，拯救元首。凯特尔主动请缨，立刻前往文克将军处，传达这一命令，但希特勒坚持要他吃了饭再走，只因此刻已是晚上八点。他唤来仆人，点了餐，但自己不吃，只是坐在一旁看着凯特尔吃。他再次平静下来，刚才的神经质似乎已不复存在。他再次恢
109 复成上萨尔茨堡山上那个亲切友好、简单朴素的主人，亲自看着仆人为陆军元帅的这趟旅途准备三明治、半瓶白兰地、巧克力，以及其他所有野餐需要的东西。

接着，希特勒任命克雷布斯为元首军事顾问，命令他留在地堡中，与此同时，凯特尔和约德尔一同离开，凯特尔前往文克将军处，约德尔前往国防军最高统帅部位于克拉姆普尼茨的新总部[1]。凯特尔是顺从的傀儡，约德尔则是拼命工作的智囊，在此之前，希特勒正是通过他来掌控武装部队，现在显然已不再需要他了。凯特尔和约德尔相伴走了一程。坐在车里时，凯特尔说："我只有一句话带给文克：捍卫柏林之战已经打响，元首危矣。"

---

1 军方的主要部门均已撤退至或正撤退至巴伐利亚。其实，如果希特勒本人同意撤离的话，此刻应该是所有部门都已撤走，但希特勒不走，凯特尔和约德尔就不得不在北方保留一个人员最精简的国防军最高统帅部参谋部，以便他们与希特勒联系。该参谋部的总部最初位于柏林西郊的克拉姆普尼茨，后来迁至梅克伦贝格附近的菲尔斯滕贝格，最终加入了邓尼茨位于普罗恩的参谋部，并随之迁至邓尼茨在弗伦斯堡的最后都城。

我们并不知道听到这句表忠之言的约德尔有何反应，但他至少不会表示认同。他更赞同那些正统、独立将领们的观点，比起这场闹剧，这些将领更容易受到希特勒违反军事规律的行为的影响。他们也是马屁精，经历了三次清洗，该体制内仅剩奴颜婢膝之辈，不过，其中至少还有一些人记得，希特勒曾自诩为军人，军人的职责是下达命令并承担责任，但这位最高指挥官没能做到这一点，他更愿意扮演一个极度情绪化的女主角。在他们看来，希特勒威胁要自尽，摆出一副绝望的姿态，都是懦夫行径，都是玩忽职守。对此，冷酷、务实的将领们不会产生任何好感，他们撤往新总部，内心充满了对希特勒的无声蔑视。他们重拾被希特勒公开放弃的战略，在新总部内制订着计划。

与此同时，有关这场戏剧性会议的消息也在其他地
方引发了反响。希姆莱刚于中午将总部迁往霍亨林青， 110
晚些时候就收到了费格莱因传来的惊人消息。当时他正和两名下属在一起：他的“邪恶天才”格布哈特教授和党卫队高级总队长戈特洛布·伯格尔。他昨天刚提名格布哈特担任德国红十字会会长[1]。伯格尔是党卫队总局[2]

1　接替格拉维茨教授。格拉维茨已在柏林自尽。

2　德语为 SS Hauptamt，办事处位于道格拉斯大街。

局长，也是希姆莱战俘管理局[1]局长，消息传来时，他正要动身前往巴伐利亚（这是施伦堡的计划之一），对抗恶徒卡尔滕布鲁纳的势力。

得知费格莱因传来的消息后，希姆莱对伯格尔惊呼道："柏林那些人都疯了！元首震怒，说武装部队一直在骗他，党卫队正将他弃之不顾[2]。我的警卫营是还在，有六百人，但大多都负伤或尚在康复中。我该怎么办？"

伯格尔是个斯瓦比亚人，头脑不太灵活，为人坦诚，不懂世故，情绪外露，容易在琐事上喋喋不休。施伦堡那些巧妙设计的政治手段和心理操控对他来说毫无意义。他无法共情犹豫不决之人，无法理解相互冲突的种种压力和深陷分歧的忠诚，而这恰恰是希姆莱长期以来饱受折磨的原因。在伯格尔看来，这就是个简单的道德问题。他毫不犹豫地对纠结不已的希姆莱直言道："全国领袖阁下，您应该直接前往柏林，还要带上您的警卫营，这点毋庸置疑。既然元首打算留守帝国总理府，您就无权把警卫营留在此地……"他还说："我都无法用言语表达我对此有多厌恶了，我当时已经束手无策。我对他说：'我

1　德语为 Kriegsgefangenenwesen。

2　这里指的是施坦因纳和泽普·迪特里希的失败，二人都是党卫队将领。

要去柏林，这也是您的职责所在。’”[1]

希姆莱原本会欣然同意，但他想起了施伦堡。如果 111
他此刻前往柏林，施伦堡会怎么说？施伦堡最怕的莫过于希姆莱去见希特勒，重新唤起这位狂热崇拜者尚未完全消失的忠诚。施伦堡甚至曾试图说服希姆莱不要去柏林为希特勒庆生。这次，施伦堡不在，无法劝阻希姆莱。这天午饭后，他留下与希姆莱进行了一番密谈，听到了令乐观的他为之一振的话。

希姆莱说：“施伦堡，我几乎认为你是对的了。我必须得做点什么。”这话说得有点含混不清，但对施伦堡来说足矣，他已经获得许可，可以前往丹麦边境再次拜访贝纳多特伯爵，告知对方，希姆莱已经做好谈判准备。他上车前往东北方时是满怀信心的，结果没过几个小时，费格莱因就从地堡打来电话，催希姆莱赶赴柏林，说服元首离开。伯格尔也以命令的口吻说道这是他的职责所在。希姆莱拿不定主意，再次陷入两难。

希姆莱再次致电地堡，力劝希特勒离开，仍旧徒劳。他又打电话给费格莱因，听了他的恳求。最终，他俩各

1　伯格尔对他在这些日子里的活动的描述都含糊不清，且时而冗长但前后矛盾。他们将他的版本与格布哈特和格罗特曼的陈述进行了仔细对比，但关于他与希姆莱、希特勒的谈话，只有他的证词可供参考。

退一步，达成一致。希姆莱将乘车前往距离柏林不远的瑙恩，在那里与费格莱因碰面，具体商讨此事。黄昏时分，希姆莱在副官格罗特曼的陪同下乘车离开霍亨林青。格布哈特搭乘另一辆车紧随其后，但他去柏林是为了自己，他希望希特勒能正式任命他为红十字会会长。那天下午，他已经就此事与自己的前弟子施通普费格医生通过电话了。

车队开往瑙恩的交叉路口，那是希姆莱和费格莱因约定的会面地点，但抵达后等了近两个小时，费格莱因仍未出现。这时，格布哈特提议独自前往地堡。希姆莱
112 考虑到费格莱因没到，他又不敢亲自前往柏林，便同意了格布哈特的请求，让他帮自己带口信给元首：提议让他的警卫营去保卫总理府。

格布哈特到达地堡时已是夜里十一点左右。他先是从施通普费格处得知了这场重大会议的详细情况，然后获准面见元首，帮希姆莱传达口信。格布哈特首先提议，让妇女儿童撤出总理府，也就是让爱娃·布劳恩、戈培尔夫人及其孩子撤离。这一点施通普费格也认同，但希特勒说，他们都是自愿留下陪他。接着，格布哈特传达了希姆莱的提议，也就是调他的警卫营来保卫总理府。希特勒同意了，还在地图上指出了希望该营在蒂尔加滕

守卫的地点。最后，希特勒正式批准格布哈特担任德国红十字会会长。他们的会面只持续了二十分钟，格布哈特在转身离开前询问希特勒是否有口信带给希姆莱。希特勒说："代我向他问好。"然后格布哈特就退出了房间。

格布哈特几乎是前脚刚走，另一个访客就到了。伯格尔接到电话，要求他在去南方前先来向希特勒做个汇报。他立刻乘车出发，抵达柏林时，苏军的炮弹正纷纷落向总理府附近。他来到地堡报到时，希特勒还在开会，他等了一会儿，获准进入后，房内还有几名陆军军官。他后来说，那时的希特勒看起来已经彻底垮了，衰弱不堪。他们谈到了伯格尔的使命，谈到了南方各地突然开始涌现的不忠现象，谈到了必须对此进行调查和镇压。接着，他们又聊到了希特勒留守柏林的决定。希特勒解释道，希姆莱已经打过电话，长篇大论地试图劝阻他。希姆莱说，留下是毫无意义的，为什么不南下，前往位于阿尔卑斯山的最后堡垒呢？那里毕竟还有防御之力。伯格尔则鼓励希特勒留下（如果伯格尔的话可信）。简单的人看什么都很简单，在头脑不太灵活，性格又如童子军一般的伯格尔看来，无论是元首的职责，还是之前党卫队全国领袖的职责，都一目了然，无须犹豫。他说："我告诉他，这事根本不值得讨论，他不能背叛德国人民。无论是开枪打穿自己的头，还是服毒，都可以立刻结束

自己的生命，这可太简单了。人民忠诚地抵抗了如此之
113 久，他不能背弃他们……”忠诚……如此之久……当时的希特勒可不这么认为。伯格尔说：“一直默不作声的元首突然嘶吼起来：‘所有人都在欺骗我！没人告诉过我真相！武装部队骗了我！’他就这样大呼小叫了很长时间，突然脸色蓝紫，我还以为他随时可能中风。在我的印象中，他的左半边身体是中过风的，当然，他们对此事是保密的。两周前，他的左臂还会突然抽搐，现在却突然动都不动，左脚也一直没有完全着地，左手的摆放也与他过去的习惯不同，只有右手是正常地放在桌上。”

会面临近尾声时，他们谈到了出身名门的英美战俘，他们将这些社会精英用作人质，此前一直关押在德国西部的战俘营中，后来随着同盟军的挺进，他们与其他战俘分开，单独转移至巴伐利亚，由伯格尔看管。他们还讨论了在奥地利和巴伐利亚爆发的分裂主义运动。伯格尔离开时，一直坐着的希特勒站了起来，整个身体都在颤抖。“他的左手、左脚抖个不停，头也在抖，嘴里不停念叨着‘枪毙他们！通通枪毙！’或者类似的话。”但从伯格尔语无伦次的表述中根本判断不出希特勒是要枪毙战俘还是分裂分子。

伯格尔离开柏林时已是凌晨一点，苏军的炮火尚未停歇，他搭乘希姆莱的四引擎飞机飞往巴伐利亚。其他

人也在陆续离开。希特勒曾说：“谁想走谁走！我要留下。”整个晚上，一直有车队离开柏林，前往上萨尔茨堡山。此时已是这场大迁徙的最后阶段。离开的人很多，包括希特勒的副官绍布、海军副官冯·普特卡默上将、两名速记员赫格塞尔和哈根、四名秘书中的施罗德小姐和沃尔夫小姐。其中还有令人厌恶的内科医生莫雷尔教
授。希特勒对他说的最后一句话是“我不再需要药物的 114
帮助”。随后，他也去了机场。三辆公共汽车也从纳粹党总部接走了一些逃亡者。留下的只有马丁·鲍曼，以及他的助理党卫队旗队长灿德尔和他的秘书克吕格尔小姐。马丁·鲍曼其实并不想留下来，只是仍有政治野心。对精神世界平淡乏味的他来说，诸神黄昏的壮丽毫无吸引力，他曾与将领们一道力劝希特勒离开。现在只是因为希特勒决意留下，他才不得不留下，直至此刻，他都不愿离开自己权势的唯一来源和核心。

那天夜里离开总理府的还有科勒将军，他原本一直坐在自己的指挥所里，电话突然响了，克里斯蒂安兴奋地告诉他，地堡内正在上演“重大的历史性事件”，但在提到具体细节时，情绪激动的他表述得十分混乱。科勒立刻去寻约德尔，想获取一个更清晰易懂的版本。他在克拉姆普尼茨找到了约德尔，对方将一切都告诉了他。听着那些令人震惊的细节，他担忧地绞着双手。“莱比锡

市长带着家人开枪自尽时，元首还说此举‘毫无意义，是逃避责任的懦夫行径’，现在他居然要做同样的事。”约德尔认同他的观点。科勒问道：“元首还有丝毫改变心意的可能吗？”约德尔说：“完全没有。”不过，在约德尔的所有讲述中，对科勒最重要的是希特勒的一句话。希特勒提到，要将一切都留给帝国元帅。帝国元帅此刻正在上萨尔茨堡山，科勒是他留在柏林的代表。他显然有责任立即飞往上萨尔茨堡山，将这些重大进展告知戈林。“如果我不通知他，他肯定会严厉地斥责我，这事用无线电又解释不清楚。”约德尔再次认同了他的观点。4月23日深夜三点半，科勒从柏林加图飞往慕尼黑，开启了这出戏的一个支线剧情。

4月23日中午，上萨尔茨堡山，科勒一字不漏地向戈林汇报了他与约德尔的对话。听到这些惊人的细节时，戈林瞪大了双眼。他召来了一群副官和顾问，并派
115 人找来了帝国部长、帝国总理府负责人兼纳粹官方的法律事务专家兰马斯。兰马斯一度拥有与鲍曼相当的权力，两人也曾密切合作，寻求扩大自己的权势，不过，渐渐地，鲍曼将自己的这位伙伴挤出了权势的中心地带，此刻的兰马斯已是一个无足轻重之人。戈林感觉自己的处境很微妙。他原本就是希特勒的法定继任者，此刻，根据科勒的说法，希特勒已经卸任，并把权力移交给了他。

法律层面看，他的身份非常明确。戈林派人取来一个锡盒，并从中取出了一份希特勒于1941年6月颁布的法令。众人一致认为该法令的含义清楚明白。但是鲍曼会作何反应呢？众所周知，鲍曼的最大愿望就是让戈林失去继承希特勒位置的权力，而那个位置似乎很快就要空出来了。此刻并没有其他合适的候选人，因此戈林的法定权利无可动摇，但他不敢有任何轻率鲁莽之举，否则很可能招来杀身之祸。他的周围可能布满陷阱，因此他格外小心。他问："元首1941年后真的没有再颁布任何可能使该法令失效的法令了吗？"兰马斯回答说："没有。如果元首有下达此类命令，我肯定会注意到。"开会时，鲍曼的私人助理、参议院议长米勒也在，他显然没有提出任何异议。戈林依次询问了所有人，得到了完全一致的答复。只要科勒的说法无误，法定继任权就属于他，于是，他提出要给希特勒发封电报，并发送补充电报给凯特尔、里宾特洛甫和冯·贝洛[1]，请他们确认科勒的解读。所有人一致同意；即便兰马斯、米勒和党卫队一级突击大队长弗兰克博士（党卫队驻上萨尔茨堡山的最高指挥官）不同意，他们当时至少保留了自己的意见，没

1 冯·贝洛是希特勒的空军副官，处理希特勒和戈林之间的军事关系本就在他的职责范围内。

有说出口。

现在要与北方取得联系，唯有无线电一途。戈林开始亲自起草电报，但他的文风过于啰唆冗长，不适合这种需要言简意赅的媒介。科勒和戈林的副官冯·布劳希
116 奇上校为他提供了替代版本。戈林要求在电报中加入“所有国内外权力”；因为他决心一旦掌权，立即与西欧展开谈判，甚至宣称自己已准备好亲自飞去见艾森豪威尔将军。毕竟，这正是希特勒把职位让给他的原因所在：“如果是谈判问题，戈林会做得比我好。”他还要求加一个回复期限，否则，如果通讯中断，他可能得无休止地等下去，但当前局势刻不容缓。希特勒或许已经去世了。措辞最佳的最终版本似乎是：

> 尊敬的元首！——既然您已决定留守柏林堡垒，那您是否同意执行您于1941年6月29日颁布的法令，让我以您副手的身份，立即接管帝国全部领导权限，并全权负责国内外一切行动？如果今晚十点仍未收到答复，我将合理认为您已失去行动自由，您的法令已满足生效条件，因此，我将采取最有利于我们国家和人民的行动。我相信您明白在我生命中这一最重大的时刻，我对您的感受，这一感受难以名状。愿上帝保佑您，期待无论如何，都能尽快

收到您的回复。忠于您的——赫尔曼·戈林。

凯特尔、里宾特洛甫和冯·贝洛也收到了措辞得体的电报，这些电报解释、补充了戈林的观点，并表现出了他和解的意愿。

同一天夜里，希姆莱、施伦堡和贝纳多特伯爵也在开会，只是身处吕贝克的施伦堡和贝纳多特对地堡发生的重要事件一无所知，只有希姆莱知道，这些事件对他一直以来的矛盾心理产生了重大的影响。它们解决了，或者说看似解决了他的问题。在过去的许多年里，希姆莱不曾遇到任何问题，他那愚笨的脑子从来不需要思考。他的整个人生、他的所有成功、他的整个思想体系都建立在忠诚的原则之上，这一原则为他免除了一切内省或智力上的困难。无论出现过多少含糊不清、犹豫不决和疏忽大意，他都始终坚持着这一原则。得益于这一原则，他的生活非常简单，一如他天真地相信着纳粹信仰 117
中形而上学的北欧谬论。曾经，在这一神奇盔甲的保护下，他既不懂得思考，也不懂得怀疑，他只去相信和行动；他崇拜雅利安人的神，思考雅利安人的真理，参加雅利安人的圣事；他铲除异教，以维护正统之名，不假思索地将数百万人送进了拷问室，送上了毒气车，甚至自以为这些是仁慈之举。你根本想象不到，仅他一人的权势就给人类造成了多么巨大的苦难，仅他制造的死亡都能超乎你的想象。然而，就这么一个忠实的纳粹信徒，在他的妻子眼中，只是一个尽责养家之人，以为他在工作中大概无足轻重；在他的下属眼中，只是一个如父亲般的长官，纵使他们彼此憎恶痛恨，但都无一例外地仰慕着他；而他自己，似乎从未考虑过他的权势造成了何种恶果，更不用说审视或者后悔了，不过，他也不曾乐在其中。后来，施伦堡出现了，他通过旁敲侧击的暗示、坚持不懈的劝说和言之凿凿的阿谀，一点点削弱了作为希姆莱一切根基的那个原则。没了这一原则的支撑，希姆莱从一个可怕的、没有人情味的摩洛神祭司，变成了一个失去目标的优柔寡断之人。这样的他十分软弱，不具备思考和行动的能力，他总在回望这个曾经赋予他生命意义的原则，对其念念不舍。

4月中旬的希姆莱就陷于这样的处境中，施伦堡一直在力劝他谋夺德国的元首之权，力劝他与西欧讲和。希姆莱若是元首，那他必定会照施伦堡所言去做，但他不是。再者，希特勒还活着，希姆莱也还珍视着自己对希特勒那一点点仅剩的忠诚，这让施伦堡的一切劝说，无论多真诚、多有说服力，最终都付之东流。要让希姆莱除掉，甚至只是忽视希特勒，都是不可能的，他根本迈不过心里那道坎。就算这是有可能的，后续还会有更多困难。假设希姆莱废黜或无视了希特勒，他如何能确定其他人会服从自己呢？一如施佩尔业已意识到的，只要希特勒还活着，能让德国人民无条件服从的就只有他一人。这是一个摄魂的魔咒，德国人民无一幸免，希姆莱和施佩尔也不例外。就本质而言，他们二人遇到的其实是同一个问题。尽管过程不同，但他们都逐渐相信，希特勒的持续统治将会带来灾难，他们也都有或都曾认为自己有可替代的政策，但是，只要希特勒还活着，他 118
们就都不可能做好实施自己政策的准备，希特勒是他们唯一的灵感来源、唯一的忠诚焦点、唯一的权势中心。施佩尔和希姆莱都无法反抗希特勒，无法独立于希特勒行事。要让他们执行自己的政策，只有一条路可走——等待上帝、意外或时间抹去他们自己无法触及的那个可怕身影。而在他们等待的同时，各种事态持续发展，日益削弱着他们实施自己政策的可能性。

后来，4 月 22 日的会议召开，这对希姆莱具有至关重要的意义。第二天一早，他与格布哈特和费格莱因在霍亨林青共进早餐，从他们二人处得知了会议的所有细节。下午，在出发前往吕贝克时，他的头脑和良知十分清醒，这也是他与施伦堡在武斯特罗林间散步后最清醒的时刻。希特勒业已宣布，他打算留守柏林，死在柏林的废墟之中。希姆莱十分了解希特勒，能确定他不会改变心意。不出一两天，柏林就会陷落，无须任何渎神之手的干预，希特勒也会死。在这两天里，希姆莱仍可放纵自己的忠诚——他已抽调了警卫营的半数兵力前去护卫元首及总理府[1]。待这一切结束，他就可以听从施伦堡的建议，不受限制地议和，不受限制地成为德国的救世主。

希姆莱、施伦堡和贝纳多特伯爵的开会地点位于吕贝克的瑞典领事馆。施伦堡和贝纳多特都曾单独描述过此次会面。当时，电灯线路被切断，只能点蜡烛。空袭几乎是在他们刚一落座就开始了，他们不得已转移至地下室开会。希姆莱和施伦堡直到午夜过后才离开。这段日子里，他们磋商过多次，希姆莱一直犹豫不决，这次会议中，他首次明确表示："元首的伟大人生正在逼近终点。"或许，希特勒此刻已经去世，就算还没有，也必定不出几日。他已经身在柏林，准备与柏林人民一同赴死，柏林陷落也就是这几天的事了。他继续说道，在此之前，他都是由衷认同贝纳多特的观点的，只是无法违背自己
119 对元首的誓言。现在情况不同了。他授权贝纳多特通过瑞典政府向西欧同盟国传达他的投降意向。但对东欧，

1 派去的兵力由党卫队一级突击大队长佩尔施指挥，费格莱因到得太晚，错失了指挥权。

他不会投降。德军将继续在东欧的战斗，等待西欧盟友前来救援。这样就能保护德国北部，让该地区逃过无意义的破坏。希姆莱还承诺将丹麦战俘与挪威战俘转交给瑞典。他写了一封私信，让贝纳多特转交给瑞典政府，以证明他确有投降意向。他们的会面只持续了一个小时，结束后，贝纳多特立即动身返回斯德哥尔摩。在解决了自己的最大问题后，希姆莱再次将心思放在了程序性的细节上：他应该给自己政府所代表的新政党取个什么名字，以及在与艾森豪威尔将军初次见面时，他应该鞠躬还是握手[1]。

因此，4 月 22 日那场会议虽然给戈林制造了一个难题，但也消除了希姆莱长久以来的犹豫。不过，施伦堡忍不住提出了另一种理论，毕竟这位乐观主义者的信念是以琐事为食的。他对此次会议一无所知，因此能够从希姆莱的话中解读出另一层含义。在希姆莱说出希特勒没有几天好活时，施伦堡立即想起了自己的建议，想起他曾力劝希姆莱利用内科医生和毒药杀死希特勒，想起

---

1 贝纳多特伯爵（《大幕落下》，第 55 页）称，希姆莱和施伦堡（施伦堡是在希姆莱到达之前）都说过，希特勒不出几日就会死，希姆莱已经做好投降准备。这一定是他记错了，施伦堡不可能得知此事，施伦堡自己说过，他第一次得知此事就是在希姆莱与贝纳多特的会面中。

他曾故意朝着这个方向详细解读武尔夫的占星预言，想起他曾与德·克里尼斯探讨过帕金森病的症状。长久以来，他一直深信希姆莱已经秘密安排了刺杀希特勒的行动，也一直在等待刺杀成功的消息。为了维护自己的这一信念，他在描述此次会面时，故意漏掉了一点，那就是希姆莱曾明确说过：希特勒决心留守柏林，准备与柏
120 林一同迎接它即将到来的命运。

同一天夜里，正当戈林在上萨尔茨堡山等待电报回复，希姆莱在吕贝克向贝纳多特讲述自己的投降条件时，柏林正进行着另一场重大会议。阿尔贝特·施佩尔正在最后一次拜访元首，与戈林和希姆莱一样，他也是既想要取代元首，又无法违抗元首。4 月 23 日，施佩尔人在汉堡，但一听说希特勒决心留在首都，便决定亲自前往柏林，与希特勒告别，这是他个人忠诚的必然要求。他那些违抗希特勒的政治行动做都做了，无法撤销。他的演讲，虽尚未发表，但已经录好，并交给了他在汉堡的信任之人，安全保管着。希特勒即将赴死，演讲发表的时机即将到来。施佩尔的生死并不影响该演讲的发表，因此，此刻的他已经没有要进一步采取的政治行动了。因此，他决定前往柏林，向希特勒解释他在“个人忠诚和公共职责相冲突时”所做的选择。施佩尔并不知道这

样的坦白会招致何种后果。他觉得自己会被逮捕，有可能会被枪毙，但这些都已无关紧要，他的工作已经完成，他已准备好接受自己违抗希特勒所带来的种种后果——他个人对希特勒的忠诚从未减少，这是此种忠诚的必然结果。

此刻已无法通过陆路直达柏林。施佩尔先乘车抵达雷希林，然后搭乘一架训练飞机飞往位于柏林西边的加图机场。他还在加图遇到了克里斯蒂安将军，克里斯蒂安刚刚离开元首地堡（也是最后一次离开元首地堡）。接着，他搭乘一架菲泽勒“鹳式”侦察联络机进入城区，降落在靠近勃兰登堡门的东西轴线上，这是一条通往柏林市中心的林荫大道。他一下飞机就直奔地堡，希特勒及其剩余的王庭成员都在那里：鲍曼、戈培尔、里宾特洛甫、克雷布斯、冯·贝洛、希特勒的私人副官们，以及爱娃·布劳恩。希特勒听着施佩尔将自己最近做过的事全盘托出；在施佩尔看来，希特勒似乎被他的坦率“深深打动了”。最终，希特勒什么也没做，没有逮捕，没有枪毙施佩尔。这件事就这么结束了。

在那段处处猜疑、人心叵测的日子里，希特勒极其
嗜血，嘶吼着杀掉人质、杀掉囚犯、杀掉德国军官、杀 121
掉他自己的仆从，却对行为失范的施佩尔如此仁慈，真
是太出乎意料了。关于这一谜题，可能有许多不同的解

答。冯·哈塞尔巴赫医生对希特勒做过专业的检查，他曾说，希特勒“有着一些雷区，踩到就会触发他强烈的恨意，但对他所爱之人，他又几乎万事皆可原谅”；施佩尔之事也许就是希特勒这种一般性特征的一个例证。希特勒非常喜欢施佩尔，这一点毋庸置疑，施佩尔来自他最喜欢的“艺术”圈，是他亲自凭直觉选出来的人，是他亲手将德国最艰巨、最具考验性的任务之一交到了施佩尔的手中。施佩尔也不负所望，取得了成功，而且是屡屡成功，这也是他对施佩尔感到满意的原因之一。这表明，就结果来看，希特勒的直觉有时也是正确的，他并不会总是选择罗森贝格和里宾特洛甫之流。希特勒一贯不太在意语言的细微差别，他曾称施佩尔为“有史以来最伟大的天才”。当然，对于此事，还有一种可能的解释。4 月 23 日，施佩尔见到希特勒时，他正处于一种反常的平静之中：暴风雨后的平静。所有那天见过他的人，都见证了他这一内心平静的放松状态，但就在前一天，他的脾气还如狂风暴雨般发作过[1]。施佩尔说，他已经很久不曾见过如此平静、如此人性化的希特勒了。在过去的一年多里，希特勒行事严酷，精神紧绷，（施佩尔认为）这是因为他执拗地相信德国会赢，不接受任何与

1　克里斯蒂安和凯特尔都证实了施佩尔对此事的描述。

之相悖的建议和证据。此刻，他终于放弃了这个不可能实现的信念，紧绷的神经蓦地放松了，因此能够更冷静、更豁达地看待这个世界，静候死亡，（他说过自己）将死亡视为一种解脱，可以帮他结束这布满荆棘的人生。在这种平静的心态下，他或许已不再关心施佩尔的违逆之举，既然施佩尔是主动坦白的，那此举似乎只是形式上的不忠，而非根本性的不忠。由此，施佩尔才能出乎意料地虎口脱险。不过，这种反常的平静只维持了几天。长期以来，鲍曼一直试图说服希特勒相信施佩尔在背叛他；施佩尔的坦白部分证实了鲍曼的这些说法。在人生的最后几天里，希特勒也开始抱怨施佩尔，称他和其他人一样，都在背弃自己[1]；在他的政治遗嘱中，施佩尔之名悄然消失于新纳粹政府的成员名单中。不过，即便是 122
处于反常平静之中的希特勒，他的平静也只给了施佩尔。施佩尔很快就目睹了另一人的命运，那人的违逆还不如他主动，但遭受的对待与他截然不同。

施佩尔在地堡里待了八个小时，与此同时，同盟军飞机不断轰炸着柏林城区，宣传部陷入了熊熊火海。通过与爱娃·布劳恩聊天，他得知了希特勒前一天的崩溃，得知了鲍曼打击竞争对手的阴谋诡计。此外，他还参加

1　据阿克斯曼说。

了两场希特勒与他人的会谈。

第一场谈论的是希特勒留守柏林的决定。尽管他已向柏林人民和全世界宣告了自己要留下的坚定决心，但鲍曼和里宾特洛甫仍在设法劝阻他。他们或许认为，冷静下来的他是有可能改变这一激动之下做出的决定的。他们若真这么想，那就错了。戈培尔和爱娃·布劳恩支持他留下，戈培尔甚至力劝他不要对战果抱持如此“失败主义”的态度，一如他过去常常敦促德国人民的那样。鲍曼向施佩尔寻求支持，但遭到了拒绝。施佩尔反对希特勒逃走，他告诉希特勒，一旦柏林保卫战失败，战果也就清晰可见了，留守帝国首都，会比躲进上萨尔茨堡山的“周末别墅”更有尊严。他的建议或许与鲍曼的反对一样无关紧要，希特勒已经下定决心，没有记录表明他曾改变心意。他轻声但坚决地重申了自己的决定，并对施佩尔重复了曾对凯特尔和约德尔说过的话，即他打算以何种方式死去。他说，他不会离开地堡，不会战死
123 于布满路障的街头，以免被苏军打伤后俘虏。他会在地堡中开枪自尽。他甚至不允许自己的尸体落入敌人手中，被对方用来开展政治宣传。他已经做好了焚尸的一切安排。

第二场会谈聊的是戈林发来的电报，那封电报是下午收到的。

鲍曼一直在等一个毁掉戈林的机会，但等了四年一无所获。此刻，留给他的时间已经不多，希特勒随时可能死去，除非法令更改，否则戈林就是希特勒死后的法定继任者，届时，鲍曼掌权的岁月就会成为过去。当时的德国政坛仍然充斥着不切实际的幻想，无论是鲍曼还是希姆莱、施伦堡、戈林和什未林·冯·克罗西克，他们都相信在希特勒死后仍有权力可供继承和行使。终于，在这最后一刻，鲍曼的机会来了，而且时机再好不过，戈林无法再亲自解释什么，希特勒听不到任何与他所言相悖的观点。这封电报正中鲍曼下怀，此时他前所未有地独占了希特勒的耳朵。戈林其实曾试图避免这样的事情发生，他在给希特勒发电报的同时，也给凯特尔、里宾特洛甫、冯·贝洛发了电报，只可惜凯特尔和约德尔都已最后一次离开地堡，已经抵达他们的新总部，里宾特洛甫则不愿插手救戈林。戈林在写给冯·贝洛的电报中要求他务必确保元首能收到电报，还要求他利用自己的影响力，尽可能说服希特勒飞往南方。鲍曼从冯·贝洛手中拿走了这封电报，再未归还[1]。鲍曼决心单独动手，利用好这一机会。

至于鲍曼都做了些什么，可以从希特勒后来对戈林

1　据冯·贝洛说。

继任者里特尔·冯·格赖姆的解释中推断出来[1]。鲍曼精准地将希特勒的注意力引到了戈林要求其在十点前回复的那一段上。鲍曼说这是戈林给出的最后通牒，还提醒
124 希特勒，六个月前戈林曾被怀疑企图与同盟军开启谈判，而此刻，他明显是想篡权，以重启谈判。这番话轻而易举地唤醒了希特勒心中那些从未真正沉睡的怀疑。于是，戈林收到了这样一封电报，保证希特勒仍然拥有完全的行动自由，并禁止戈林擅自行动。回完电报就该考虑下一步了：如何处置戈林。此时，施佩尔也在现场，他说：“希特勒勃然大怒，痛骂戈林。他说，他早前就知道戈林失败了、堕落了、吸毒成瘾了……”希特勒解释道，“当然，他有能力进行投降谈判”，思考片刻后他又补充道，“但这并不是说谈判的人选很重要”。施佩尔说：“这番话将他对德国人民的不管不顾表露无遗。”最终，希特勒并不同意枪毙戈林，但同意解除他的所有公职，取消他的继任权。他让鲍曼据此起草一封电报。鲍曼退席片刻，然后带着写好的版本再度出现，在获得希特勒的批准后，这封电报被发了出去。电报通知戈林，他的行为背叛了民族社会主义，背叛了元首，犯下了叛国罪，当判死刑，但考虑到他过去

1 科勒在 1945 年 5 月 8 日引述过这件事，汉娜·赖奇也证实过此事（参阅本书后文第 134 页）。

对纳粹党做出的许多贡献，只要他立即辞去所有公职，即可免受极刑。对此，戈林只能回答辞或不辞。与此同时，鲍曼还给驻上萨尔茨堡山的党卫队指挥官一级突击大队长弗兰克和二级突击中队长布雷多发了一封电报，命令他们以叛国罪逮捕戈林，同时逮捕他的一众参谋和顾问，或将他们软禁家中，这些人中包括科勒和兰马斯。“你们将为此付出生命的代价。”[1] 弗兰克和布雷多迅速执行了鲍曼的命令，午夜之后，戈林在上萨尔茨堡山的党羽全部被捕。第二天，柏林方面宣布戈林因健康原因辞去所有公职。鲍曼大获全胜。继任权又成了一个悬而未决的问题。

但我们不禁要问，鲍曼为何能够如此轻而易举地
成功？他的设计如此明显，希特勒为何会如此轻易地上 125
套？难道不是希特勒亲自将权力授予戈林，让他借此谈判的吗？我们首先怀疑的是，希特勒在那次重大会议中的讲话是不是被误传了。但这种推测完全站不住脚，相关的证据太过确凿。那天夜里，科勒一字不差地记下了约德尔告诉他的关键信息，五天后，约德尔再次重申了这些话[2]。六个月后，凯特尔在单独供述中再次证实了其

1 卡诺见过并引用过这封电报，灿德尔认出了他所复述的版本，公开承认该版本为真。

2 1945 年 4 月 27 日，科勒称：“约德尔再度确认了他那天夜里（即 4 月 22 日到 23 日的那个夜晚）告诉我的都是真的。”

中的所有关键信息点。难道是希特勒忘记了自己说过的话？还是他拒绝记住它们呢？再或者，他是否另有深意，却被听众过于按照字面意思解读了呢？其中任何一种猜测都有可能是真相。

文字在任何时候都可能具备两种功能：有时是传达思想，有时仅仅是表达情绪。一个绝望之人可能会说自己想死，但这话并不总能照字面理解。希特勒也有可能是突然陷入绝望，才说出了那番话，外人将其解读为有关他意图的声明，但那其实只是他在宣泄情绪——或者，至少他本人在事后是这么认为的（如果他还记得那番话）。不过，在这种情况下，他究竟是忘记了，还是拒绝承认自己说过那番话，都不重要。而且，在他那天夜里说过的话中，事后不予承认的也不止这些。在那个狂风暴雨一般的下午，他还曾宣布放弃武装部队的控制权，他无视凯特尔和约德尔的强烈反对，坚称武装部队应该自行决定自己的战争战略。为了应付他们的反对，他还让他们去找帝国元帅。然而，仅仅过去四天，他就又开始发布命令了，他并未明确宣布恢复控制权，但他的做法就好像从未放弃过这种权力一样。在纽伦堡时，戈林试图恢复自己在纳粹分子眼中的形象，即忠诚捍卫纳粹运动的圣骑士形象，他把自己遭免职说成是沟通失误的不幸后果，而这显然也有几分道理。不过，他并没有解

释这个沟通失误为何会被有意利用，会被广为认可，且从未得到纠正。戈林那封轻率的电报给了鲍曼打垮他的 126
机会，但他倒台的根本原因还是德国空军的一败涂地[1]。

4月24日凌晨四点，施佩尔最后一次离开希特勒的地堡。里宾特洛甫在他之前就走了，没有再回来。约德尔和凯特尔最后一次去地堡是在4月23日，陆军元帅舍尔纳也去过地堡，并已离开。两天来，希特勒坚定地拒绝了所有试图劝他放弃留在柏林的人。此时此刻，苏军正在包围这座城市，时间所剩无几，很快，他就算想走也走不了了，至少不可能再走陆路了。不过，即便在这最后关头，仍有几个人试图继续劝阻他。4月24日，舍尔纳发来一封电报，力劝他离开柏林，赶到波希米亚山区，与尚未战败的陆军集团军会合。希特勒则再次重申，他将保卫柏林，若保不住，就死在那里[2]。

邓尼茨任命地方长官韦格纳负责北方地区的民政事务，接手之后，韦格纳惊骇于自己所面临的问题规模之大，于是，在那天夜里，他试图说服柏林方面改变政策，以缓解他的问题。他致电地堡：元首有没有可能批准西线投降，以巩固东线实力，避免双线都遭受重创？他简

1　几乎所有空军军官都认为，戈林要对德国空军的战败负全责。

2　据洛伦茨说。

直是痴人说梦。希特勒根本不想避免重创，那正是他想要的，而且越多越好，他要用重创来照亮他的维京人式的葬礼。此时的什未林·冯·克罗西克正在北方，与邓尼茨在一起。他写道：“元首在自己的信念周围竖起了重重高墙，而且不允许任何人看到墙后的世界，任何劝告、任何理由充分的论点，以及再怎么提及我们可怜人民承受的滔天苦难，都突破不了这些高墙，这是极其可怕的。有没有可能，墙后其实什么都没有，只有一个被蒙骗灵魂的巨大固执，牺牲一切来实现自我崇拜的自负？”这
127 位前罗德学者并没有试图回答这个问题，他显然认为，仅仅是提出这个问题就足以让后人铭记他的哲学深度，对此他很满意。

截至 4 月 24 日，希特勒已依次拒绝了每一次试图改变他心意的尝试，这是他在习惯性的再三犹疑后做出的决定，非常坚决。在此之后已经没有再做任何尝试的意义了，因为隔天柏林就被苏军彻底包围了，仅余一条危险的空中通道尚存逃生可能。至此，危机与决策的阶段宣告结束，地堡围攻战已经打响。

第五章

围攻地堡

4 月 25—28 日

4 月 24 日施佩尔离开后，地堡中的访客就走光了， 128
自那以后，除了两个外来的有趣朝圣者，这出悲喜剧的剧中人就没再改变过，不过也已所剩不多。元首地堡里住着希特勒和爱娃·布劳恩；戈培尔（住在原本属于莫雷尔医生的房间中）和他的妻儿，以及他的副官、党卫队一级突击中队长施韦格曼；施通普费格医生；希特勒的贴身侍从、党卫队二级突击大队长海因茨·林格；希特勒的副官、忠实追随者、党卫队二级突击大队长奥托·京舍；希特勒剩余的两名秘书，克里斯蒂安夫人和容格夫人；以及希特勒的素食厨师曼齐亚利小姐。其他地堡里也还住着一些人，他们会在必要时前往元首地堡。最常去的当然有马丁·鲍曼和他的助手党卫队旗队长灿德尔，以及他的秘书克吕格尔小姐；克雷布斯将军和他的副官弗赖塔格·冯·洛林霍芬少校，以及他的随从参谋骑兵上尉博尔特；布格道夫将军和他的助手冯·贝洛上校、魏斯中校和约翰迈尔少校；柏林市指挥官魏德林将军；希特勒的两名飞行员，党卫队总队长鲍尔和党卫队旗队长贝茨；总理府指挥官党卫队支队长蒙克；希特勒青年团领袖阿图尔·阿克斯曼，该团正在城内保卫阵地[1]；戈培尔在
129 宣传部的助手维尔纳·瑙曼；新闻处的海因茨·洛伦茨，他负责向地堡传递新闻消息；党卫队支队长拉滕胡伯和他的副手党卫队旗队长赫格尔，拉滕胡伯是侦缉部队负责人，该部队负责保护元首；党卫队的警卫队军官们；邓尼茨、希姆莱和里宾特洛甫各自的联络官海军上将福斯、党卫队总队长费格莱因和大使瓦尔特·赫韦尔。其中有十一人[2]被英国当局或美国当局逮捕审讯；他们的陈述，加上一些次要人物——警卫、司机、文书、勤务兵、

1 战斗于柏林的希特勒青年团成员约有 1000 人，他们的主要任务是守住万湖的各个桥梁，接应文克的救援部队。4 月 26 日之前，阿克斯曼的指挥所设在凯瑟达姆 86 号；26 日至 30 日，设在位于威廉大街 64 号的纳粹党总部地下室内。

2 即施韦格曼、克里斯蒂安夫人、容格夫人、灿德尔、克吕格尔小姐、弗赖塔格·冯·洛林霍芬、博尔特、贝洛、约翰迈尔、阿克斯曼和洛伦茨。次要证人有司机埃里克·肯普卡、警卫卡诺、警卫曼斯费尔德、警卫波彭、勤务兵马蒂辛、临时访客冯瓦罗男爵夫人和裁缝米勒。完整人证名单见“资料来源”。

一名偶然访客和一名裁缝——提供的证词，再核对文件、日记和截获的电报，帮忙照亮了希特勒人生最后一周，也是其人生至暗时刻的真相。

这束照亮真相的光并不稳定，但也别无他法。尽管找到一些同时期的文件，但时隔五个月才开始全面调查，那时，证人们的记忆都已开始模糊，只能依靠想象和推测来填补记忆中的空白。有些问题他们原本就记得不牢，尤其是日期和时间点。试想一下，他们当时躲在随时可能被摧毁的地下掩体中，头顶是无休止的炮击和轰炸，时常生活在一片漆黑之中，三餐也不规律，根本算不清时间的流逝，分不清黑夜与白昼的界限，在这种环境中，记不清日期和时间点也就合情合理了。不过，在仔细分析少数特定事件、公认事实和标有日期的文件后，还是可以有把握地推测出事件发生的先后顺序。里特尔·冯·格赖姆的来来去去、发送给邓尼茨的电报、希姆莱背叛的消息、希特勒遗嘱的签署、希特勒和爱娃·布劳恩的自尽、大批地堡人员的逃离——这些事件发生在哪一天的几点钟是可以确定的。还有一些事件只能依靠证人的证词来确定日期，但证人自己都迷迷糊糊的，记不清楚，因此证词并不可靠。对于这些无法给出精确时间或无法确信的事件，至少可以将它们相互关联起来，
将它们与已确定的时刻关联起来，从而推测出可能正确 130

的事件先后顺序和相关性。

落入我们手中的地堡常驻人员有十一人，他们都是重要人证。除此之外，还有两名外来人员不能漏掉，他们在地堡只住了三天，但这三天或许是那段被围困的沉闷日子中最有趣的插曲。4 月 24 日，慕尼黑方面收到一封来自元首地堡的电报，命令一级上将里特尔·冯·格赖姆[1]向帝国总理府作报告。第二封电报要求科勒将军前往元首地堡，正是他给戈林传达的消息引发了这场危机，之前他被关押在上萨尔茨堡山，此刻，他虽被释放，但仍在党卫队的监视之下。科勒拒绝前往。他说，此举毫无意义，无异于自杀。此时，他们与北方的无线通讯已被切断，没人知道哪些机场适合着陆，他并不想径直飞入苏军的地盘。他有一个很好的推脱借口——他约了第二天看医生。他的身体垮了，士气低落，而且他所听闻的地堡生活无一不说明里面的人都疯了，于是，他回复称，由于健康原因，他无法前去。里特尔·冯·格赖姆完全没有这些考虑。格赖姆是一名战绩彪炳的空军军官，

1　里特尔·冯·格赖姆是空军第六航空队指挥官，总部位于慕尼黑的奥伯弗林 – 弗赖曼（Oberfoehring–Freimann）。1945 年 6 月 24 日，格赖姆在被捕后自杀身亡；但与他相关的证据可见于科勒和什未林·冯·克罗西克的日记，克里斯蒂安将军的审讯以及汉娜·赖奇的叙述中。

一名坚定的纳粹分子，时至此刻，他对纳粹体制的认可
仍然可以从其不依不饶、不顾他人感受的言论中得到证
明。那天夜里他就计划立即动身，飞往雷希林，但他的
飞机之前停着的时候遭遇空袭，损坏了。第二天，他出
现在上萨尔茨堡山，他是来找科勒的。上萨尔茨堡山刚
刚经受过同盟军的空袭，据那天早上在那里的人说，那
里被炸得犹如月球表面。希特勒的别墅“贝格霍夫”被
毁了一半，鲍曼的房子全被毁了，戈林的房子则几乎看
不到了。科勒将军正一如往常地绞着双手，他正在写一
份给元首、给帝国元帅、给全体人民的报告，但目的是
开脱罪责，试图解释整个事件纯属误会，戈林很无辜，
但他的解释都是徒劳。科勒说：“格赖姆对帝国元帅前 131
所未有地感到愤怒，严厉谴责他没有与元首一同留在地
堡，并且猛烈抨击他 4 月 23 日之举，称其为叛国。他
对我说，我不应该为帝国元帅辩护。”但科勒还是为帝
国元帅辩护了：“我能理解他为什么没有留在地堡。他
在那里一个朋友也没有，周遭都是敌人。数月以来，也
可能有人会说是在过去两年之中，这些人不但没有帮
他，还以最恶毒、最阴险的方式攻击他和德国空军。再
者说，如果所有的事务负责人都把自己锁在地堡里，德
国怎么办？我不是要为帝国元帅辩护，他毕竟犯过太多
的错。他让我的生活也几乎寸步难行，他对我极其恶劣，

毫无理由地威胁要把我送上军事法庭处死，还威胁要把总参谋部人员集中起来，当着他们的面枪毙总参谋部军官。不过，凡此种种依然无法改变 4 月 22 日和 23 日的事实。在那两天，帝国元帅确实没有做过任何可以被称为叛国的事。”

科勒的一再辩解没有丝毫作用，但也有其意义。科勒不断地向格赖姆、克里斯蒂安、冯・贝洛、国防军最高统帅部的领导们，以及希特勒本人[1]解释，澄清导致戈林获罪的这些事件纯属误会。但这不但没有帮忙推翻，反而加重了对戈林的谴责和惩处。在最后的那段日子里，鲍曼下令处决戈林，希特勒也在遗嘱中斥责了他，并开除了他的党籍。那些谴责戈林的人，显然对事情的真相毫无兴趣。他们想要的不是关于这件事的公正，他们想要审判的是戈林的整个政治生涯。定罪之后，他们对定罪的具体细节就不再感兴趣了。

在 4 月 25 日至 26 日的那个晚上，里特尔・冯・格
132 赖姆飞去了雷希林。他的飞行员也是一名异乎寻常的人

1 科勒通过格赖姆给希特勒呈递了一份完整的书面报告，格赖姆也称其送达了。不过，希特勒直至最后都在痛斥戈林。1945 年 5 月 8 日，当格赖姆和赖奇在滨湖采尔见到科勒时，他们“粗暴地辱骂了帝国元帅”。格赖姆威胁要枪毙戈林，赖奇也恳请科勒不要再为戈林辩护。

物，他最后的几次危险旅程都是由此人护送——著名试飞员汉娜·赖奇。

汉娜·赖奇对她最后一次访问希特勒地堡的描述经常被出版物引用[1]。她的描述富有戏剧性，大量使用了修辞，修辞往往会令事实失真，其中一些内容有时会被质疑，有时甚至会被推翻。最近，汉娜·赖奇本人也拒绝（至少在形式上部分拒绝）对这番描述负责。但它仍然足以作为某些事件的确切证据，在这些方面它是无可争辩的[2]。描述中那些耸人听闻的段落令人存疑，但这些风格和细节上的缺陷很容易被剥离开来。汉娜·赖奇最后一次拜访元首地堡的动机或许无法确定，但她有一个性格特点一目了然：她很勇敢。她驾驶飞机陪同格赖姆往返柏林的航程与她作为试飞员的航程一样危险刺激，惊心动魄。

格赖姆和赖奇于 4 月 25 日出发，26 日凌晨抵达雷希林，他们原本打算乘坐直升飞机进入柏林，直升飞机

---

1 1945 年 12 月 28 日、29 日和 31 日的《新闻纪事报》(*News Chronicle*); 1946 年冬季刊的《康希尔杂志》(*Cornhill Magazine*); 《柏林日记的终结》(*End of a Berlin Diary*), 威廉 · L. 希尔 (Wiliam L. Shirer) 著；以及若干家美国和德国报纸。

2 未采纳汉娜·赖奇审讯报告中无明确指向的内容。关于本报告证据的完整探讨，请参阅第二版的引言（1950 年）。

可以直接降落在帝国总理府的花园里，或者市区的街道上。但他们发现只有一架直升飞机可用，那架飞机还在当天损坏了。不过，曾驾驶这架飞机送施佩尔最后一次前往地堡的中士也在机场，考虑到他已有过一次成功经验，他们便命令他按同一路线送格赖姆进入柏林。这名飞行员中士驾驶的飞机是福克沃尔夫 190，该型号只在飞行员身后设有一个座位，因此也只能搭载一名乘客，但汉娜·赖奇不愿错过这次旅途的最后一程，格赖姆也同意带上她，她身材娇小，可以穿过飞机上狭窄的安全出口，挤进飞机尾部。他们低空飞行，在 40 架战斗机的护航下，低空穿越苏军持续不断的空袭。他们的目的地是加图，那是柏林唯一一座还在德军手中的机场。抵达加图时，他们乘坐的飞机只有机翼中了几枪，但护航战
133 斗机损失了许多架。

格赖姆试图从加图打电话到总理府，但根本不可能打通。他在机场找到一架训练机，决定飞进市中心，降落在总理府步行距离内的街道上。格赖姆起飞时，幸存的护航战斗机又开始与苏军交战，吸引火力。这次，飞机由格赖姆一人控制，赖奇作为乘客陪在一旁。他们以掠地飞行高度飞向勃兰登堡门。

位于他们下方的格鲁内瓦尔德正在进行激烈巷战。没过几分钟，苏军的猛烈炮火就炸开了飞机底部，重

伤了格赖姆的右脚。赖奇越过他的肩头，接过了飞机的控制杆，通过左躲右闪的掠地飞行，最终降落在了东西轴线上。他们征用了一辆路过的汽车，将格赖姆送往总理府，路上，赖奇给格赖姆做了急救。抵达地堡后，格赖姆被送往施通普费格的手术室，施通普费格为他清洗包扎了受伤的右脚。此时已是 4 月 26 日晚上六点多。

希特勒来到手术室欢迎格赖姆。赖奇说，希特勒的脸上流露出了对他的到来的感激。希特勒说，就算是军人，也有权利不服从看似徒劳且毫无希望的命令。他问格赖姆是否知道自己被召见的原因。格赖姆表示不知，他便解释道："是因为赫尔曼·戈林，他不仅背叛了我，还背叛了他的祖国。他背着我与敌人联系，他的行为是懦弱的表现！他还违背我的命令，给我发了一封无礼的电报，说我曾任命他为我的继任者，现在，既然我已不能从柏林统率德国，那就可以让他从上萨尔茨堡山发号施令，他已经准备好取代我了。他还在电报结尾说，如果当晚九点半还没有收到我的答复[1]，他就会理所当然地认为我默认了他的提议！"

希特勒说出此话时眼眶含泪，头低垂着，脸色苍白。

1 实际是晚上十点。

当他将给戈林带来灭顶之灾的那封电报递给格赖姆时，134 他的双手连带着电报都在颤抖。格赖姆看电报时，希特勒就在一旁看着，显得呼吸困难，能听到他急促的喘息声，还伴随着面部肌肉的抽搐。突然，他尖声大喊起来：“最后通牒！这就是一道粗暴愚蠢的最后通牒！我现在什么都没了！什么都不剩了！无人效忠，无人尊重；一切苦难和背叛都已加诸吾身，现在又来一击！我受够了，也伤透了！”[1]

停顿片刻后，希特勒又恢复了平静，他告诉格赖姆，之所以召见他，是要宣布让他接替戈林，担任德国空军总司令，级别相当于陆军元帅。为了将格赖姆送入地堡，众多德国空军飞行员付出了生命，许多急需的机器被损毁，而这一切只是为了走一个正式任命的形式。明明是一封电报就可以完成的事，希特勒偏偏喜欢这种引人注目且代价高昂的方法，为此，格赖姆还在地堡卧床养了三天病，什么事都没做，形同被囚禁。获得新任命后，格赖姆和赖奇仍然恳求希特勒，让他们留在柏林，用他们的生命弥补空军丢失的荣誉（无论这将意味着什么），但希特勒坚持要他们离开，因此，雷希林每日都会有飞

---

1 后来，赖奇小姐否认了这部分生动的描述，但确认大意如此。科勒也引用格赖姆的话证实了此事。

机起飞，想要将他送往他的新总部。但这些飞机未到柏林就被苏军击落了，无一幸免[1]。

那天晚上，希特勒在自己的房间召见了汉娜·赖
奇。他的脸布满皱纹，双眼因笼罩着一层潮湿水汽而
显得呆滞。他告诉赖奇，他的事业似乎已毫无实现的
希望，除非文克的军队能如他希望的那样（他此刻仍
抱持着这一希望，提及它时明显焕发出了更大的信心），
从西南赶来解柏林之围。如果文克没能赶到，柏林被
苏军占领，那他和爱娃·布劳恩就会自尽，并让人将
他们的尸体付之一炬，为此，他们已经做好了周详的
计划。然后，他给了汉娜·赖奇几瓶毒药，让她和格 135
赖姆在此类紧急情况下使用。这个情节非常戏剧性，
但似乎经常发生在汉娜·赖奇的生活中，或至少在她
自己说出的故事中是如此。

那天夜里，苏军的炮弹直接落到了总理府，住在地堡里的人们纷纷坐起身，他们姿态各异，有的恐惧，有

1 每一架飞机都被击落的事实来自对赖奇叙述的仔细阅读，不过，克里斯蒂安将军也有明确指出这一点。赖奇曾提到，4 月 27 日有一架飞机成功降落柏林，但由于格赖姆和她希望留在柏林，便空载返回了。这与负责派遣这些飞机的克里斯蒂安和科勒的叙述不一致。科勒引用了他 4 月 27 日与格赖姆的电话通话内容，其中，格赖姆有要求派飞机去接他离开。

的佯装不怕。在他们的头顶上方，地堡那看似坚固的庞大地面结构传来阵阵的碎裂崩塌声。整个夜晚，汉娜·赖奇几乎一直在里特尔·冯·格赖姆的床边警戒，她已经做好准备，一旦总理府在凌晨被苏军攻破，她就会与格赖姆一同自尽。他们已经约好，一旦遇到那样的紧急情况，就迅速吞下希特勒给的毒药，并在毒药生效前，拔出身旁所放重型手榴弹的保险针。这样一来，他们会死于毒药，尸体则会被炸成碎片。届时，随着一声爆炸离开的将不只有希特勒和爱娃·布劳恩。

与此同时，不幸的科勒将军不被允许安全地留在上萨尔茨堡山。他用健康、理智和责任予以推脱，原本是极好的借口，但无人理会。4 月 26 日下午，鲍曼驻贝希特斯加登的代表通知他，无论他健康状况如何，都必须飞往柏林，到元首处报到，这是元首亲自下达的命令。由此看来，就算是军人，似乎也无权不服从那些看似徒劳且毫无希望的命令。科勒绞着双手，病急乱投医似的到处打电话，还在日记里滔滔不绝又优柔寡断地自言自语。他怎么知道这个命令是元首亲自下达的？谁看得出电报上是谁签的字？为什么元首的命令是从鲍曼办公室发出的，而不是来自德国空军自己派到元首身边的代表？这一点非常奇怪。他想到了戈林的不幸，想到了鲍曼的恶毒，想到了无辜者得不到的充分保护。不过，当

时整个地堡的情况都有些奇怪。在那个镜中世界一般的
环境中，元首的行为势必会有点古怪。4 月 22 日时，元
首似乎已经宣布放弃了对武装部队的全部控制权，但他
发到慕尼黑温特将军处的命令又看似收回了这一权力。
科勒最终还是决定飞往柏林。他已经因对希特勒话语的 136
擅自解读制造了一场混乱，此刻，他宁愿冒生命危险，
也不愿再相信自己的判断。他向家人道别，不顾身边军
官们的劝阻，准备出发。他记录道：“当时参谋部的军官
们都拉长了脸。后来，他们告诉我，他们连一丁点钱都
不会拿出来赌我能活下来，他们相信鲍曼一定会除掉我，
而这在被重重包围的柏林很容易做到，而且可以神不知
鬼不觉。”那天的凌晨时分，科勒乘坐的飞机降落在雷希
林，并准备继续飞往柏林市中心，如施佩尔和格赖姆一
样，降落在东西轴线上。但他在雷希林收到了令人沮丧
的消息。他被告知，自昨夜开始，飞机就再也无法飞入
柏林了。在这座注定守不住的城市中，不断有滚滚浓烟
冒出。此刻，所有机场都已关闭，加图机场也不例外。
通往东西轴线的所有通道沿途都燃起了熊熊火焰，那是
一连串的防御炮火。大家一致认为，再没有飞机能够进
入柏林，里特尔·冯·格赖姆和汉娜·赖奇将永远留在
那里。

在位于菲尔斯滕贝格的国防军最高统帅部总部内，

科勒轮流听着各种令人沮丧的故事，试图在帝国元帅的不幸中找到丝毫能令人感到安慰的地方。他问了约德尔，约德尔表达了自己的同情，但没有给出任何定论。他问了凯特尔，凯特尔以工作压力太大为借口溜走了。他又找到了希姆莱，希望得到开导。希姆莱模棱两可地说：“这事太糟了。”说完他就礼貌地表示希望日后有时间再谈，然后消失了。接着，海军元帅邓尼茨来了，他是来听简报的，科勒转而求助于他。“海军元帅说，他相信帝国元帅的动机是最好的，但他紧接着就中止了我们的谈话，说他必须去吃午餐了。他还说想要晚点再与我聊一聊，但他非常突然地离开了。”科勒想着，这一切都太古怪了。他原以为这些重大事件会成为众人谈论和猜测的主题。“但在我看来，没人愿意谈论帝国元帅之事，也没人愿意谈论当前形势之严峻。我总觉得这些人生活在另一个星球上，他们害怕开口。”

感到无比困惑的科勒走到电话旁，致电元首地堡，报告他已抵达菲尔斯滕贝格。不过元首此时已经就寝，不能打扰。他联系到了里特尔·冯·格赖姆，格赖姆告
137 诉他不要试图乘飞机进入柏林。元首没有下达这一命令，这样做毫无必要，而且很可能根本无法完成。就算有可能进得来，也不太可能出得去。格赖姆注定难逃一劫，他只能在地堡内卧床休养，聆听元首在他床边叙话……

科勒对格赖姆表示了慰问，很同情他的困境、伤口以及对他毫无好处的任命。他痛惜于他们被挫败的努力，并且长篇大论地哀悼德国即将到来的命运。“我们应该无法在一起共事很长时间了，陆军元帅阁下，”科勒在电话里语气悲戚地说，“德国空军已经派不上什么用场，战争就要结束了。”说完这话，他便等着地堡那里传来同样的哀叹。但对科勒将军来说，这世上意想不到的事太多了。地堡里的生活似乎比在菲尔斯滕贝格的生活还要疯狂。与所有被希特勒的魅力蛊惑之人一样，里特尔·冯·格赖姆也沉迷于他那非凡的个性，丧失了自己的理智。这是地堡中的人共有的经历，比如施通普费格，他在见到希特勒后便忘记了希姆莱和格布哈特，忘记了他们的所有利益，拜倒于这座新的神龛之前；比如作为正规军官的布格道夫，他背弃了自己所在的阶层，会在酩酊大醉之时与鲍曼共舞[1]，谴责那些背信弃义的陆军元帅；比如里宾特洛甫的联络官赫韦尔[2]；比如希姆莱；甚至精明

1 布格道夫与鲍曼共舞一事发生于拉斯滕堡，他在这里有过许多不检点的行为。众人都认同他有酗酒的习惯。

2 瓦尔特·赫韦尔很早就加入了纳粹党。他未成年时就参加了 1923 年的慕尼黑政变，像希特勒一样被囚禁在兰茨贝格要塞监狱。获释后，他在荷属东印度群岛的一家英国商业公司当职员。他也因此被视为外交事务专家，获得了有名无实的“大使”头衔。他是里宾特洛甫派往希特勒处的联络官，但似乎完全受希特勒个人控制。

的施佩尔也无法抗拒这种强烈的魅力；接着就是里特尔·冯·格赖姆。令科勒感到震惊的是，他没有等到格赖姆悲戚地承认失败，而是听到了他对必胜的滑稽承诺。“你只需等待，”这位受伤的陆军元帅说，“不要绝望！一
138 切都会好起来的！元首的存在和他的信心彻底鼓舞了我。这地方对我来说就像一口青春之泉！”科勒简直不敢相信自己的耳朵。“这地方简直就是一座疯人院！”他对自己断言道，“我就是想不明白。我常常问自己，我是不是真的太蠢了，所以才跟不上这些人高涨的精神，所以才看不到那条救赎之道。或许，他们拥有一种第六感，能看到我们普通人看不到的东西。这会让普通人怀疑自己的神志是否正常。”

没过多久，又一通电话从地堡打来，不过这通电话让科勒缓了口气。电话中传来了汉娜·赖奇的声音。她希望科勒给她在萨尔茨堡的家人捎去最后的口信，解释她为何无法拒绝格赖姆的恳求[1]。接着，她详尽无遗且反反复复地讲述了她的那次飞行。科勒试图阻止她的滔滔不绝，但没能成功，此刻没有什么能让她住口。二十分钟后，科勒挂断电话，留她一人对着空气继续热情地长篇大论。“只有那一条电话线路连通地堡，必须留给更紧

1　其实格赖姆根本没有恳求她，是她坚持要陪格赖姆去的。

急的事情。”

不过，并非所有地堡中人都一样疯狂，或者一样深受这一青春之泉的鼓舞。4 月 27 日，也就是在同一天，有一个人至少表现出了一些神志清醒的迹象。遗憾的是，对他来说，在疯人院里保持清醒和在清醒世界中保持疯狂一样，都是不可取的。这人就是费格莱因。

费格莱因是希姆莱在元首总部的个人代表。他是巴伐利亚人，这一点和希姆莱一样，也和其他更可憎的纳粹分子一样。他起初只是一名赛马骑手，后来凭借精湛的马术赢得了“巴伐利亚无冕之王”克里斯蒂 139
安·韦伯[1]的钦佩。韦伯之前也是在一个大型养马场当马夫，得到纳粹分子青睐后才飞黄腾达，优渥的生活让他的腰围不断膨胀，最终不再适合策马奔腾。费格莱因甚得韦伯宠信，晋升很快。他加入武装党卫队不久就成了一个骑兵师的师长。除了他的最后一步外，他的事业一直顺风顺水，他凭借好运在东线连连取胜，

---

1 韦伯是最腐败、手段最卑劣的纳粹高官之一，也是慕尼黑市议会的主席。他利用各种形式的特权投机，积累了巨额财富。他为自己的十匹赛马修建了诸多养马场（其中一些是从法国赛马场掠夺来的），这些养马场被形容为“马的天堂”。他于 1945 年 4 月到 5 月的巴伐利亚起义中被杀。

成功吸引了希特勒的注意；1944 年，他接替沃尔夫成为希姆莱的联络官，负责希姆莱与希特勒之间的联络。同年，他做了一件事，此事在许多人眼中是他最辉煌的成就。作为机会主义者，他敏锐地发现了纳粹等级制度中权力中心的转移，从内阁和各部转移到了希特勒的王庭及其成员，于是，他娶了爱娃·布劳恩的妹妹格雷特。当时，希姆莱的运势已经开始走下坡路了，他是在一个看似最有利的时刻，摆脱了对希姆莱的唯一依赖，并在元首的家族圈子里站稳了脚跟。与此同时，他也没有忽视对自己后方的保护，他明智地与鲍曼结成了同盟。自那时起，用一个很有资格评价他的人[1]的话来说，“他彻底将希姆莱出卖给了元首”，且鲜少再离开元首身边[2]。施伦堡说，就是他建议希特勒公开羞辱党卫队那个战败的师，该师明明是为了践行元首的战略，才会做无望的努力，最终遭到屠杀——士兵们将这个羞辱之仇记在了希姆莱身上，永远无法原谅，但当时的希姆莱根本无力阻止[3]。施佩尔说，他是“一个

1 指奥伦道夫。

2 据伯格尔说：“鲍曼、费格莱因和布格道夫形成了一个非常紧密的圈子，围在希特勒身边，外人几乎不可能渗透进去，尤其是在有人企图刺杀希特勒之后。”施佩尔也曾这么说。

3 见本书前文第 80 页的相关注释。

非常令人讨厌的人”，在王庭中产生了“有害且激进的影响”；希姆莱的忠诚部下们熟知人类的种种堕落，他们对费格莱因罪恶的描述出奇得一致。

不过，就算说费格莱因是个无赖，他也不是傻瓜；或者至少不会是像里特尔·冯·格赖姆那样的傻瓜。他的行动、他的忠诚、他的背叛都是经过精心计算的，都是他认为对自己有利的，几乎不受任何原则或顾虑 140
的约束。他之所以背叛希姆莱，投奔希特勒，并不是因为他与许多缺乏判断力的人一样，被希特勒催眠般的魔力蛊惑了，只是因为希姆莱对他已经逐渐失去了利用价值，对于足智多谋的他来说，希特勒的私人王庭能够为他向上攀爬提供更多优势。他的忠诚、他的同盟、他的婚姻，这所有的一切都是为了一己私利的权宜之计：这些人都是他用来分享希特勒家族圈子特权的工具。不过，4 月 25 日，费格莱因在最后一次外出[1]归来后清醒地发现，该家族圈子的特权已经开始越发

1 费格莱因是乘车离开的，同行的是党卫队一级突击中队长博恩霍尔特，此人隶属于党卫队警卫队。费格莱因此行的目的是去菲尔斯滕贝格见党卫队高级总队长于特纳。4 月 25 日时，乘车返回已不可能，费格莱因选择飞机返回，将博恩霍尔特留在了菲尔斯滕贝格（据博恩霍尔特说）。费格莱因最后留给于特纳的话是：“我断然不愿死在柏林。”（据于特纳说）

不值得他人艳羡；因为希特勒和爱娃·布劳恩在这个问题上给出了极其明确的声明。他想方设法加入这个圈子，并不只是为了死后以该家族成员的身份火化。因此，当其他地堡中人都歇斯底里地围在元首身边，恳请参加他神圣的葬礼时[1]，费格莱因找准时机，悄无声息地溜出了地堡，彻底消失，在做这一切时，他没有丝毫犹豫。

关于费格莱因人生中最后一段平平无奇的插曲，我们已经无从得知相关的具体日期和阶段，关于此事，现存的地堡记录并未注明日期，整段插曲都被尘封成了悲戚而黑暗的秘密。他平时并不住在元首地堡，而是住在帝国总理府内的另外两个地堡之一，因此，他走了一段时间之后，希特勒的贴身随从才发现他不见了。之前，他还会偶尔打电话来询问最新消息，这至少证明他人在柏林，他们也没有进一步追问他的行踪。他们显然是在4 月 27 日下午晚些时候，希特勒召见他时，才得知他已
141 不在帝国总理府，这才开始询问他的下落，但没人知道。在当时那种异常的氛围中，希特勒很快就对费格莱因起了疑心，一旦起了疑心，也就有了定论。当时，怀疑已

1 对于该场面，至少汉娜·赖奇是这么描述了她脑海中的画面，不过，其他言语更为朴实的目击者并没有提到这些细节。

经成了希特勒的本能之一。“将军们的阴谋”令他患上了名为“怀疑”的慢性疾病，近期的所有事件都能证明这一点。他立刻找到了自己的私人警卫长——党卫队旗队长赫格尔。他的私人警卫都是训练有素的警探，他们一直跟在他及其他所有高级纳粹领袖身后。他命令赫格尔从党卫队警卫队[1]调一批武装警卫，立刻进城搜捕费格莱因，将他带回地堡。赫格尔去了费格莱因位于柏林夏洛滕堡区的家，当时，费格莱因身着便服，静静地躺在床上休息。他想着，自己终于自由了，终于逃离了虽然安全但充满狂风暴雨的地堡，终于可以在这个更加文明的环境中，安静且冷静地审视这个世界，终于可以从容不迫、客观超然地比较生与死的相对优势，自由地选出在

1　希特勒有两个不同的警卫队：（1）帝国安全局（RSD），仍由留在地堡的党卫队支队长拉滕胡伯指挥，该部门由多个处组成，各处负责贴身保护不同的纳粹高官。第一处由党卫队旗队长赫格尔指挥，是希特勒的私人警卫队，当时，该警卫队的人员一部分在上萨尔茨堡山，一部分在地堡。帝国安全局的警卫都是来自刑事警察部门（Kripo）的警探，个个训练有素，这些人也都有党卫队军衔（因为整个德国警察部门都在希姆莱手下）。曾目睹希特勒遗体被焚的警卫就来自该部门。（2）党卫队警卫队（SS Begleitkommando），由党卫队一级突击中队长弗朗茨·舍德勒指挥。这是一个纯军方警卫队，所有成员都是敏捷、忠诚但并不聪明的士兵，他们负责政府部门建筑物的警戒，观察力更敏锐但更低调的帝国安全局人员对他们有几分不屑。

他这个机会主义者看来更有吸引力的选项。他告诉赫格尔，他选了生，并希望对方提供帮助，这样他或许能找到一架飞机，离开这座注定毁灭的城市，回到巴伐利亚，回到他的妻子身边，过上愉快的家庭生活。对希特勒唯命是从的赫格尔对此无动于衷。他说，除非得到元首的明确授权，否则这样的安排想都别想。费格莱因并未因此灰心，他又拿起电话，打去地堡，找到了他妻子的姐姐爱娃·布劳恩。他解释道，此事是个误会，并询问爱娃是否愿意利用她对元首的影响力将此事平息下来，并
142 为他拿到离开所必需的批准。唉，在夏洛滕堡区自由的空气中（哪怕带有些许火药的硫黄味），冷静、理智的思考并不难，但这在帝国总理府狭小逼仄的地堡内是不可能的，那里充斥着威胁与承诺、说教与抗议、声嘶力竭的滔滔雄辩与毫无意义的泛泛之谈（如果我们相信汉娜·赖奇的话），根本容不下任何理性的声音。爱娃·布劳恩草草地回复道，他的提议不予考虑，他必须返回地堡。当武装警卫押着费格莱因回到帝国总理府时，她扭绞着双手，心疼着再一次遭受背叛的希特勒。她大概会说："可怜的阿道夫，太可怜了！所有人都抛弃了他，背叛了他！对德国来说，失去他一人可比失去另外一万人要糟糕得多！"她伤心地说，元首什么坏事都没能幸免，前有戈林的恶毒背叛，现在，他都快要死了，还要被自

己信任的老友费格莱因背弃。费格莱因一回到地堡，就被撤去了党卫队总队长的职务，暂时扣押在第二个地堡中，由武装警卫看守[1]。

那天夜里，也就是4月27日至28日的那个晚上，苏军对帝国总理府发动了最为猛烈的轰炸。地堡中，因恐惧而蜷缩着的那些人，听着上方持续不断的炮弹爆炸声，感觉自己似乎必死无疑；似乎每一颗炮弹都精准地落在了帝国总理府的建筑群中央。他们觉得苏军地面部队随时都可能攻进来，占领这片废墟。那天夜里（如果我们相信汉娜·赖奇的话），希特勒把他的王庭成员都叫到身边，开了一场令人毛骨悚然的秘密会议。会议中，所有人都演练了自己的自杀计划，并且十分伤感地详细探讨了毁灭自己尸体的各种办法。他们一致同意，首批苏军的出现就是执行这场自杀仪式的信号。接着，每个人都作了简短发言，发誓永远效忠元首和德国。如果当时的地堡真是这样的氛围，那么几乎不会有明智之人指 143
责费格莱因的审慎决定。

当然，大部分人都是在撒谎而已：伪装出这样的情

1 故事细节来自克吕格尔小姐（引用的贝茨的话）和冯·贝洛。爱娃·布劳恩的感叹之语来自赖奇。赖奇表示，尽管这些话并非原话，但大致就是这个意思。

绪，并说出煽情的废话，简直太容易了，但这些在那位天真的日耳曼人听来，真是又真实又感人。这个王庭中相互竞争的奴性一直令人作呕；再加上理直气壮的谎言，真是恶心极了。正如我们将在后文中看到的，在这些宣称渴望共同赴死的人之中，没有几个真的践行了这一英勇决心。不过，里特尔·冯·格赖姆确实做到了。一个月后，他那未得良好治疗的伤口已导致他哪都去不了，最终，他真的在被囚禁期间服毒自尽了。他们之中，可能还有一两个人在落入苏军之手后自尽了。但有趣的是，根据记录，众多决心赴死之人都一直健康地活着，他们恢复了理智，急切地向关押他们的英国人和美国人解释，他们从未真正效忠过纳粹德国。

不过，至少希特勒本人是有真情实感的，至少他是真的想在柏林沦陷时死去。然而，直到此刻，他仍相信这座城市可能得救，在他身上，绝望和异乎寻常的信心依然会交替出现。尽管他已经做好了柏林一沦陷就赴死的准备，但似乎在他看来，只要有他在，帝国首都就不可能真的沦陷。他似乎已将自己视为一尊守护神，一种图腾，只要有他在，任何堡垒都将坚不可摧。“一旦我离开东普鲁士，”他曾在拉斯滕堡对凯特尔说，“东普鲁士就会沦陷；只要我留下，它就能守住。”后来，凯特尔成功说服他离开了东普鲁士，东普鲁士也恰在这时沦陷了。

这一次，他不打算离开柏林，他认为这样柏林就不会沦陷。柏林未被占领的土地越来越少，他身处其中，仍在这样自欺，他坚守着，希特勒青年团也在拼命守住哈韦尔河上的桥头堡，他们都在等待文克部队的到来。文克的部队其实已经战败；但希特勒早已习惯在地堡中指挥并不存在的部队作战，给他们制定战略和战术，部署他们的兵力，计算他们的收益，当实际战果与他的个人结论不符时，他就会谴责将领背叛。因此，这段日子里， 144
他还会详细阐述文克可用来拯救这座城市的战术。（根据汉娜·赖奇富有戏剧性的描述[1]）无论谁来了，他都会一边在地堡里来回踱步，一边挥舞着一张快被他的手汗浸透到腐烂的路线图，给这位访客详细讲解他计划用来拯救他们所有人的复杂军事行动。有时，他还会大声发号施令，仿佛在指挥守城部队一样；有时，他会把那张路线图摊在桌上，俯身，用颤抖的双手拿着纽扣，一遍又一遍地在上面排兵布阵，那些纽扣代表着援军，能够让他感觉到安慰。在犹如热带一般的环境中，王庭成员的情绪与信念都变幻莫测。此刻，只有希特勒一人还对文克的部队抱持着信心，但没人质疑文克的保证；他们前一刻还在齐唱绝望与自尽的悲歌，下一刻又突然打起了

1　汉娜·赖奇现在对这一事件的描述远没有当初那么戏剧性了。

欢快的快板，得意扬扬地欢迎着文克的部队[1]。

在事实面前，最顽固的幻想也终会破灭。4 月 28 日，苏军的战火已经延烧到了柏林市中心附近，文克的部队却仍然丝毫没有出现的迹象。一封封歇斯底里的电报开始从地堡发出。“我预期柏林能够解困，”希特勒发电报给凯特尔，“海因里希的部队在干什么？文克人呢？陆军第九军到底怎么了？文克和第九军什么时候才能赶来？”[2]地堡中人一整天都在等待消息，但什么都没等到，于是，谣言四起。该如何解释文克没能赶来一事？一种显而易见且确为真相的解释是，作为战斗力量的文克部队已经不复存在；但在地堡相互矛盾的嘈杂声中，不太可能听
145 到这样显而易见的真相。他们心里只容得下一种解释，

1 1946 年 6 月 27 日，纽伦堡，宣传部无线电广播部门负责人汉斯 · 弗里奇称，在柏林被苏军包围的那几日，柏林人民被告知，有一支援军，也就是文克的部队，正在向柏林挺进……柏林当时还印了许多传单，上面的内容大致是：“文克部队的士兵们，我们柏林人知道，你们已经抵达波茨坦。请快一点！救救我们！”这些传单散布到了柏林市民之中，用以鼓舞他们的士气（但此举似乎又是无心的）。

2 凯特尔根据记忆还原了该电报的内容，他说，该电报是他于 4 月 28 日在瓦伦收到的。（他时而会记错日期，因此，该记忆也有可能出错。不过，在未经证伪之前，我愿意先相信他。）戈特哈德 · 海因里希（Gotthard Heinrici）大将已经接替希姆莱成为陆军维斯瓦河兵团总司令，此刻正在柏林西部战斗。

而且无论问题是什么，答案都是一样的：背叛。随着这一天的时间推移，这种解释似乎也越发地得到公认。他们与外界的联系越来越少，获取信息的渠道仅剩连通国防军最高统帅部的那部无线电话，不过，此刻的凯特尔还值得信任吗？那天夜里八点，鲍曼发了一封电报，生动体现了围困之下，地堡中充斥着的暴躁情绪。这封电报发给了位于慕尼黑的海军上将冯·普特卡默，由他转发给邓尼茨。电报中写道："掌权之人不发布命令和呼吁，敦促部队前来救援，反而缄默不言。背叛似乎已经取代忠诚！我们仍在这里，总理府已成一片废墟。"一小时后，地堡终于收到了来自外界的真实消息。该消息是由一名新闻处官员从宣传部送来的，此人就是海因茨·洛伦茨，他的职责是将可能重要的外国消息翻译后送到元首地堡。这次，他带来的是希姆莱与贝纳多特伯爵谈判的消息。有人将这一消息泄露给了新闻处。

第六章

“连你也背叛了吗”

146 结束与贝纳多特的最后一次会面后，希姆莱就离开了吕贝克，此后，他再也没想过自己的，或者更确切地说，施伦堡的复杂阴谋；他把这些事情都留给了施伦堡，而在接下来的三天中，无论是在弗伦斯堡，还是在丹麦，施伦堡都在焦急等待，他那敏感的触角一直朝着斯德哥尔摩方向微微颤抖着，时刻准备着捕捉第一个微弱的成功讯号。4 月 27 日，贝纳多特带回了一个消息：西欧强国既不认可希姆莱，也不接受有条件的投降。这一消息可能会在所有情报机构负责人的意料之中，当然，纳粹情报机构负责人除外。听到这一消息，施伦堡十分沮丧，他真的没有料想到这一失败。长久以来，他的精明狡猾、他高超的交际手腕，以及他在瑞典的人脉，都是他引以为豪的资本，他从未想过自己会失败得如此彻底。他押上了自己与希姆莱的名誉，赌这次会成功。他极其执拗且（现在看来似乎）极其不讲道理地把希姆莱逼入了这一错误、脆弱的境地，现在败了，他该如何面对希姆莱呢？当贝纳多特提出陪他一起去见希姆莱，为他提供支持时，他才松了一口气。不过，在他致电希姆莱办公室，将被拒的消息告知希姆莱的秘书勃兰特博士后，在贝纳多特伯爵急于见到希姆莱时，他们得到的答复是毫不留情的拒绝。希姆莱已经见够了贝纳多特伯爵，再也不想见到他了。

施伦堡心惊胆战地找了些圆通得体的借口安抚了贝纳多特，然后孤身出发去见自己的主人。路上，他仔细考虑了自己可能遭受的对待，所能想到的前景都很黯淡，但他那擅长随机应变的交际手腕再次帮了他的忙。"我知道，"他写道，"我在希姆莱那里的处境会非常艰难，147
他很可能会要了我的命，但我突然想到一个主意，我派人从汉堡请来了一名希姆莱也熟知的占星师。我将此人带在身边，想着或许一场占星预言可以消减一些失望带给希姆莱的怨恨；我知道希姆莱对这位先生[1]的评价很高。"第三帝国的高级政客们就是通过此类新颖独特的权宜之计来施展自己的交际手腕。公认的记录是，施伦堡于4月29日凌晨见了希姆莱，此时，他们谈判的消

1 这名占星师当然就是武尔夫，参见本书前文第76页。

息已经人尽皆知，令施伦堡陷入了更加艰难的境地，但希姆莱并没有要他的命。希姆莱当然十分愤怒，也极其失望。他认为此事只会产生恶果；他害怕自己写给瑞典外交部长的信会在此刻被披露；他指出了此事可能对他与希特勒之间关系造成的不良影响；他还指责施伦堡是整件事的始作俑者。“不过，”自鸣得意的施伦堡记录道，“在我前面提到的占星师的帮助下，我还是成功提出了一个小范围的解决方案，这个方案非常有说服力，希姆莱为此离席考虑了一个小时。”最终，希姆莱同意了这一要求在挪威和丹麦停止敌对行动的方案，并交由施伦堡推进。此刻的他对未来依然充满确信，因此做起事来也更增添了信心。尽管希特勒一直未死，但末日势必很快到来，届时，作为新任元首的希姆莱将有权做出一切必要决定。

一直以来，希姆莱从未怀疑过自己作为希特勒法定继任者的身份。他是党卫队全国领袖，拥有自己的私人军队，身兼多种要职，拥有丰富的履历以及迄今为止都无可争议的忠诚，这些都更坚定了他的信念。他从不密谋夺权的原因之一在于，他相信权力会自动移交给他。他甚至准备好了权力移交后的计划（当然，这一计划并非他亲自制订，他有限的才能并不具备这
148 样的原创性）。他打算成立一个新政党，施伦堡十分殷

勤地提供了该政党的名称——民族联合党[1]。他有一个影子政府，由警察部门的高级领导人员组成，这些人都和施伦堡一样，相信在他的领导下，德国政府和他们都能赢得西欧盟国的支持，从而幸存下来[2]。在这些乐观主义者中，有两个人绝对不能遗漏，那就是凶残的奥伦道夫和愚蠢的什未林·冯·克罗西克。就前者的履历和后者的才智而言，他们都非常适合在纳粹的头号怪人兼头号罪犯手下任职。

这样的幻想在我们看来似乎是在铤而走险，但心存这些幻想的不仅仅是希姆莱的部下。戈林倒台后，几乎所有纳粹分子都自然而然地将希姆莱视为希特勒的继任者。就在他与贝纳多特的关系被公开的那天，希姆莱还曾对自己的一位追随者讲述了他继任后的打算，还提到他已经与邓尼茨聊过此事，邓尼茨愿意加入他的新政府，为他工作[3]。邓尼茨也将希姆莱视为元首的继任者。也是在这一天，什未林·冯·克罗西克与邓尼茨的两名支持者探讨了同一问题。他们一致认为，在戈林和赫斯均已彻底失去继任权后，目前存在三种可能。第一种可能是，

1 德语为 Nationale Sammlungspartei。

2 奥伦道夫、施佩尔和施伦堡都曾提到这一影子政府。

3 据奥伦道夫说。

希特勒不修改他所谓的“遗嘱”[1]，那么，唯一满足继任条件的就只有希姆莱一人。第二种可能是，希特勒会修改“遗嘱”，指定一名继任者。对此，他们一致认为，希姆莱将是他的唯一选择。第三种可能是，希特勒不做决定，留待以后启用宪法的紧急条款，但在考虑启动紧急条款后的结果时，他们发现，希姆莱仍旧是唯一人选。即便是在两天后，希姆莱的谈判一时传遍世界，施佩尔等人
149 仍在严肃探讨着同一问题，并一致认为没有可替代希姆莱的可行人选[2]。

在那段末日里，他们与许多人一样，都忘记了希特勒还未死的事实。尽管被围困在遭受重创的首都，尽管只能待在五十英尺深的地下，尽管无法正常与外界通信，尽管身心都已崩溃，尽管没有可实施的权力，没有可使人信服的理由，没有可管理的机构，但希特勒这个人还在，在他所引发的普遍骚乱中，众人仍旧会默默服从这位唯一的主人，听从他的命令。此刻，被党卫队关押在毛滕多夫的戈林有足够的闲暇可以好好思考觊觎这一致命遗产的危险了。希姆莱很快也会

1 这指的当然是希特勒的战前宣言，而非 4 月 29 日的那份遗嘱。当时，普罗恩方面对该遗嘱是一无所知的。

2 据什未林・冯・克罗西克说。

吸取到同样的教训。元首的权力具有神秘的力量，除非这位现任“祭司”真的死了，否则任何亵渎神明之手都触碰不到他的权力。

现在，我们将注意力转回地堡的地下部分：洛伦茨从宣传部送来了英国路透社关于希姆莱与贝纳多特伯爵谈判的报道。进入地堡后，洛伦茨看见了坐在一起的鲍曼、戈培尔和赫韦尔，于是给了他们一份报道的复印件。他们告诉他，希特勒正在和里特尔·冯·格赖姆开会，于是，他将第二份复印件交给了希特勒的贴身侍从海因茨·林格，请他转交元首。

关于希特勒收到该消息后到底发生了什么，众说纷纭。这是因为证人们获知此事的方式不同，个人掌握的词汇量和表达能力也不同。不过，他们都认为那是一个十分戏剧性的场面，希特勒被气得面无血色。这对他来说，是最后也最残忍的一击：连忠实信徒海因里希都背叛了他；他从未怀疑过这名纳粹领袖的忠诚，现在却被此人在背后捅了一刀。当这一消息在地堡传开之时，地堡里这支唯命是从的“合唱团”又开始附和他们的主人，无论男女，都在竞相谴责这名叛徒。随后，希特勒与鲍曼和戈培尔去了会议室，又开起了闭门会议。

在那场会议上到底发生了什么，做出了什么决定，

150 我们或许永远无法详细获知，毕竟与会者已全部死亡或失踪；尽管希特勒后来好像召见了克雷布斯和布格道夫，但他们也失踪了。不过，从那一刻开始，地堡中的事件又有了新的发展势头；紧跟在等待文克这一阶段后的，是可媲美4月22日那场危机的一个决策与行动阶段；这出喜剧的最后一幕已经开始。

希特勒已经认定希姆莱有背叛之举，对他来说，这无疑就是末日来临的信号。一直以来，他做决定之前都会犹豫不决；他摇摆不定的等待会令急躁的追随者们感到困惑与忧虑；不过，一旦做出决定，那就一锤定音了。在决定是否留守柏林之前，他犹豫了两天，可一旦决定留下，任何压力、任何劝说都无法再动摇他。这次也是，他已踌躇一周，不知如何做出最后的决定，此刻，在28日到29日的这个夜晚，他不得不下定决心：彻底剥夺希姆莱的继任权；写下最后的遗嘱；娶爱娃·布劳恩。

他首先派人叫来了费格莱因。自从希姆莱叛变这一令人难以置信的消息传来，老问题突然有了新性质。他现在知道4月21日的施坦因纳进攻为何会被挫败了：希姆莱从未想过要成功，因此他命令施坦因纳不要行动。他现在知道费格莱因为什么要逃离地堡了，这是党卫队精心策划的阴谋。费格莱因显然已经接受了盖世太保头目、党卫队总队长米勒的严厉拷问[1]。据说，他承认知道希姆莱曾与贝纳多特伯爵多次会面。此事很可能属实，毕竟希姆莱与贝纳多特的会面并不比他与卡尔滕布鲁纳或里宾特洛甫的会面更隐秘。无论费格莱因知道什么或者承认了什么，他都不太可能（像那些头脑过热之人后来臆想的那样）承认知晓希姆莱刺杀希特勒的阴谋，毕
竟这样的阴谋从不存在。尽管一些党卫队高官确实策划 151
过这样的阴谋[2]，但一如我们所知，希姆莱一向不同意这么做，“他是赞同的”只是施伦堡一厢情愿的想象。尽管施坦因纳本人渴望与西欧谈判，但他的进攻失败无须政治上的解释，失败当然也不是希姆莱的故意为之，他本就认为这场进攻必败无疑。然而，希特勒要的不是正义，而是报复。他宣称[3]，希姆莱的叛变是他平生所知最恶劣的背叛；费格莱因企图逃跑本身就是犯罪，他要此人付

---

1 容格夫人、肯普卡和阿克斯曼都曾提到米勒审讯费格莱因一事，另一些人也指出，米勒曾于最后那几日出现在地堡。不过，整起费格莱因事件还是有些事实不清晰之处。希姆莱叛变后，身为党卫队高官的米勒也很可能曾遭受怀疑，但此刻看来，他的职位似乎是独立于希姆莱的，希姆莱的其他下属也从未信任过他。

2 除施伦堡外，肯定还有其他的警察部门和党卫队高官（包括施坦因纳、奥伦道夫、戈特贝格和希尔德布兰特）也在酝酿这样的阴谋，不过似乎一直停留在随口闲谈的阶段。

3 对阿克斯曼。

出血的代价。勃兰特博士已在最后一刻逃脱了他的魔爪，他不会再让费格莱因逃脱。简短的手续之后，警卫队将费格莱因押出地堡，带进总理府的花园中枪毙了。

费格莱因的鲜血缓和了希特勒的情绪，他转头开始继续考虑当前的军事局势。据报道，苏军的坦克已经开到了波茨坦广场，希特勒命令格赖姆，要确保将所有可用的飞机都派去攻击它们。格赖姆通过电话对克里斯蒂安将军下达了命令；不过，他很快就能亲自监督命令的执行了。4 月 28 日，在他被困地堡近三天之后，一架飞机出乎所有人意料地飞进了柏林，准备将这位新上任的德国空军总司令送去他的作战总部。一名空军中士飞行员驾驶这架阿拉道（Arado）96 教练机从雷希林起飞，自 1.3 万英尺[*]高空盘旋下降，最后降落在东西轴线上。

午夜后不久，希特勒来到格赖姆的房间，向他传达了最后的命令。希特勒面色苍白地坐在格赖姆床边，给他解释这一使命的双重性质。首先，苏军已经建立用以攻击总理府的阵地，他要率领德国空军进攻这些阵地。
152 在德国空军的帮助下，文克或许能够强行攻入柏林。其次，他必须下令逮捕叛逆之徒希姆莱。提到这个名字时，希特勒气得声音、双唇和双手都在颤抖。“一个叛徒休想

---

* 1.3 万英尺约为 3962 米。

继承我的元首之位，”他咆哮道，“你必须确保他这辈子都当不了元首！”

格赖姆和赖奇都拒绝离开，他们想要留下来。他们说，这只会是一场徒劳的尝试，他们永远到不了雷希林……但希特勒坚持要求他们离开。这是成功的唯一机会。为此，格赖姆屈服了，但汉娜·赖奇仍在劝说，不过，她最终还是泪眼婆娑地带着满口华丽抽象的辞藻离开了地堡，一如她来时那样。她随身携带着地堡中人匆忙写就的信函——赫韦尔写给外交部总部和鲍曼写给纳粹党总部的官方信函（前者位于萨尔茨堡附近的富施尔城堡，后者位于上萨尔茨堡山），以及戈培尔夫妇写给儿子，爱娃·布劳恩写给妹妹费格莱因夫人的私人信函。戈培尔的信中有几句辞藻华丽之言，描述了自己对元首纯洁神圣之事业的奉献，认为自己堪称典范。爱娃·布劳恩的信没能保存下来。汉娜·赖奇说她的信“太庸俗、太做作、太幼稚，趣味低级”，留下来没有丝毫好处，于是把它撕了。（如果汉娜·赖奇的记忆正确，）信中，爱娃·布劳恩只是滔滔不绝地聊着她自己，完全没有提到自己妹夫的身体状况，事实上，在她写信之时，总理府花园中正在埋葬费格莱因的尸体。

离开地堡时，格赖姆带走了对他受伤灵魂的一丝慰藉。在过去的许多月中，希特勒常常痛骂德国空军最高将领们无能又懦弱，侮辱空军军官，要求他们执行不可能完成的任务，以及威胁要对他们施加野蛮的报复。此刻，希特勒的怨恨似乎随着戈林的离去而消失了。他在格赖姆面前盛赞德国空军，想要弥补过去的指责；他说，空军一直都是所有武装部队中作战最好的，就连敌人都承认过，空军全员，甚至包括地面人员，都表现出了非凡的勇气。他明确表示，空军在技术上的劣势不怪他们，都是其他人的错。在这番“正式谢罪”的表态中，他甚至为可怜的老科勒流下了一滴泪[1]。之前，身为空军参谋
153 长的科勒是个动不动就受训斥的替罪羊，他经常扭绞着双手，无可奈何地承受着希特勒如洪水般汹涌的辱骂。

我可以简短描述一下格赖姆和赖奇随后的经历。一如来时那样，他们刚飞出柏林就陷入了可能被摧毁的重重危险之中，汉娜·赖奇对这段经历的描述丝毫没有损失其戏剧性的一面。他们的飞机如羽毛一般，在重重爆炸中被甩来甩去，直至爬升到两万英尺*的高空。从两万英尺的高空往下看去，此时的柏林犹如一片火海。抵达雷希林后，格赖姆下令出动所有可用飞机，支援解救

1 这是科勒引用的格赖姆的说法（1945 年 5 月 8 日）。上述部分叙述主要基于格赖姆（对科勒）和赖奇的说法，也得到了冯·贝洛的证实。

* 两万英尺约为 6096 米。

柏林。接着，他们又启程离开雷希林，飞到了邓尼茨位于普罗恩的总部。在那里，汉娜·赖奇与希姆莱进行了一场面谈，我们有幸得到了一段关于此事的生动描述，不过可能并不准确。这次面谈中，面对女主角直言不讳的斥责，头号反派冷酷的外表没有丝毫动容，最终，一场猛烈空袭结束了这场争论。在普罗恩停留几日后，受伤的男主角格赖姆带着忠诚的女主角赖奇再次启程，飞往柯尼希格雷茨，飞往格拉茨，飞往滨湖采尔，给舍尔纳和凯塞林带去爱国主义的信息。在滨湖采尔，他们遇到了步履沉重的科勒将军；从科勒更加平实的笔触中，我们最后一次瞥见了这对引人好奇的男女——格赖姆的身体已经完全垮了，皮肤蜡黄，拄着两根拐杖，脚步蹒跚；赖奇一脸的坚毅与泪意；两人乏味冗长地一唱一和，时而猛烈抨击戈林，时而虔诚地为元首和祖国祈祷。“在这种情况下，”科勒抱怨道，“你很难讨论实际问题。”

希特勒在打发走里特尔·冯·格赖姆后，便开始着手下一件事：与爱娃·布劳恩结婚[1]。为了举行这场具有象

1　格赖姆和赖奇都否认对他们结婚一事知情，因此我认为他们的结婚日期在格赖姆和赖奇离开之后。在此之前，格赖姆和赖奇确实身在元首地堡，如果发生了此事，他们不可能不知道。根据多个消息来源，似乎可以肯定他们是在午夜后不久离开的。灿德尔和洛伦茨都说，希特勒的婚礼是在深夜一点到三点之间（**下转**）

154 征意义的仪式，戈培尔叫来了瓦尔特·瓦格纳。戈培尔是柏林的地方长官，瓦格纳是他麾下的地方督察员，在市政府拥有一个名誉职务，因此被认为是主持该非宗教结婚仪式的合适人选。瓦格纳身着纳粹制服来到地堡，还戴着人民冲锋队的臂章，在这里，只有戈培尔一人认识他。婚礼在地堡私人区的小会议室，即“小地图室”[1]举行。除了希特勒、爱娃·布劳恩和瓦尔特·瓦格纳外，戈培尔和鲍曼也在婚礼现场。整个流程很简单。双方都宣称自己是纯雅利安血统，没有遗传疾病。考虑到当前的军事形势和种种特殊情况，他们只打算按照战时规格举行婚礼，也就是致辞简单，干净利落，不拖泥带水。短短几分钟，双方就完成了同意结婚和签字注册的全过程，仪式结束。签字时，新娘一开始打算写“爱娃·布劳恩”，但还没有写完就被阻止了，于是，她删掉了已经写好的首字母 B，改成了“爱娃·希特勒，原姓布劳恩”。婚礼结束后，新郎、新娘走出会议室，进入外面的通道中，几名将领和秘书等在那里。他们与这些人依次握完手后，回到了自己的私人公寓，开始享用新婚的早餐。没过多久，他们就邀请

（**上接**）举行的，结婚证书上的日期也清楚地写着 4 月 29 日（即午夜之后）。因此，我拒绝采纳冯·贝洛、克吕格尔小姐和克里斯蒂安夫人的说法，即婚礼举行于午夜之前。

1 图中的第 21 号房间（本版第 137 页）。

鲍曼、戈培尔夫妇，以及希特勒的两名秘书，克里斯蒂安夫人和容格夫人进入了自己的私人套房。众人在里面坐了几个小时，边喝香槟边聊天。他们聊到了往事和老友，聊到了希特勒曾亲自出席戈培尔的婚礼，那会儿都是好时光，现在新郎、嘉宾的身份互换了，好时光也不复存在了。随后，希特勒再次谈到了他的自杀计划。他说，民族社会主义已经完了，永远不会复活了；在被挚友欺骗、背叛后，死亡对他来说将是一种解脱。一时间，阴郁笼罩了整屋的 155
人；一名秘书离开了房间。这场聊天持续了很长时间，在此期间大家频繁地进进出出，毕竟各自都有其他的事情要忙。中途，克雷布斯、布格道夫和冯·贝洛也进来与众人聊了一会儿，还有党卫队副官京舍和素食厨师曼齐亚利小姐；希特勒和容格夫人也离席过一阵子，去了相邻的房间口授遗嘱，他也曾偶尔在这个房间召见其他人[1]。

终于，多年后，爱娃·布劳恩的身份有了定论，不再暧昧不明。第二天，有名仆人在危急时刻打破了不准与“E. B.”说话的禁令，称呼她“仁慈的小姐”时，她终于可以回答说，“你可以放心地称呼我为希特勒夫人”[2]。

---

1 这段关于婚礼的描述参考了克吕格尔小姐、克里斯蒂安夫人、容格夫人、灿德尔、洛伦茨和冯·贝洛的陈述，以及他们的结婚证书。

2 据卡诺说。

我们并不知道是什么促使希特勒举办了这场迟来的婚礼；但人们可以放心大胆地猜测，不必担心猜错。结婚显然是爱娃·布劳恩的心愿。长久以来，她一直因自己在王庭中的暧昧身份而感到尴尬，如果希特勒在很早以前就同意结婚，她一定会欣然接受，但希特勒不愿意。他不愿承认自己有妻子或情妇的原因大概是害怕别人认为他尚有人性吧。最后关头，他原本并不希望她出现，当她于 4 月 15 日抵达柏林时，他曾试图送她走，只是没能成功。既然留下了，她就有权得到奖赏。她的忠诚使她更有资格让希特勒考虑这场婚事。希特勒曾说过，只有她能做到自始至终忠诚于自己，她也证实了他的这一直觉。当所有人都背叛他时，她的忠诚就更引人注目且更值得嘉奖了。希特勒在与私人副官谈话时，曾用她的忠诚对比过戈林和希姆莱的严重背叛，他们二人都曾深
156 受希特勒信任[1]。巨大的忠诚值得巨大的认可，而她最想要什么认可是毋庸置疑的——地位，这个地位要能让她有别于王庭中的其他所有女性，要能让她有权获得她此刻最想要的荣誉，即与元首共享葬礼。这是一个很简单的要求；在这最后一刻，几乎不可能被误读。最终，她的要求得到了批准。

---

1 据冯·贝洛说。

婚礼后的社交活动间隙，希特勒都在忙着处理继任权的问题，这事让他忙了一整夜。他派人请来了秘书容格夫人，口述了两份文件：他的个人遗嘱和政治遗嘱。这应该是他留给后人的最后要求，也是这一纳粹神话的文字基础。

如此清晰的目的也让这些文件变得极其有趣；它们是他关于纳粹运动的最后宣言，目的是向世界庄严告别，并向后世传递信息，因此，你只能在其中看到关于毁灭性革命的空洞废话、陈词滥调、负面要求和毫无意义的军国主义，以及他坚称自己无辜和对失败的反向控诉。

政治遗嘱分为两部分，第一部分是综述，第二部分是细节。“包括我在内的所有德国人都不想打 1939 年的那场仗，任何关于我们想打的说法都是造谣。想打且挑起这场战争的只有那些国际政客，他们要么有犹太人血统，要么为犹太人的利益服务。我已经主动提出过裁军了，后世之人不能把这场战争的责任推到我身上。”他的思绪从这份遗嘱又转到了《我的奋斗》上，从这份墓志铭又转到了纳粹党的党章上，从不承认对战败负责又转到了对取得光荣胜利的承诺上。接着是他绝望的呼声：“这场为期六年的战争，尽管挫折重重，但总有一天会载入史册，成为一个民族生存意志最光荣、最英勇的证明，而我不能在此时此刻放弃这个国家的首都。我们的力量

太小，不足以继续抵御敌人对这座城市的进攻，面对一支不动脑子、唯命是从的军队，我们的抵抗将会逐渐消
157 磨殆尽，我只希望能够留在这里，迎接另外数百万人已经接受的命运。敌人想要一个壮观的场面，让犹太人用我示众，娱乐他们歇斯底里的民众，我绝不会让自己落入他们之手。这就是我决心留守柏林的原因，当我认为元首地堡和总理府再也守不住时，就会主动自尽……”接着，他向纳粹党所倚仗的军队告别，但告别的同时，还在间接地批判他指控为战败原因的那支部队：“未来，希望德国陆军的军官们能如我们的海军一样，将绝不交出领土和城镇视为维护荣誉之必需，而且最重要的是，将指挥官誓死忠于职守，以此树立光辉典范视为维护荣誉之必需。”第一次世界大战时，希特勒是军人，战败后，他指责政客背叛了军人。当时，他对德军总参谋部简直赞不绝口：“德国陆军的组织和领导是全世界有史以来最强大的东西。”第二次世界大战时，他成了政客；战败后，他指责军人背叛了政治家，指责所有人都背叛了他。

综述完了就是具体细节。政治遗嘱的第二部分与第一部分一样，主要着墨在指责和否定上，而非正面评价。“在我死前，”开篇就是，“我宣布开除前帝国元帅赫尔曼·戈林的党籍，取消 1941 年 6 月 29 日所颁法令和 1939 年 9 月 1 日吾之帝国议会演讲赋予他的全部权力。

我任命海军上将邓尼茨接替他成为帝国总统，兼武装部队最高指挥官。”

当初收到希姆莱背叛的消息后，元首地堡开了一场闭门会议，会中做了什么决定，现在一目了然。继任问题终于尘埃落定。既然政客背叛了他，陆军背叛了他，党卫队也背叛了他，那就找一名海军人员来继任吧。即便海军并非战绩卓绝，但至少一直发挥着纳粹精神。“未来，希望德国陆军的军官们能如我们的海军一样……”在这句话 158
中，希特勒为那个长期悬而未决的问题找到了答案。

下一段的形式与前一段相同，宣布了另一个头号叛徒的命运。“在我死前，我宣布开除前党卫队全国领袖、帝国内政部长海因里希·希姆莱的党籍，取消其一切职务。我任命地方长官卡尔·汉克接替他成为党卫队全国领袖兼德国警察首长，地方长官保罗·吉斯勒接替他成为帝国内政部长。

“戈林和希姆莱在我不知情或未经我同意的情况下与敌人秘密谈判，并企图非法篡夺国家政权，更何况还背叛了我，他们给国家和全体人民带来了无法消弭的耻辱。”

在处理了叛徒并任命了他自己和他们的继任者后，希特勒开始口述他们应该接受的政府。“为了让那些愿意用尽一切方法继续这场战争的高尚之人组成政府，为德国人民服务”，他篡夺了自己继任者的特权，替对方任命了十九名内阁官员。除任命邓尼茨为帝国总统、武装部队最高指挥官、战争部长和海军总司令外，最有趣的是，任命戈培尔为帝国总理，鲍曼为纳粹党总部主任，奥地利卖国贼、荷兰压迫者赛斯－英夸特为外交部长。就这样，希特勒终于将被称为“第二个俾斯麦”的里宾特洛甫从他极不胜任的职位上撤了下来。另一位被希特勒悄悄漏掉的人是阿尔贝特·施佩尔，施佩尔的军备部长一职由他的二把手绍尔接任。最终，尽管这位王庭的便雅悯[*]犯过错，但希特勒还是给予了他一些恩惠，默默忽略了他的那些罪过，找人取代他并非出于愤怒，而是无奈之举。陆军元帅舍尔纳被任命为陆军总司令，波西米亚保卫战可能还要仰赖他那建制完整的陆军军团。诸多变化之中，至少有一个名字未曾改变，那就是财政部长什未林·冯·克罗西克伯爵。他能如西哀士神甫一般，从种种重大危机之中“幸存下来”，已足以自我吹嘘了。

159 接着，希特勒开始口述给遗嘱中这届新政府的命令。尽管新政府中的一些成员，比如鲍曼和戈培尔，是自愿来到柏林的，他们不愿抛弃首都，希望能在这里与元首一同赴死，但他们必须遵守希特勒的命令，活下来，执掌纳粹政府，继续纳粹战争，续写纳粹神话。最后，他说：

---

* 《圣经》中雅各与拉结最受宠的小儿子。

"最重要的是，"他们必须"万分坚决地维护种族法律，毫不留情地抵制所有国家的毒瘤——国际犹太人"。这份非同寻常的文件到此结束。

相比之下，希特勒的个人遗嘱篇幅较短，内容也更加务实。这不是一份革命天才、毁灭天使的遗嘱，而是一份奥地利小中产阶级、上萨尔茨堡山爱看电影的别墅主人、爱娃·布劳恩的丈夫的遗嘱。遗嘱中解释了他的婚姻，处理了他的财产，宣布了他即将死亡。

> 尽管经历多年挣扎，我不认为自己能够承担婚姻的责任，但在此时此刻，在我的生命结束之前，我决定，让我的多年挚友，让这个在柏林几乎已是围城之时自愿来到我身边与我同生共死的女人，成为我的妻子。她将自愿以我妻子的身份随我一同赴死。这将弥补我们在我为人民服务的过程中所失去的东西。
>
> 我的财产，只要还有价值，皆属于党，若党已不在，即属于国。若国亦覆灭，就无需我的进一步指示了。
>
> 这些年来，我购买诸多画作，以为藏品，皆非出于私利，只是想在我位于多瑙河畔的家乡林茨建一座画廊。
>
> 我最衷心的愿望是这份遗嘱能得到忠实执行。
>
> 我任命我最忠实的党内同志马丁·鲍曼为遗嘱执

> 行人，将决定权全部交付于他。我允许他将一切可作为
> 个人纪念物的东西或维持小中产阶级生活水平[1]所必需
> 161 的东西交给我的亲戚；尤其是交给我的岳母，以及他所
> 熟悉的忠诚于我的同志们，无论男女。其中最重要的是
> 我的前秘书——温特夫人等，她们为我工作多年，帮助
> 良多。
>
> 为了免受被推翻或投降的耻辱，我与妻子选择赴死。在我为人民服务的十二年中，我的大部分日常工作都是在这里完成的，我们希望，我们的尸身也能在这里即刻火化。[2]

凌晨四点，两份文件已准备就绪，只待签字。因不确定是否能安全送达，但这样重要的文件必须留给后人，

---

1 “维持小中产阶级生活水平”的德文原文为“zur Erhaltung eines kleinen buergerlichen Lebens”。

2 希特勒的遗嘱在被发现并首次公开时，其真实性曾遭到质疑，质疑者中还有一人写了一封信给《每日电讯报》，他们都提到了该打字稿中的非德语特征。其实原始文件中并不存在这些特征，该报纸刊登的是原件照片的复印本，有些地方字迹模糊，助理编辑为了描清这些部分才让其呈现出了这些特征。因此，他们的质疑其实没有根据。文件的真实性得到了大量内部证据和环境证据的证实，经受住了专家对签名的仔细比对，并且与所有知道它们之人的证词相符，证人包括个人遗嘱的连署人冯·贝洛和两份文件的打字员容格夫人。

因此，它们都是一式三份。希特勒签字后，戈培尔、鲍曼、克雷布斯和布格道夫在他的政治遗嘱上做了连署，戈培尔、鲍曼和尼古劳斯·冯·贝洛上校在他的个人遗嘱上做了连署。冯·贝洛是希特勒的空军副官，在他身边做了八年贴身侍从，这也是希特勒召他来做连署人的原因。

签完字后，希特勒就回房休息了。鲍曼和戈培尔仍有工作要做。他们都参与了宣布希姆莱叛变后的那场秘密会议，我们有理由认为，继任权及随之而来的各种问题都已在那次会议中有了定论。据希特勒说，他们两人都曾表示誓死留守柏林，但希特勒命令他们活下去，执掌纳粹政府。他们现在都要做出决定：到底听从哪一个声音。

马丁·鲍曼一点也不浪漫，他既不是政客，也不是 162
军人；既不是先知，也不是牧师；既不是勇士，也不是信徒，他只爱一样东西——权力；他对权力的爱，并不在于权力的外在、虚名和可得的敬重，也不在于能获得的物质报酬，而在于它的可用性，在于实施权力的保障。希特勒在时，他享受着这种保障，现在希特勒决意赴死，他还如何继续拥有实施权力的保障呢？他并不是真的想死，他此前一直都表露出想要活下去、想要逃走的心声。但是，活下来后，他该如何留住他所热爱的权力呢？他只是个无关紧要之人，完全依赖于自己的主人。他若想作为王位背后的“灰衣主教”活下来，只有两种可能：

要么自己继任，要么选一个仍会将他视为不可或缺者之人来继任。鲍曼本人是否曾希望继任，我们无法定论；但他继任的可能性不大。他拥有的是担任秘书的才能，而非担任统治者的才能：他可以成为约瑟夫神父，但无法成为红衣主教黎塞留。而且在希特勒眼中，他无疑也是和希姆莱一样的，“太过缺乏艺术修养”，无法胜任德国元首之职。如果他无法继任，但可以推荐继任者，那么确保被指定的继任者是一个需要他才能的人，对他就至关重要了。戈林肯定不需要他，因此他原本就没考虑戈林。为了获得双重保险，鲍曼前不久或此刻还采取了一项额外的预防措施。他给自己在上萨尔茨堡山的亲信们发了一封意义重大的电报[1]：“柏林局势越发紧张了。如果柏林沦陷，我们身亡，你们必须立即处决 4 月 23 日的那些叛徒。兄弟们，务必履行好这一职责！你们的生命和荣誉在此一举！”这封电报及时送到了看押戈林的指挥官手中，但该指挥官并不认可鲍曼的权威，戈林因此逃过一劫。

1　该电报的文本是由科勒（5 月 1 日）转交的，他说是他“昨日”（4 月 30 日）收到的。不过，已于 4 月 29 日离开地堡的灿德尔为该文本的真实性做过担保，因此，该电报的真实发送时间应该更早。克里斯蒂安夫人知道这封电报，但并不知道是否由希特勒授权发送。

同样可以肯定的是，希姆莱也绝对不会雇用鲍曼担任顾问；对觊觎元首之位的他来说，虎视眈眈的竞争对 163
手已经太多了。不过，这个具有决定性的多事之夜也为鲍曼消除了希姆莱继任的危险。希特勒选中的继任者是邓尼茨。邓尼茨是名海军将领，而非政客。他还是一名纳粹分子。他毫无政治经验，但无比忠诚于希特勒及其理想。他势必需要一名好的纳粹顾问，这名顾问既要了解纳粹的诸多秘密，也要具备丰富的行政经验。若希特勒就继任问题咨询过鲍曼，那他有何建议我们无从得知；但几乎可以肯定的是，他乐意邓尼茨被提名，以及在当时的情况下，希特勒在遗嘱中命令他活下去，他是欣然接受且心怀感激的。鲍曼认为，待邓尼茨继任后，他的职责就是服从；只要服从，就能继续掌权，若没了可以行使的权力，生活对他就毫无滋味了。

戈培尔与他截然不同。作为党内的知识分子，他活着的要旨和理由并不在于所能行使的权力，也不在于能从中获得的报酬，而在于创造以他为先知，且只有他才能清晰又令人信服地讲述的神话。对他来说，幸存并非肉体活着，而是仍然有人流传他的神话。此前，思维清晰的他就已意识到，肉体的幸存就意味着神话的破灭。希特勒自己也意识到了这一重要的心理学真理，他自己也在利用这一真理，只是不允许他的先知们这么做。但是，为什么要让希特勒借此独占纳粹党的一切美德呢？当他在死后以领袖身份载入史册时，他的身侧真的没有其忠实追随者的一席之地吗？如果这位毁灭之神要在他被毁灭的天堂里自焚，他的毁灭祭司难道不应该在自己被毁灭的神庙中效仿他吗？当然，祭司的地位低于神明，他的神庙自然没有神之天堂那么富丽堂皇、那么引人注目。在这样恢宏的场面中幸存下来，不仅令人扫兴，还很不合逻辑。

戈培尔在他最后的行动、讲话和著作中都践行了这一思想。当鲍曼建议逃跑时，他坚持要留下来。在最后那段日子里，地堡各处都能听到他冗长乏味的演讲。他
164 曾经一边在房内一瘸一拐地踱步，或者一边像紧握演讲台一样紧握椅背，同时谴责戈林为活命而背叛的行为，并以未来历史学家的名义，盛赞自己即将用精心安排的死亡树立的伟大而精彩的榜样[1]。这一思想也体现在戈培尔写给继子的信中：这封信是由汉娜·赖奇带出地堡的。他在信中写道："待这场可怕战事结束，德国要想继续存在，就必须有引领其重建的榜样存在。"当然，他所说的

1　汉娜·赖奇描述戈培尔在地堡的行为时，文风一如既往，充满了她的个人偏见以及她对修辞无可救药的喜爱，但大致的事实应该还是真实的。至少，她所描绘的情绪与戈培尔写给继子哈罗德·匡特（Harold Quandt）的信中（该信的文本仍在）以及他所写的那份附录中（汉娜·赖奇对该附录一无所知）的情绪一致。

“重建”并不单单指德国工业、德国之独立或德国之伟大的重建，还包括纳粹主义的重建；这样来解读他的表达，就能看出其中蕴含的深刻的心理学真理。任何一场重大的失败过后，总会有人说，现在的当务之急是维持政权。他们能够提出合理的论据来支撑这一观点，这个观点其实是在方便胜利者。如果你想要的幸存不仅仅是活在另一制度之下，而是想要复活那个被打败的意识形态，那么，这一观点就很短视，而且终将失败，一如贝当元帅及其支持者们的经历。神话的复兴需要的不是连续性，而是一种姿态，哪怕这种姿态是自杀。

在为希特勒的两份遗嘱做完连署后，戈培尔回到自己的公寓，开始撰写《元首政治遗嘱附录》，这其实是他的个人辩解文。他写道：

> 元首命令我在帝国的防御被击溃后离开柏林，在他任命的政府中担任领导职务。
>
> 对于元首的这一命令，我必须断然拒绝，这也是我有生以来第一次这么做。我的妻儿也拒绝了。我这样做，除了我们的人性和忠诚不允许我们在元首最艰难之时背弃他外，还有另一个原因，那就是若不这样做，我余生都会背负无耻叛徒和粗俗恶棍的骂名，也会彻底失去我对自己以及国民对我的尊 165

重；若要为德国这个民族及这个国家塑造未来，这份尊重就必不可少。

在战争最关键的时刻，元首却被背叛的谎言包围，此时必须至少有一个愿意无条件誓死留在他身边的人，哪怕这样做会违背他在政治遗嘱中下达的正式且（务实而言）完全合理的命令。

我相信，这是我目前能做到的对德国人民的未来最有益的事。在未来的艰难岁月中，榜样比人更重要。你总能找到可以带领国家走向自由的人；但若没有头脑清醒又受到公认的榜样为基础，就不可能重建国民的生活。

出于这个原因，哪怕帝国首都沦陷，我也坚决不会离开这里。届时，我将在元首身侧结束自己的生命，如果我不能再为元首服务，不能再陪伴在他身旁，那活着也毫无价值。这一点上，我的妻子与我同心，我也能代表我的孩子们，尽管他们现在还太小，无法亲口表明自己的立场，但我相信，如果他们足够大，一定会无条件地同意我的这一决定。

这是戈培尔博士最后一份著名的致德国国民的政治宣言，当他在上面签上名字时，已经凌晨五点半了。我们至少得承认，他直到最后都没有丧失思想的敏锐和拉丁民族语言表达的清晰性。

4月28日至29日的这个夜晚与4月22日的那个下午一样，都是做出了种种艰难决定的时刻。第二天，众人都在忙于执行这些决定。第一件事就是将希特勒的遗嘱送到他有新任命下达的对象手中。早晨八点左右，布格道夫将军派人叫来了希特勒的陆军副官维利·约翰迈尔（Willi Johannmeier）少校，告诉他有一项重要使命要托付：他要将元首的一份政治遗嘱带出柏林，穿过苏军防线后交到陆军元帅舍尔纳手中，舍尔纳是新任的陆军总司令。与他同行的还有两名信使，他们会携带类似的文件，一人是鲍曼的私人顾问兼代表，党卫队旗队长威廉·灿德尔；另一人 166
是宣传部官员兼戈培尔的代表海因茨·洛伦茨，正是他把希姆莱叛变的消息送到了地堡。这两人会得到不同的指示。约翰迈尔是德国国防军的一名军官，战绩卓越，出了名的骁勇善战、足智多谋，此行艰难，他的任务是护送这支送信队伍穿越敌军防线。布格道夫在将希特勒的一份政治遗嘱交给约翰迈尔时，还随附了一封他写给舍尔纳的亲笔信：

亲爱的舍尔纳——我派可靠之人将元首遗嘱送至你处。元首惊闻希姆莱叛变，于今日写下该遗嘱。他的决定已无法变更。一旦接到元首命令，或确认

元首殒没，务必立即公开该遗嘱。祝万事顺遂，希特勒万岁。——威廉·布格道夫

这份遗嘱将由约翰迈尔少校递送。

舍尔纳若能收到这封信，至少会知道，希特勒与尤利乌斯·恺撒一样，是说着“连你也背叛了吗”死去的。

鲍曼也在大约同一时间召见了自己的顾问威廉·灿德尔，下达了类似的指示。鲍曼命令灿德尔将元首遗嘱送至邓尼茨上将手中，一听到这话，灿德尔的心就一沉。他受教育程度较低，虽然愚蠢，但是诚实。在最后那段日子里，他冷静审视了过去十二年的历史，对自己在这段历史中的作用有了更清晰的认知，并做出了一个决定。他自认是一个理想主义者，入党很久，且一直效忠于它。他逐步放弃了自己在意大利的舒适工作，但不是为了高官厚禄，而是为了拜倒在新神明的圣坛之上。当他终于发现这股理想主义在将它的盲目信徒带往何处时，为时已晚。此刻，当他能清晰看到这一选择的真正后果时，已经没有回头路可走了，他已经来不及改变了。他已经为自己的理想献出了一生，无法挽回。此刻，随着理想主义的破灭，他只求悄然死去，结束这虚度的一生，为那些已经来不及摆脱的幻想赎罪。一周前，当一架架飞机、一辆辆卡车离开纳粹党总部，护送逃亡者前往上萨尔茨堡山时，他

拒绝同往。他已决心在柏林与纳粹主义一同毁灭。此刻，
他却在毁灭前夕被命令离开，不得不毫无目的或指导地重
启那已经虚度了一半的人生。他不愿意，他向鲍曼解释了 167
一切，恳求换人。鲍曼找到希特勒，描述了打乱他们计划
执行的这一阻碍。回来后，他告诉灿德尔，他的意见已被
驳回。这是元首的命令，他必须去。于是，鲍曼把自己手
中的文件递给了他，包括希特勒的个人遗嘱和政治遗嘱，
以及希特勒和爱娃·布劳恩的结婚证。

鲍曼匆匆写了一张便条，附在这些文件最上面。与他最后的所有通信一样，他在这张便条中也表达了对援军失败的怨恨：

> 亲爱的海军元帅——各师均未能抵达，我们似乎已获救无望。元首昨夜口述之政治遗嘱，随信附上。希特勒万岁！——鲍曼

与此同时，约翰迈尔找到洛伦茨，告诉他有一项特殊使命在等着他。洛伦茨走进希特勒地堡外围的普通用餐室吃早餐，在那里遇到了灿德尔，灿德尔也给他带去了类似的信息，并建议他立即去见戈培尔或鲍曼。洛伦茨到戈培尔那里报了到，戈培尔让他先去找鲍曼再回来。洛伦茨在鲍曼那里拿到了希特勒的个人遗嘱和政治遗嘱。

洛伦茨一回来，戈培尔就把自己写的附录交给了他，命令他带上这些文件逃往邓尼茨的总部，或者是任何的英国或美国领土，并最终将它们送到纳粹运动的发源地慕尼黑，在那里将这些文件作为英雄时代的证据保存下来。具有历史眼光的戈培尔将自己的宣言也附在了这些文件中，不过，他呼吁的对象并非军事将领，而是子孙后代。

这天早上的剩余时间都是在匆忙地为此行做准备，
168 大约正午时分，洛伦茨、灿德尔、约翰迈尔三人在一个名叫胡梅里希的下士陪同下离开了地堡。这一队人彼此之间并不和睦，装备也很差，他们的这项使命也处处透露着仓促和缺乏准备，既没有给他们发食物和钱，也没有下达正式的任务文件，每个人都是能找到什么路上可用的就带什么。洛伦茨已经去希特勒那里作了报告，道了别，希特勒一言不发，只是默默地与他握了握手。灿德尔一开始连与鲍曼告别的时间都没有，当他终于有时间给鲍曼打电话告别时，得到的只是鲍曼愤怒的质问，问他为什么还未离开，并命令他立即动身。他们的穿着也不统一：约翰迈尔穿军装，灿德尔穿党卫队制服，洛伦茨穿便装。他们离开总理府后，穿过赫尔曼·戈林大街的汽车修理厂，继续向西，穿过蒂尔加滕和夏洛滕堡区，前往哈韦尔河北端的皮凯尔斯多夫。约翰迈尔和胡梅里希走在前面，洛伦茨和灿德尔跟在后面，根据前者的手势信号行动。这一路，他们必须穿过围绕市中心的三个苏军包围圈，他们的三个穿越点依次是胜利纪念柱、柏林动物园火车站，以及皮凯尔斯多夫前的地点。他们于下午四五点间抵达了皮凯尔斯多夫，希特勒青年团的一个营正在那里守着一座桥，那是文克部队预计会抵达的地点。营长把他们安置在他的地堡中，他们一觉睡到了晚上。当晚十点，在与营长商议后，他们乘坐两艘船进入湖中，向南出发，前往德国陆军第九军部队控制下的万湖桥头堡。4 月 30 日凌晨，他们分开登陆，约翰迈尔登上了万湖桥头堡，洛伦茨和灿德尔登上了施瓦内韦德半岛。登陆后，他们进入地下掩体休息了一整天，夜里才重新会合，继续乘船前往哈韦尔河中的孔雀岛。之前，约翰迈尔在万湖桥头堡给邓尼茨发送了一封无线电电报，将他们的位置告知了他，请他派一架飞机来接。登上孔雀岛后，约翰迈尔和灿德尔脱下军装，换上了找到的便服。在这里，他们被另外三人追上了，这三人和他们一样，也是从被围困的帝国总理府逃出来的。

4 月 29 日上午，三名携带希特勒遗嘱的信使离开地 169
堡后，柏林与外界的所有电话通讯全部中断，包括地堡与国防军最高统帅部之前的无线电电话。该电话所依赖的气球被击落，击落当时，克雷布斯正在和约德尔通话，他们话都没能说完。王庭将领的副官和随从参谋彻底失去了功能。正是在这种情况下，其中三人决定尽可能逃离总理府，去与仍在等待的文克将军的部队会合。这三人分别是克雷布斯将军的副官弗赖塔格·冯·洛林霍芬少校（男爵）、他的随从参谋骑兵上尉格哈特·博尔特，以及布格道夫将军的副官魏斯中校。他们在研究了地图后，向自己的上级提出申请，克雷布斯和布格道夫承诺替他们向希特勒寻求许可。

4 月 29 日正午，地堡内按例召开当前形势会议，与会者有希特勒、鲍曼、戈培尔、克雷布斯、布格道夫、赫韦尔、福斯、冯·贝洛、弗赖塔格·冯·洛林霍芬和博尔特。克雷布斯报告了最新消息：苏军已进入格鲁内瓦尔德、夏洛滕堡区和安哈尔特火车站；其他战线没有消息传来；文克目前也毫无消息；夜里获得的弹药供给不足，空投到柏林废墟中的弹药箱并未全部找到。会议结束后，布格道夫将军问希特勒，是否可以允许这三名军官离开，尝试与文克的部队会合。希特勒同意了，他召来三人，下达了命令，要求他们找到文克将军，催促他尽快赶来，总理府撑不了太久了。弗赖塔格·冯·洛林霍芬、博尔特和魏斯于当天下午早些时候告别众人，离开了地堡。他们沿着早前出逃者的路线，在一名希特勒青年团向导的帮助下，于 4 月 30 日凌晨抵达了皮凯尔斯多夫的那座大桥。他们共乘一艘折叠艇，从那里出发，沿哈韦尔河而下，驶向万湖半岛和孔雀岛，并在孔雀岛追上了那三名携带遗嘱的信使。早前，在帝国体育场，他们也曾被一名地堡出逃者追上，那人是希特勒的空军副官尼古劳斯·冯·贝洛上校，他是希特勒死前最后一个离开元首地堡的人。

冯·贝洛上校在元首身边当了八年侍从，尽管此刻 170
的级别不算高，但已是为人熟知的一名王庭成员。得益于与元首的这种私交，他才会受邀参与 4 月 29 日上午的婚宴，并在希特勒的个人遗嘱上做了连署。他曾请希特勒给他一瓶毒药，也真的得到了这瓶毒药，但他从未真的想要参与最后的自杀行动。正午会议结束后，在听到元首批准弗赖塔格·冯·洛林霍芬、博尔特和魏斯离开时，他认真想了想，他也只是一名副官，在这个孤立无援、注定毁灭的帝国总理府内也确实发挥不了任何作用了。其他副官的例子鼓舞了他，他从中看出，他们显然不是必须留在地堡中的。克雷布斯和布格道夫说过，他们会留下赴死，现在却放走了自己的副官，希特勒难道不会做同样的事吗？尽管（如汉娜·赖奇所目睹的，或者至少是她所记录的）他们已公开发誓自尽，但早上已经有三人离开，此刻又有三人准备离开，而且，赫韦尔和福斯都曾审慎地向他保证，他们认为没有理由考虑如此过激的行动，若有可能，他们也打算逃走。

冯·贝洛在下午四点的会议中听了克雷布斯的报告，发现局势越发糟糕了。他找到布格道夫，询问对方，自己是否不可能获准逃离。布格道夫说，这得由元首来决定。于是，冯·贝洛又找到希特勒，提出了自己的请求。希特勒当即就同意了。4 月 29 日的希特勒似乎与 4 月 23 日原谅施佩尔的那个他一样，什么都能同意。他在这两天的平静都是决策危机后的平静。不过，希特勒之所以批准冯·贝洛离开地堡，还有另一个原因。他还有一份想要送出地堡的文件，那是他给自己遗嘱加的附言。他告诉冯·贝洛，他必须设法将这份文件送到国防军最高统帅部总部的陆军元帅凯特尔手中，该总部目前位于石勒苏益格—荷尔斯泰因州的普罗恩。然后，他让冯·贝洛做好准备，晚间会议结束后就启程。

十点，晚间会议开始，与会者有希特勒、戈培尔、鲍曼、克雷布斯、布格道夫、赫韦尔、福斯、冯·贝洛和
171 该市的指挥官魏德林将军。魏德林将军介绍了柏林当前的军事局势，该局势一如预期，正在不断恶化。苏军已经进入萨尔兰大街和威廉大街，就快抵达空军部了。柏林西边，苏军已经由北攻入了俾斯麦大街和康德大街之间的街道，并且由南进入了格鲁内瓦尔德郊区以北和帝国体育场以北的边界地区；目前只有皮凯尔斯多夫的一座桥头堡还有一小支德国军队坚守，该桥头堡位于哈韦尔河上，正是

驻守此地的希特勒青年团支队帮忙送走了那两队逃亡者。魏德林还介绍了苏军在其他战线取得了多场胜利，他们的各处阵线都在向前推进。苏军最迟也能在 5 月 1 日打到总理府。魏德林说，柏林军队必须立刻出击，才能有突破苏军包围圈，逃离柏林的可能，再晚就一点机会也没有了。希特勒说，这不可能。个人还有极微小的可能成功撤退，大部队是绝对无望的，毕竟这些军人已经被战斗磨得精疲力竭，且装备不良，缺乏弹药。说完这些，这个话题也宣告结束。希特勒的话一如既往就是定论。

会议结束后，冯·贝洛派人叫来了自己的勤务兵海因茨·马蒂辛[1]，命令他帮自己做好出发准备。然后，他正式与希特勒告别。希特勒一如面对洛伦茨时那样，一言不发，只是与他握了握手。接着，他与地堡中的所有人都道了别。克雷布斯将军将自己妻子的地址给了冯·贝洛，说，若有可能，帮他问个好；他还给了冯·贝洛一封信，让他带给约德尔将军，在这封信中，克雷布斯告诉约德尔，柏林危在旦夕[2]；这座城市已经彻底被包围，武器、弹药匮乏，空投补给不足，飞机无法降落，文克毫无音讯，

1 海因茨·马蒂辛已接受审讯，他的供词被用于检验和确认冯·贝洛的版本。

2 据冯·贝洛说。（原件已毁）

他们已不再指望他的部队前来救援。柏林只能再坚持抵抗数日。元首希望其他战线能战至最后一人。

布格道夫把希特勒的附言交给冯·贝洛，让他带给
172 凯特尔，这是希特勒给德国武装部队的告别辞。附言中（如果贝洛的复述正确），希特勒说，柏林保卫战已近尾声；他打算自尽，绝不投降；他已任命邓尼茨为继任者；在这最后关头，跟着他最久的两个拥护者，戈林和希姆莱，背叛了他。接着，他开始夸赞武装部队的成就，而他的战略已经将该部队带向了毁灭。他还赞扬了海军，称海军以高昂的士气一雪1918年的耻辱，此次的战败不怪他们。他原谅了德国空军，称他们已经英勇战斗过了，是戈林没能保住空军最初的霸主地位。至于陆军——一想到陆军，希特勒眼中就出现了两种人：普通军人，他也曾是其中一员，并与他们彼此信任；军事将领，不但错误指挥了陆军这一庞大武器，还拒绝执行他的战略，动摇他的政策，合谋对他不利。他曾认为陆军总参谋部是全世界有史以来最强大的东西，此刻，在他留给世界的这最后一则讯息中，他仍旧克制不住自己，再次表达了对其怨恨。他写道（根据冯·贝洛复述的版本[1]）："在

1 该文件的原件已毁，此处援引的是冯·贝洛复述的版本。就内部证据来看，贝洛的版本应该是真实的。

这场漫长而艰苦的斗争中，德国人民与武装部队已经竭尽全力，付出了巨大的牺牲。但有许多人滥用了我的信任。在这整场战争中，不忠与背叛削弱了抵抗，这致使我无法领导人民走向胜利。此时的陆军总参谋部已经无法与第一次世界大战时的总参谋部相提并论，它的功绩远远落后于前线奋战的部队。”附言最后，他再次重提了已不可能成功的泛德意志主义梦想，这也是《我的奋斗》中唯一积极（positive）且前后一致的内容：“德国人民在这场战争中付出了极其巨大的努力和牺牲，我无法相信这些都白费了。我们的目标仍然是为德国人民赢得东部的领土。”

4月29日到30日的午夜，冯·贝洛带着他的那名
勤务兵离开了总理府。他们走的已经是当时经典的逃生 173
路线，纵使中间会有调整：经过赫尔曼·戈林大街，穿过勃兰登堡门，沿着夏洛滕堡公路，抵达蒂尔加滕火车站；然后，在苏军的炮火下，经过康德大街，再经过马祖里林荫大道，抵达希特勒青年团总部；青年团向导带领他们经过帝国大街，走到帝国体育场。他们就是在这里追上了弗赖塔格·冯·洛林霍芬、魏斯和博尔特，然后紧随他们之后抵达了皮凯尔斯多夫的桥头堡；接着，他们和前面的出逃者一样，也是乘船沿哈韦尔河而下，在加图和克拉多之间的哈韦尔河西岸登陆。

第七章

希特勒之死

174 冯·贝洛离开地堡之时，希特勒已经在为末日做准备了。白天，他们收到了外界传来的最后消息。墨索里尼死了。他是希特勒的犯罪伙伴、法西斯主义的信使，他先是让希特勒看到了在现代欧洲实行独裁统治的可能性，后来又先希特勒一步踏上了幻灭与失败的阶段，此刻，他又以一种举世瞩目的方式展示了失败暴君的命运。墨索里尼及其情妇克拉拉·贝塔西在意大利北部的全面起义中被游击队员俘获，此刻已被处死，他们的尸体就倒挂在米兰的集市里，任由想要复仇的人群打砸。希特勒和爱娃·布劳恩若是知道了全部细节，只会再次重复他们先前的命令：将他们的尸体摧毁，“丝毫不留”；“敌人想要一个壮观的场面，娱乐他们歇斯底里的民众，我绝不会让自己落入他们之手。”事实上，他们不太可能收到了此类详细报告，否则只会让他们的决心更加坚定。

战败暴君的命运大体一致。希特勒就曾将一名陆军元帅的尸体挂在挂肉钩上示众，因此，无须翻看历史，也无须了解当下，他就能够知晓自己的尸体一经发现，可能遭受何种对待[1]。

这天下午，希特勒命人毒死了自己的爱犬，德牧布
隆迪。动手之人是他的前外科医生哈泽教授。当时，哈
泽教授正在柏林的诊所里救治伤员，突然接到希特勒传 175
召，这才来到地堡。家里的另外两条狗是被照顾他们的
中士击毙的。做完这些，希特勒又将毒药胶囊给了自己
的两名秘书，让她们在绝境中使用。他说，他很抱歉，
没能赠送她们更好的离别礼物，还赞扬了她们的勇气，
并特地补充道，若他的将领们也能像她们一样可靠就

1 那些想象力强于记忆力的人常说，希特勒的决定受了墨索里尼命运的影响。1946 年 8 月 25 日的《星期日快报》刊登了纽伦堡审判首席精神科医生的一篇文章，该文章记录了囚犯们的一次席间闲谈，甚至还引用了戈林的话：“你们还记得墨索里尼事件吗？我们有墨索里尼及其情妇惨死阴沟，以及他的尸体被倒挂空中的照片，真是极其可怕！希特勒疯了一般大喊道：‘绝不能让这种事发生在我身上！’”不过看一眼日期，你就知道这个传奇故事不可信。戈林最后一次见到希特勒比墨索里尼之死早了八天。戈林或许看过墨索里尼的尸体落入敌手后的照片，但希特勒从未看过。未经检验的人类证词就是这样，并不完全可靠，然而，许多书面历史都是基于人类证词撰写的。

好了[1]。

晚上，当住在另外两个地堡中的人聚集在元首地堡的普通用餐室用餐时，一名党卫队警卫前来通知他们，元首想要与女士们告别，而且在接到元首命令之前，任何人都不得就寝。凌晨两点半左右，命令来了。他们被电话召集到元首地堡，再次共聚于普通用餐室。来了约二十人，有军官，也有女性。他们到齐后，希特勒在鲍曼的陪同下，从自己的私人区域走出来。他神情恍惚，眼神依然如汉娜·赖奇上次见他时那样，蒙着一层水雾，显得有些呆滞。一些见过他的人甚至说他被下药了；不过，许多更熟悉他的目击者都曾评论过他的这种状态，也就无需更多解释了。他默默地沿着通道走来，与女士们依次握手。有些人与他说话，他要么一言不发，要么以旁人听不见的声音喃喃自语。在那一天，默不作声的握手仪式几乎已成惯例[2]。

在他走后，在场众人没有马上离开，他们讨论了这
176 一奇怪场面是什么意思，并一致认为只有一种解释：元首即将自尽。于是，发生了意料之外的事情，曾经笼罩在地堡居民精神上的那团巨大乌云似乎飘走了。那个可

1　据容格夫人说。

2　据冯·瓦罗说。

怕的巫师，那个暴君，他曾经让他们终日生活在不堪忍受且极具戏剧性的紧张氛围中，而现在，他就快走了，他们终于可以放松玩乐，哪怕只在黄昏的这个短暂片刻。总理府内的士兵与勤务兵食堂正在举行舞会。消息传来，但没人允许这些消息打扰自己的娱乐。元首地堡也传话，让他们安静一点，但舞会仍在继续。曾受雇于元首总部的一名裁缝[1]也与众人一同受困于总理府，舞会上，党卫队支队长兼警卫队指挥官拉滕胡伯将军居然亲切地拍了拍他的后背，像个地位平等的熟人一样向他问好，这令他十分惊讶。地堡内等级森严，在这里发生这样的事，令他十分不解，他仿佛成了一名高级军官。他说："这是我第一次听到一名高级军官对我说'晚上好'，这让我意识到，周遭的气氛完全变了。"后来，他从另一名地位相同的人那里得知了这一突如其来的反常亲切从何而来。希特勒已经与众人告别，就要自尽了。几乎没有什么力量能比共同危险和共同解脱更能消除阶级差别。

希特勒可能已经在为死做准备，但地堡里至少还有一个人在筹谋生路：马丁·鲍曼。就算无法说服德军前来营救希特勒和他自己，他也坚持要求他们为自己报仇。告别仪式结束后不久，也就是 4 月 30 日凌晨三点十五分，

1 W. O. 米勒。

他又发了一封电报，与之前的许多电报一样，生动体现了充斥在地堡中的焦虑氛围。电报收件人是普罗恩的邓尼茨，但鲍曼已不再信任普通的通讯工具，所以是通过梅克伦堡的地方长官转发的。其中写道：

> 邓尼茨！——我们日渐强烈地感觉到，驻柏林战
> 177 区各师已经怠战多日。发给我们的所有报告都会遭到凯特尔的控制、封锁或歪曲，但若走正常渠道，我们的通讯都势必经过他之手。现在，元首命令你们立即行动，毫不留情地处理掉所有叛徒。——鲍曼[1]

附言中写道："元首尚在，正在组织实施柏林防御。"字里行间丝毫看不出末日将近的迹象，甚至像是在否认末日的临近。这表明，鲍曼此时此刻仍不愿意承认自己即将失去权势，或者不愿承认自己必须从另一个难以预料之人手中重新获得权势。

当天上午晚些时候，新一天的工作已经开始，将领们一如往常，带着军事报告来到地堡。总理府指挥官、党卫队支队长蒙克带来了一点点好消息：他们从苏军手中夺回

1　该电报的德文原件称呼凯特尔为"泰尔豪斯"（Teilhaus），这是他的代号。

了西里西亚火车站。不过其他方面的军事局势毫无改善。正午时，又传来了更糟糕的消息。报告称，腓特烈大街的地下铁路隧道已落入苏军之手；总理府附近的福斯大街隧道也已被苏军部分占领；蒂尔加滕地区已全部沦陷；苏军已抵达波茨坦广场和位于施普雷河上的魏登丹默桥。希特勒收到这些报告时毫无情绪波动。下午两点左右，他开始吃午餐，爱娃·布劳恩不在，她显然要么是不饿，要么是在自己房间单独用餐。陪希特勒用餐的是他的两名秘书和素食厨师，这一点与平时她不在时一样，一切如常。午餐中的谈话没有任何异常。希特勒寡言少语，没有谈论他的打算。不过，迎接末日的仪式已经在准备中。

上午，警卫们收到命令，把今天一天的口粮都取走，之后就不得再进入地堡通道。午餐前后，希特勒的党卫队副官京舍向运输官兼司机埃里克·肯普卡传达命令，要求
他运输两百升汽油到总理府花园（他们两人都是党卫队二 178
级突击大队长）。肯普卡抗议道，现在很难立刻找到这么多的汽油，但他被告知必须找到。最终，他找来了大约一百八十升汽油，并成功送达花园。这些汽油装在杰里罐[*]

---

[*] 杰里罐是一种德国汽油罐，容量为 4.5 加仑。——作者注。战时，同盟军中有一种行话，称呼德国人为“杰里”（Jerry），因此也称这种德国汽油罐为“杰里罐”（jerrycan）。——译者注

中，由四人搬运摆放至地堡的紧急出口处。在那里，他们遇到了一名警卫，对方要求他们做出解释。他们说，这些是供通风装置使用的。该警卫让他们不要犯蠢，通风装置用的是石油。就在这时，希特勒的贴身侍从海因茨·林格出现了。他打消了警卫的疑虑，结束了双方的争执，将他们通通打发走了。很快，除执勤人员外，所有警卫都按照命令要求，离开并远离了总理府。最后一幕并不欢迎任何偶然的观众。

与此同时，希特勒已用完午餐，并打发走了所有客人。他在房内待了一会儿，接着在爱娃·布劳恩的陪同下，走出了自己的套房，举行了又一场告别仪式。参加仪式的有鲍曼、戈培尔、布格道夫、克雷布斯、赫韦尔、瑙曼、福斯、拉滕胡伯、赫格尔、京舍、林格和四位女士，即克里斯蒂安夫人、容格夫人、克吕格尔小姐和曼齐亚利小姐。戈培尔夫人没来，一想到孩子们即将死去，她就焦虑不安、心神不宁，已经一整天没出过房门了。希特勒和爱娃·布劳恩与他们逐一握手，握完后又返回了他们的套房。除了高级领袖和少数提供必要服务的侍从外，其他人就地解散。留下的人守在通道内，突然，一声枪响传来，他们等了片刻才进入房中。希特勒躺在血淋淋的沙发上，已经饮弹自尽。爱娃·布劳恩也死在了沙发上，身边有一支左轮手枪，但她没有使用，她是服毒自尽的。此时是下午三点半[1]。

不久后，希特勒青年团领袖阿图尔·阿克斯曼抵达 179
地堡，他没能赶上告别仪式，但获准进入希特勒的私人套房去看遗体。他仔细检查了他们的遗体，并在房内与戈培尔交谈了几分钟。接着，戈培尔离开，阿克斯曼与遗体独处了片刻。地堡内的外围区域正在准备另一场仪式：维京人式的葬礼。

肯普卡将汽油运抵花园后，从地下通道进入了地堡，这条通道连接着他位于赫尔曼·戈林大街的办公室与帝国总理府建筑群。京舍一见到他就说："首领死了。"[2]这时，套房门开了，肯普卡也成了这场葬礼的见证者。

阿克斯曼正站在遗体间沉思之时，两名党卫队军官走了进来，其中一人是希特勒的贴身侍从林格。他们用毯子将希特勒的遗体包起来，遮住他血迹斑斑、近乎支离破碎的头颅。他们将遗体抬入通道，其他人一下就认出了那条熟悉的黑色裤子。另外两名党卫队军官上前，

1　克吕格尔小姐、容格夫人（从京舍处得知）和克里斯蒂安夫人（从林格处得知）都提到了希特勒和爱娃·布劳恩所选的死法，且表述一致。亲自检查过尸体的阿克斯曼对此也有描述。将爱娃·布劳恩抱出的肯普卡也没有在她的身上看到血迹（爱娃·布劳恩的尸体并没有被毯子覆盖）。

2　德文为 Der Chef ist tot。希特勒的贴身侍从尊称其为 der Chef。

接过遗体，上了四段楼梯，抵达紧急出口，进入花园。接着，鲍曼去房内抱出了爱娃·布劳恩。她的遗体整洁得多，无需毯子遮盖死亡的痕迹。鲍曼将她抱入通道后，交给了肯普卡，后者走到最下面的一阶楼梯，又将她交给了京舍。京舍转头将她交给了第三名党卫队军官，由此人抱着她上楼，进入花园。为了进一步防止有人闯入，他们匆忙锁住了连接地堡和总理府的另一扇门，以及连接总理府和花园的好几扇门。

遗憾的是，有时再谨慎也没有用，这一预防措施的直接后果就是，将两个本应被这一措施隔绝在外的人吸引了过来，让他们未经授权目睹了自己不应看到的场
180 景。一个名叫埃里克·曼斯费尔德（Erich Mansfeld）的警卫正好在地堡拐角处的混凝土瞭望塔执勤，他透过充斥着硫黄味的浑浊空气，发现有人突然跑了起来，关上了门，行径十分可疑，觉得自己有责任前往调查。他爬下瞭望塔，进入花园，走向紧急出口，准备一探究竟。他在门廊处撞见了突然冒出来的送葬队伍。先是两名党卫队军官抬着一具裹着毯子的尸体，身着黑色裤子的双腿露在外面。接着，另一名党卫队军官抱着另一具尸体走了出来，那人一看就是爱娃·布劳恩。送葬者跟在他们身后，有鲍曼、布格道夫、戈培尔、京舍、林格和肯普卡。京舍朝曼斯费尔德大吼，叫他快点闪开；就

这样，曼斯费尔德在目睹了这一禁止旁观又引人注目的场面后，重新回到了他的瞭望塔[1]。被曼斯费尔德打断的仪式继续，两具遗体并排摆放在距离门廊几英尺[*]的地方，并被浇上了汽油。苏军的轰炸来袭，让这场仪式变得不同寻常且危险重重，送葬者们纷纷躲到门廊之下。京舍站在门廊下，用汽油浸湿破布，并将点燃的破布扔到了遗体上，遗体瞬间被烈焰吞噬。送葬者们立正站好，朝希特勒行了个礼，然后退回地堡，四散而去。随后，京舍给不在场的人描述了那个壮观的场面。他说，看着希特勒的尸体熊熊燃烧，是他一生中最可怕的经历[2]。

与此同时，另一名警卫也是因为预防措施意外成了目击者。他的名字是赫尔曼·卡诺（Hermann Karnau）。卡诺和其他不执勤的警卫一样，都收到了党卫队警卫队军官的命令，被要求远离地堡。他先是去了总理府食堂，过了一会儿，他决定违抗命令，返回地堡。当他到达地 181

1　肯普卡和曼斯费尔德分别讲述过这件事，他们的叙述一致。肯普卡提到了一件事，当时有一名警卫（即曼斯费尔德）在门廊处不小心撞上了送葬队伍，被京舍驱离。他们故事中的一些细节也得到了施韦格曼的证实，他是无意中注意到的。

*　1 英尺约为 0.3 米。

2　据克吕格尔小姐和容格夫人说。

堡门口时，门已上锁，他便只能进入花园，从紧急出口进入地堡。当他拐过曼斯费尔德所在塔楼的拐角时，突然发现地堡门外并排摆放着两具尸体，这令他十分吃惊。而且几乎是在被他发现的那一瞬间，尸体烧了起来，就像是自燃的一样。卡诺无法解释他们为何突然烧了起来，他就站在三英尺外，没有看见任何人，也没有发现敌军炮火。他推测："可能是有人从门廊下扔了一根火柴过来。"他的推测基本正确。

尽管希特勒的头颅粉碎，尸体的身份还是很容易辨认的。他说，那场景"极其令人反胃"。在盯着燃烧的尸体看了片刻后，卡诺从紧急出口进入地堡，在地堡内遇到了党卫队警卫队指挥官弗朗茨·舍德勒（军衔为党卫队一级突击中队长）。舍德勒最近刚被炸弹炸伤了脚，现在又因悲伤而心烦意乱。他说："元首死了，正在外面烧着呢。"接着，卡诺扶着他一瘸一拐地走了。

塔中执勤的曼斯费尔德也看到了焚尸的场景。被京舍驱离后，他便返回瞭望塔，在向上攀爬途中，透过墙体孔洞，看到一根巨大的黑色烟柱从花园升了起来。随着浓烟变淡，他看到了刚才被人抬着的两具尸体，此刻，他们正在燃烧。他在送葬者们离开后，仍继续观察着，看到党卫队军官不时出现，往尸体上补充汽油，使其继续燃烧。一段时间之后，卡诺来找他换班，当卡诺帮他爬出塔后，二人又返回查看尸体。

此时，两具尸体的下半身都快要烧没了，肉眼可见希特勒的胫骨。一小时后，曼斯费尔德再次前往，查看尸体，他们仍在燃烧，只是火焰小了很多。

下午，还有第三名警卫试图偷看焚尸场面，那人叫汉斯·霍夫贝克（Hans Hofbeck），但当他通过地堡楼梯来到门廊下时，他根本无法久留。肉体燃烧发出了令人不堪忍受的恶臭，赶走了他。

那天深夜，党卫队支队长、警卫队指挥官拉滕胡伯
去了狗地堡，警卫们正在里面休闲，他找到党卫队警 182
卫队的一名中士，让他告知他的指挥官舍德勒，挑选三个可靠之人去埋葬尸体。之后没过多久，拉滕胡伯再次来到狗地堡，对所有人发表讲话。他要求他们承诺对当天之事严格保密，并表示一旦泄密，就要枪毙。午夜前不久，曼斯费尔德再次回到瞭望塔执勤。苏军的炮弹仍未停歇，照明弹点亮了夜空。他发现，紧急出口前的一个弹坑有人工处理的痕迹，尸体也不见了。他认定那就是埋葬尸体的坟墓，因为炮弹不可能让弹坑周围的土堆呈现规整的长方形。几乎同一时间，卡诺正与其他警卫一起在福斯大街上列队行进，其中一人对他说："军官们似乎都不担心元首的尸体，这可真悲哀啊。我现在特别自豪，毕竟就我一个人知道他埋

在哪儿。”[1]

关于希特勒和爱娃·布劳恩遗体的处理，以上就是我们掌握的全部信息。后来，林格曾对一名秘书说，他们已经按照希特勒的命令焚毁了尸体，“烧得一点不剩”。但是否真的烧得这么彻底是存疑的。借助一百八十升汽油在沙地上缓慢燃烧，确实可以烧焦肉体，让尸体中的水分彻底蒸发，留下一具面目全非、十分脆弱的遗骸，但人体骨骼承受得住这样的高温。而这些骨骸我们从未找到。它们可能已被粉碎，与其他人的尸体混在了一起，比如一些为保卫总理府牺牲的士兵的遗体，比如费格莱因的尸体，他们都埋葬在这个花园里。苏军曾在花园中挖掘过几次，挖出过许多这样的尸体。又或许正如传言
183 中的京舍所言，他们的骨灰被收进了一个盒子，运出了总理府。又或许根本不需要详细的解释。相关的调查或许有点敷衍了事，毕竟希特勒的战斗日记就放在椅子上，调查人员都看不见，还是五个月后被别人发现的，这些

1 卡诺和曼斯费尔德对焚尸的描述，事实一致，日期和时间不对。两人的日期都错了。曼斯费尔德给出的时间，凡是可确认的，都是正确的；卡诺给出的时间则极其不可靠。假设曼斯费尔德给出的所有时间均可靠，那么尸体点火的时间在下午四点左右（这几乎可以肯定正确），六点三十分时尸体仍在燃烧，拉滕胡伯下令埋葬尸体已经很晚，到晚上十一点，尸体已经埋葬完毕。

精心隐藏的遗骸自然就更容易被他们忽略了。不过，无论如何解释，有一点都是肯定的，希特勒实现了他最后的野心：就像被秘密埋葬于布森托河河床之下的阿拉里克一样，现代的这名人类毁灭者也永远不会被发现了。

当警卫和哨兵聊着最后的这些仪式和假装虔诚的言辞时，地堡中的领袖们正在忙于一些更务实的事。在点燃尸体，并对希特勒行了最后一礼后，他们退回安全的地下，开始思考未来。同希特勒第一次与他们告别后一样，这次的告别似乎又驱散了笼罩在他们精神上的另一团巨大乌云。意识形态压制的噩梦已经终结，即便前景仍然黑暗，仍然充满不确定，至少他们现在可以自由地以务实的角度来思考对策。似乎从这一刻开始，所有人都不再为过去烦恼，或者不再为花园里那两具仍在滋滋作响的尸体烦恼。这一插曲已经结束，在之后所剩不多的时间里，他们还有各自的问题要面对。正如那个悲情的警卫所言，看到每个人对元首的遗体都是如此漠不关心，真是悲哀啊。

最早发现地堡氛围变化的是秘书们。举行葬礼时，她们也被要求回避，现在已经重归岗位。她们刚一回来，就从京舍和林格口中得知了此事的细节；不过，她们并不是只能通过这些二手信息获知希特勒已死。她们观察到，地堡中的每一个人都在抽烟，希特勒在世时，这是绝对禁止的。现在校长走了，男孩们终于可以违反校规了。在过去的那一周里，他们的精神状态一定因为缺乏尼古丁而越发紧张，此刻，在尼古丁的镇静作用下，他们终于能够好好思考元首留给他们的行政问题了。

第一个就是继任问题。希特勒死后，权力中心自动从地堡转移到了新元首的总部，该总部位于遥远的石勒
184 苏益格—荷尔斯泰因州。长久以来，鲍曼都在以希特勒的名义发号施令、行使权力，现在要他承认自己没有任何职务，是件极其难堪的事。他若要有职务，就得等邓尼茨同意希特勒之前的任命，即任命他为新政府中的党务部长。另一方面，希特勒的遗嘱不太可能已经送达邓尼茨手中，因此，他不仅不会知道希特勒已死，也不会知道自己拥有继任权。鲍曼显然有责任发电报给这位新元首，告知他这些事实。不过，鲍曼的电报言辞模糊，十分有趣，值得注意。

希特勒死后，鲍曼给邓尼茨发了如下电报：

> 海军元帅邓尼茨——元帅阁下，元首任命您取代前帝国元帅戈林成为其继任者。书面授权已在途，请您根据当前局势，立即做好一切必要准备。——鲍曼

他并没有提及一个关键信息：希特勒已死。对于自己所热爱但已无法再合法行使的权力，他似乎还是希望能多留一会儿是一会儿。

这份文件的到来可以说是在普罗恩引起了一片恐慌。这一任命完全出人意料。邓尼茨两天前刚去见了希姆莱，他认为希姆莱是最显而易见的希特勒继任者，并主动表示会支持对方。此刻，希姆莱甚至还在筹备自己的新政府，结果局势突然扭转。震惊的什未林·冯·克罗西克大喊道："不是希姆莱，是邓尼茨！"尽管无论谁上位，克罗西克谋得幸存的天赋都能确保他在新政府中拥有一席之地，但他一如既往地下错赌注。邓尼茨本人则是既惊诧又难堪。他几乎是所有纳粹领袖中唯一一个没有继任野心之人，结果，继任权却被强加给了他。自从被任命为北部地区指挥官以来，邓尼茨就一直精神紧绷。据他的一名随从[1]说，一收到这封电报，他的状态明显更糟了。不过，这既然是元首的命令，就没人想要违抗，因 185
此也就没有政变，没有质疑。整个总部似乎都在希姆莱卫队的掌控之中，但他们什么行动都没有。与此同时，希姆莱虽不情愿，但还是放弃了自己对最高权力的希望，主动提出辅佐邓尼茨。邓尼茨虽不情愿，但还是担起他

1 指尤利乌斯·魏特曼，邓尼茨总部的新闻部负责人。

的新责任，给他以为尚在人间的元首回了一封电报：

> 我的元首！——我无条件地忠诚于您。我将尽己所能解救身在柏林的您。作为您的指定继任者，如果命运仍要迫使我来统治这个帝国，我将继续这场战争，确保战争的结局配得上德国人民独一无二的英勇斗争。——海军元帅邓尼茨

鲍曼一方面隐瞒了希特勒的死讯，一方面又为避免日后因隐瞒遭受责难而告知了希特勒的任命，他这样做究竟有何目的？深究人类动机是无益的；但在这种情况下，至少有一件事可以肯定。鲍曼决定，无论用什么方法，他都一定要亲自去一趟普罗恩。他已经在考虑各种可能的出行方式了。他的打算似乎是，尽可能成为第一个将这一消息当面告知邓尼茨的人。他可能希望，在将自己暂时失势的时间缩至最短之后，通过亲自出现，陪伴邓尼茨经历这一决定性的时刻，增加自己继续掌权的可能性。

鲍曼的第一个出逃计划是大部队一同穿越苏军防线。起初，王庭的幸存者们被告知要做好当晚出逃的准备，他们要趁着夜色一起走。但这种大规模逃亡势必危险重重，且很可能失败——前一天希特勒还曾断言此举不可

能成功，当时的情况还没有此刻这么危急。这天下午，一个不那么危险的方案出现在鲍曼的脑海中。根据希特勒的遗嘱，戈培尔和鲍曼都将是新政府的一员，苏联军方会不会承认他们的地位？如果他们主动投降，苏联军方会不会派人护送鲍曼去普罗恩，让邓尼茨正式批准对他们的任命？若能如此，鲍曼就将作为特使，被苏军送到普罗恩，加入新政府，成为新帝国的统治者之一。这样的希望在我们看来十分荒谬，但在这些愚人的纳粹主 186
义天堂中，一切都不荒谬。当然，论荒谬程度，希姆莱、施伦堡、里宾特洛甫和什未林·冯·克罗西克的政治计划与他的这一希望不相上下，他们都认为有可能保住一个纳粹政府，或者至少可以保住一个半纳粹的政府。他们的这一想法在鲍曼看来也不荒谬。

4月30日晚，鲍曼等人开了很久的会，制订了与苏军达成协定的计划。这场会议的与会者包括鲍曼、戈培尔、克雷布斯、布格道夫和阿克斯曼，可能还有蒙克。他们通过无线电与苏军总部取得了联系，随后派出一名信使，询问朱可夫元帅是否愿意接见德国政府的代表。朱可夫回复愿意，于是，克雷布斯亲自出马，带上了戈培尔和鲍曼共同致朱可夫的信，于午夜启程，离开地堡。克雷布斯是一个合适的使者人选。他此前曾以武官身份常驻莫斯科，经验丰富，了解苏联人，会说俄语，也曾被誉为苏德友谊的坚定倡导者。鲍曼和戈培尔期待苏联总部能够客气地接待一个曾经被斯大林公开拥抱过的人[1]，这或许也很合理。他们在信中将希特勒的死讯告知朱可夫，并提到了希特勒遗嘱中给他们的任命，以证明他们有资格写这封信。他们授权信使克雷布斯将军就停战协定进行谈判，并等待新总统邓尼茨上将做出决定[2]。

从克雷布斯离开到第二天上午，戈培尔和鲍曼一直在等他此行使命的回音，但直到上午十一点，他们都没
187 能等来满意的答复[3]。此刻，鲍曼终于决定通知，或者说终于同意通知邓尼茨，他的统治已经开始。即便如此，他仍然没有明确承认希特勒已死。他那封简短的电报更关心他自己的地位：

---

1 那是在 1941 年 3 月，时任日本外相松冈正要离开莫斯科，前往柏林。此事我是从海姆将军那里听说的，他又是从克雷布斯那里听说的。泽姆勒的日记对此事也有记载（《戈培尔》，第 26 页）。据泽姆勒说，斯大林“用苏联的方式拥抱了他（克雷布斯），并对他说：‘如果我们像兄弟一样站在一起，那么未来就能相安无事。你要确保我们一直是好朋友。’”

2 据克里斯蒂安夫人和克吕格尔小姐说。

3 【作者注，1956 年。据苏军《红星报》记者特罗扬诺夫斯基中校说，朱可夫通过丘尔科夫将军表示，必须无条件投降。克雷布斯返回地堡后，再次被戈培尔和鲍曼派往朱可夫处，提出只要苏联承认他们的“政府”，他们就投降。在这一限制条款被拒绝后，克雷布斯返回地堡，没有再来。】

海军元帅邓尼茨——遗嘱已生效。我会尽快赶赴你身边。我到之前，建议暂缓公布此消息。——鲍曼

当时，邓尼茨能得到的也只有这样简短且并不完全令人满意的交流。

正午时分，或午后不久，克雷布斯从朱可夫元帅的总部回到了地堡。他没有带回令人满意的答复。对方要求他们无条件投降，并交出地堡里所有人。对方显然不可能赋予他们特权地位，也不可能官方委任他们前往石勒苏益格—荷尔斯泰因州。随后，地堡内又举行了一场会议，会议决定，通知苏联总部谈判破裂。他们已经别无选择，必须尝试大举逃亡。

三点十五分，地堡给邓尼茨发出了第三封，也是最后一封电报，对鲍曼“偷工减料的”信息进行了补充，落款是戈培尔。此刻的戈培尔与鲍曼不同，他毫无个人野心，也就无须在政策上模棱两可和沉默不语，他完全可以直言不讳。他的电报内容如下：

海军元帅邓尼茨——最高机密—紧急—亲启。

元首已于昨日下午三点半逝世。元首4月29日的遗嘱任命你为帝国总统，帝国部长戈培尔博士为帝国

> 总理，纳粹党全国领袖（Reichsleiter）鲍曼为党务部长，帝国部长赛斯—英夸特为外交部长。根据元首命令，
> 188 该遗嘱已从柏林送出，送往你处与陆军元帅舍尔纳处，以便保存和公开。纳粹党全国领袖鲍曼计划今日前往你处，将情况告知于你。向媒体和军队宣布此事的时间和形式由你决定。收到请回复。——戈培尔[1]

一收到电报，邓尼茨就接过了相应的重任和权力。这些权力包括接受或拒绝希特勒对部长任命的建议，以及为自己的政府选择成员。他决定拒绝电报强加给他的部长任命（因为他尚未且从未收到遗嘱中的那份完整名单），也不打算等鲍曼到了再宣布此事。晚上九点半，汉堡广播提醒德国人民，将“宣布一个严肃且重大的事”；接着，在瓦格纳歌剧旋律和布鲁克纳《第七交响曲》中缓慢乐章的伴奏下，广播公布了希特勒的死讯，称希特

---

1 【作者注，1956 年。邓尼茨收到的那封电报只有戈培尔一个人的签名，这点毋庸置疑，但这可能是个错误。后来，邓尼茨的解码人员埃德蒙·克拉夫特（Edmund Kraft）在宣誓作证时称，是他不小心把鲍曼的签名抄漏了。邓尼茨的副官瓦尔特·卢德–诺伊拉特（Walter Ludde–Neurath）在他的著作《邓尼茨政府》（*Regierung Doenitz*，哥廷根，1950 年）中，虽然只引用了戈培尔的签名，但他写道，他并不确定鲍曼到底有没有在这封电报上签名。】

勒牺牲于与布尔什维克主义的战斗中。十点二十分，邓尼茨亲自宣布了希特勒的死讯和自己的继任。他说，元首是在“今天下午”倒下的，是在“身先士卒”的战斗中牺牲的。这两种说法均不正确。希特勒死于昨日，而非今天，而且邓尼茨从未被告知他的死法，一切相关发言必然都是猜测。前者可能只是个错误，后者则可能是故意为之。如果邓尼茨知道并说出希特勒自杀一事，军队会作何反应？他们不会产生背叛之感吗？不会觉得元首背叛了他的职责，不会觉得自己忠诚的誓言也随着元首的背叛而破灭了吗？4 月 22 日，在希特勒宣布要自 189
杀后，科勒和约德尔就是这种感觉，魏德林将军也是这种感觉。希特勒自杀当天，魏德林一如往常地来到地堡，却听闻“元首已经为免受屈辱而自尽了”，他对此深感厌恶。在回到自己的指挥岗位后，他告诉士兵们，他们无须再履行自己的忠诚誓言。邓尼茨认为士兵们仍受誓言约束，效忠于已故元首[1]，作为新任帝国总统，他无法承担这样的结果。他若想与西欧谈判成功，达成和平协定，

1 这是 5 月 1 日晚，邓尼茨在对德国人民的广播讲话中提出的观点。由于通讯中断，他无法要求陆军重新宣誓效忠。不过，邓尼茨的这一观点其实站不住脚，军人们宣誓效忠的对象是作为元首及国防军最高指挥官的希特勒本人，而此刻，希特勒、元首和最高指挥官都已不复存在，他们的誓言自然也就结束了。魏德林是对的。

就必须有武装部队的支持，因此，虽然不知元首是如何死的，但他也没有片刻怀疑，他笃定最谨慎的做法就是宣称元首是如军人一样战死的。

与此同时，鲍曼及其同事正在地堡中制订着大规模逃亡的详细计划，若能成功，他们就能获救，他就能重获权力。但不是所有人都想逃，一些人已经放弃了一切生的希望，或丧失了一切生的兴趣，一如灿德尔曾经的意愿那样，他们也宁愿在总理府的废墟中终结自己的一生。戈培尔正是其中之一，他早已下定决心，并在元首遗嘱的附录中做了公开表态。他的妻子早已收到来自元首的最后一份“礼物”，现在是时候用到它了。发完最后一封电报，戈培尔回到他在地堡的住所，回到妻儿身边。几个朋友来与他们告别，其中包括阿克斯曼和肯普卡。接着，他们开始为自尽做准备。这一次没有瓦格纳的戏剧，戈培尔不打算与自己的主人竞争排场。希特勒是部落首领，自然有权享受一场充满象征意义的壮观葬礼，但他只是个次要人物，应该以适当的距离跟在希特勒身后，悄无声息地步入黑暗中。他已经用自己的公式做过计算，答案为零。对于他意识形
190 态上的虚无主义，自我毁灭是最合理的结果。首先走的是他的六个孩子，他们服下了准备已久的毒药胶囊。晚上，戈培尔叫来了自己的副官京特·施韦格曼，对他说：“施韦格曼，这是最糟糕的背叛。将领们背叛了元首。一切都

完了。我将与我的妻儿一同赴死，请你烧掉我的尸体。能做到吗？”在施韦格曼保证完成这一任务后，戈培尔与他告别，临别时只是从写字台上拿了一张装在银相框里的元首照片，塞给了他。戈培尔夫人也与他说了再见。接着，施韦格曼命令戈培尔的司机和党卫队勤务兵去取焚尸用的汽油，他们即将在一个较小的舞台上重现昨日那个怪诞的场面。不久之后（晚上八点半左右），戈培尔夫妇穿过地堡，来到楼梯底部，在这里，他们见到了拿着汽油的施韦格曼和司机拉赫，但他们只是一言不发地从旁经过，上楼进入花园。几乎就在他们进入花园的那个瞬间，两声枪响传来，当拉赫和施韦格曼赶到花园时，已经只剩两具尸体躺在地上，旁边站着开枪的那名党卫队勤务兵。接着，众人遵照戈培尔生前的命令，往他们的尸体上倒了四罐汽油，点上火就离开了。这次火化十分敷衍，苏军第二天就发现了他们烧焦的尸体。没人试图毁尸灭迹或埋葬他们。进入地堡后，拉赫和施韦格曼在返回途中遇到了党卫队支队长蒙克，蒙克命令他们放火烧掉地堡。他们在会议室里倒空了最后一罐汽油，然后点火离开。当他们离开元首地堡时已是晚上九点，离开新总理府的大逃亡即将开始[1]。

---

1 这一部分主要是基于施韦格曼的陈述，并以阿克斯曼和肯普卡的陈述为补充。

新总理府的地堡内，纳粹党官员、士兵和女士们聚在一起，但看上去十分混乱。他们主要听从鲍曼指挥，但正如一位在场者所言：“其实压根没有任何指挥，所有
191 人都像无头鸡一样跑来跑去。”[1]人到齐后，他们得知了逃离的顺序：他们将排成紧密队形，穿过各种铁路拱洞和隧道，进入威廉广场的地下火车站，然后沿着地下的铁路轨道走到腓特烈大街火车站，从那里回到地面，在腓特烈大街与蒙克战斗部队的余部会合。该部队一直保卫着总理府所在地区，他们试图在该部队的帮助下，跨过施普雷河，往西北方向穿越苏军防线。一旦进入柏林的西北部郊区，他们就会化整为零，各自想办法逃命，或者前往德军总部，或者前往自己的安全地带。

计划是这样，但执行起来就不一样了。这群人直到十一点才准备动身。他们按计划列队离开，走在最前面的是蒙克、京舍、赫韦尔、海军上将福斯、希特勒的飞行员鲍尔、三名秘书和素食厨师。其余人分成了四到五组，跟在后面，相互保持着一定距离。鲍曼走在中间的一组人中，口袋中装着希特勒个人遗嘱的最后一份副本[2]，

---

1 据 W. O. 米勒说。

2 这是鲍曼告诉阿克斯曼的。这份文件一定就是至今下落不明的那份个人遗嘱副本。

他打算把它带到石勒苏益格—荷尔斯泰因州，用作他有权要求掌权的证明。在最后一组人走后，总理府内还留有三人，他们是克雷布斯将军、布格道夫将军和党卫队警卫队指挥官、党卫队一级突击中队长舍德勒。他们宁愿留下，在苏军攻入总理府时开枪自尽，因此，他们很可能已经死了，或已经被俘。舍德勒脚上有伤，就算想逃，也几乎不可能成功。正当其他人逃离总理府时，废弃的元首地堡中蹿出了火焰，那来自戈培尔博士的葬礼[1]。

第一组逃亡者在抵达腓特烈大街火车站后，先行回 192
到了地面，迎接他们的是一幅令人望而生畏、头晕目眩的景象。柏林已成一片废墟，似乎处处都是火海，处处都是下落的炮弹。不过，这组人仍旧团结在一起，共同沿着迂回曲折的隧道缓慢前进。抵达施普雷河后，他们通过一条与魏登丹默桥平行的步行铁桥过了河，并继续缓慢向前推进，最终，在抵达沙里泰医院后，他们停下脚步，稍作休整。与此同时，他们的领头人蒙克和京舍

1　1946 年 6 月 26 日，汉斯・弗里奇在纽伦堡讲了一件事，此事势必发生于大部队出逃与 5 月 2 日苏军占领总理府之间。作为唯一留在柏林的高官，弗里奇站在他办公楼的废墟之上，将剩下的政府雇员集中到一起，准备（无视希特勒要求他们继续战斗的命令）向朱可夫元帅投降。“当我正准备派遣使者穿越战线时，希特勒的最后一名副官布格道夫将军出现了。他为了执行希特勒的命令，想要击毙我。”

开始寻找其他几组人，那几组理应跟在他们后面，但他们遍寻无果——那几组都没能跨过施普雷河。

后面几组人也从腓特烈大街火车站回到了路面，但眼前的混乱景象让他们彻底丧失了凝聚力，他们开始各自沿着火光遍地的腓特烈大街向魏登丹默桥前进。魏登丹默桥的北端有一个反坦克关卡，关卡后是苏军的猛烈炮火，没人能够活着通过。于是，他们退回了桥的南端，藏身于附近的一处旧海军上将官邸，直到几辆德国坦克开到，才给了他们突破那一关卡的希望。他们聚集到坦克周围，跟着坦克再次前进。这是一支混杂了各种人的队伍，鲍曼、施通普费格、阿克斯曼、肯普卡、贝茨（希特勒的第二飞行员）、瑙曼、施韦格曼和拉赫都在其中。其中一些人在坦克的带领下成功越过了关卡，抵达了大约三百码*外的齐格尔大街，但一枚“铁拳”炮弹击中了坦克，引发了剧烈爆炸。贝茨和阿克斯曼受伤，肯普卡晕倒且暂时失明，鲍曼和施通普费格被气浪掀翻在地，似乎也失去了知觉，但没有受伤。他们的前进再度受挫，众人再次向桥的方向撤退。

既然以团队为单位前进的尝试失败了，众人便开始只寻求自保。肯普卡是第一个成功过河的，他走的

---

* 三百码约为 274 米。

是步行桥。苏联人正在庆祝柏林沦陷，他便藏身于一 193
个铁路拱洞中，混在一群南斯拉夫女性中间。躲了整整一天后，他还是被敌军俘获了，不过后来又跳进易北河逃走，最终成了美国人的俘虏。至于贝茨，我们没有得到任何消息，他可能已经死了，也可能被苏联秘密关押了。至于鲍曼、瑙曼、施韦格曼、阿克斯曼、施通普费格、拉赫和另一个人，他们一开始还在一起，沿着铁轨走到了莱尔特火车站。随后，他们分道扬镳，鲍曼和施通普费格沿着恩瓦利登大街向东，前往斯德丁火车站，其他人则向西前往老莫阿比特。很快，分开走的两队人中又有人脱队。施韦格曼和拉赫逃了，前者被美军俘虏。瑙曼也逃了。但阿克斯曼遇到了一支苏军巡逻队，他赶紧掉头，开始沿鲍曼和施通普费格的方向逃去，不久就追上了他们。他是在桥后的恩瓦利登大街与铁轨交会处发现他们的，他们身体张开，仰面躺着，月光洒在脸上。他伫立片刻，确认他们都死了。但碍于苏军的炮火，他无法靠得更近，只是从外表来看，他们没有明显外伤，也没有遭遇爆炸的痕迹。他推测他们是后背中枪。阿克斯曼继续独行，最终成功逃脱，与希特勒青年团的余部会合。该部在巴伐利亚阿尔卑斯山脉的一个隐秘山坳中藏了六个月。阿克斯曼一直与他们待在一起，直至被捕，被捕后讲出了他的故事[1]。

另一边已经跨过施普雷河的第一组人，他们的最终命运也没有比其他人好。在离开沙里泰医院后，他们向北沿着腓特烈大街和肖思大街抵达了迈克费尔军营。在那里，他们被一辆苏联坦克的炮火赶到了地下，几个小时后，当他们回到地面时，福斯上将已经不在
194 了，他被苏军俘获[2]。其余人继续漫无目的地往东走，边走边有新人加入，旧人离开。抵达舍恩霍伊泽林荫大道后，他们全部躲进了一处地窖。蒙克、京舍、鲍尔和赫韦尔都在，还有四位女士。受伤的拉滕胡伯也被抬了进来。这是他们最后的避难所。5 月 2 日下午，苏军抵达这处地窖，命令他们立即投降。他们照做了，毕竟抵抗是不可能成功的。最终，四位女士被放走了，其中三人到了英占区和美占区[3]。被苏军俘虏意味着生的希望渺

---

1 这些事件的描述均来自阿克斯曼、肯普卡和施韦格曼的供述。鲍曼之死只有阿克斯曼的证词为证，但阿克斯曼故事里的其他细节均得到了证实（除了一些偶然的时间错误），因此，这部分内容的可信度很高。【作者注，1995 年。阿克斯曼的供词已得到证实。见本书前言，第 xii 页。】

2 【作者注，1956 年。苏军于 1954 年圣诞节将福斯和陆军元帅舍尔纳一同释放，他们于 1955 年 1 月返回德国。】

3 离开地窖后不久，苏军就将克里斯蒂安夫人、容格夫人、克吕格尔小姐、曼齐亚利小姐和其他人分开了。

茫，因此，拉滕胡伯、赫韦尔、京舍和蒙克都在离开地窖时表明了自杀的决心，尽管苏联公报号称拉滕胡伯被俘，但他们很可能已经自杀[1]。鲍尔被活捉，但受了重伤[2]。在那些知道地堡秘密，但又没有在这段大逃亡故事中出现的人物中，赫格尔在魏登丹默桥被杀，林格被苏军俘虏[3]。

这场柏林大逃亡就此彻底失败，随之结束的还有鲍曼加入新政府继续掌权的希望，以及将希特勒遗嘱送达邓尼茨处的最后机会。

与此同时，携带这些珍贵文件的另外三名信使正在
缓慢西行。我们之前只讲到他们于 4 月 30 日晚上到达 195
了哈韦尔河上的孔雀岛。第二天，他们一直在等邓尼茨派来接他们的飞机，但苦等一天无果。夜里，苏军轰炸了这座岛，约翰迈尔、洛伦茨、灿德尔和陪同他们的胡

---

1 【作者注，1956 年。其实，拉滕胡伯和京舍都被活捉了，并分别于 1955 年和 1956 年返回了德国。】

2 5 月 6 日的苏联公报提到，他们逮捕了鲍尔和拉滕胡伯。1945 年 10 月从鲍尔夫人那里得到的信息显示，鲍尔当时在一家苏联军方医院中接受治疗，他一条腿截了肢，正在恢复。

3 克吕格尔小姐和克里斯蒂安夫人在一群苏军囚犯中看到并认出了他。苏军未能按要求确认拉滕胡伯、鲍尔和林格的身份；不过，整个故事目前已经非常完整，几乎没有需要他们补充的内容了。不过，拉滕胡伯（若还活着）可能知道希特勒和爱娃・布劳恩的埋尸地点。

梅里希找了一艘独木舟，划入河中，躲避炮火。他们在河中发现了一艘抛锚停泊的小艇，便躲了进去，但那艘小艇没有帆。河中一艘军火补给船正在熊熊燃烧，火光照亮了水面，他们不敢有丝毫移动，唯恐被岸上的苏军发现。

当他们在静止的小艇上等待时，一架三引擎的容克52水上飞机降落在水面上——那势必是邓尼茨派来接他们的飞机。他们从自己所在位置只能看到水面上的飞机影子，听到引擎的轰鸣声。他们决定前往飞行员处。灿德尔划着小船，洛伦茨和胡梅里希乘另一艘船紧随其后，约翰迈尔则留在小艇上，用他的手电筒给飞机打信号。灿德尔和洛伦茨将船停在飞机旁边，试图与飞行员说话。在引擎的巨大轰鸣声中，他们朝飞行员喊话，告诉他约翰迈尔少校也和他们在一起。飞行员让他们把他带出来。就在这时，灿德尔把船弄翻了，他的同伴们忙于救他，等救了他再回去接约翰迈尔时，苏军开始轰炸这架飞机，飞行员吓坏了，连忙驾驶飞机飞走了。他们的努力彻底白费。飞行员回到邓尼茨那里，报告说自己没能找到那一行人。就是这么微末的差错，导致约翰迈尔及其同伴们未能完成递送遗嘱的使命。

他们在哈韦尔河上又待了一天，有时是在孔雀岛上，有时是在小艇上。

他们于5月3日的黎明到来前再次启程，并于万湖游泳池登陆，继续前往波茨坦和勃兰登堡。他们从马格德堡和根廷之间的帕赖越过了易北河，最终以外国劳工的身份进入了西欧盟国地区。这时，战争已经结束，邓尼茨已经投降，他们轻易地说服了自己，相信自己的使命已经没有实现的意义或可能。灿德尔长途跋涉，抵达 196
了巴伐利亚。在将文件藏于泰根塞村的一个大箱子里后，他抹去（或者试图抹去）一切与自己失败过往有关的痕迹和关联。他改了自己的名字、身份和地位。他为数不多的几个朋友传出话，称他已经死了。他以弗雷德里希–威廉·保斯廷之名开启了崭新的生活。约翰迈尔回到了自己位于威斯特法伦州伊瑟隆的家中，他把那些文件装入瓶中，埋在了自家的后花园。如果这些文件的命运仅仅掌握在这两个人手中，那它们可能永远不会被同盟军发现，因为他们俩一个太骄傲、太勇敢，不可能说出真相，另一个则隐藏得太成功了，完全不会被人为发现。是洛伦茨这个多嘴的记者太过虚荣和轻率，才会一不小心暴露了这些重要文件的下落。

冯·贝洛的送文件之旅也不比他们成功。5月1日清晨，他和他的勤务兵马蒂辛在哈韦尔河西岸登陆，从那里开始一路西行，白天躲在偏远的森林中，晚上再前进。没过几天，他就放弃了完成使命的希望，在一处偏僻的树林中烧掉了原本要交给凯特尔和约德尔的文件。几天后，冯·贝洛和马蒂辛在弗里萨克附近的一间小屋里遇到了他们在柏林的老同事。那人叫帕尔多，是一名军士长，当蒙克等人被捕时，他趁乱逃离了舍恩霍伊泽林荫大道的那个地窖。帕尔多给他们讲述了希特勒和爱娃·布劳恩自尽并被焚尸的故事。后来，他们分道扬镳，冯·贝洛去了波恩大学，成了一名法律系的学生，开始了新生活，马蒂辛回到了自己位于奥斯纳布鲁克附近的家。不过，他们两人最终都成了英军的囚徒。

弗赖塔格·冯·洛林霍芬、博尔特和魏斯也在继续自己的旅程，他们没有文件要送，只管自己逃命而已。他们在孔雀岛与约翰迈尔一行人分开后，重新回到了万湖的卫戍部队，但只来得及看到整支部队在试图突围时被击溃，他们弹药耗尽，没有反击之力，士兵要么被俘，要么被杀。只有弗赖塔格·冯·洛林霍芬和博尔特逃了出来。那天夜里，博尔特躲在树林中的一条狭长掩壕里，
197 试图服用过量吗啡自杀。弗赖塔格·冯·洛林霍芬强迫他把所有吗啡都吐了出来，救了他一命。随后，他们一路向西，躲开了苏军巡逻队，游过了条条河流，直至抵达西欧地区才分别，后来又都落入了西欧军队之手。

希特勒死后，他的门徒四散奔逃，柏林的末日宣告

结束。元首死了，他的遗嘱遗失了，他的同伴要么被杀，要么被俘，要么匿名逃亡，游荡于德国中部的森林中。旧的权力中心已经消失得无影无踪，石勒苏益格—荷尔斯泰因州出现了一个新的权力中心，但是，除了通知邓尼茨继任的那两封电报，以及希姆莱阴魂不散的邪恶阴影外，这个新的中心已经与旧的中心彻底无关。

如果说被迫接受这个任命的邓尼茨很懊恼的话，那么得知自己未能继任的希姆莱就更懊恼了。他的所有计划全部泡汤，他感觉确信、没有犹豫的短暂时刻已经过去，他的人生再一次失去了目标。他已经把灵魂出卖给了魔鬼——他背弃了信仰，忘记了无条件的忠诚——但却没能获得回报。尽管他主动找到邓尼茨，表示愿意为其效力，但他并不是因为喜欢才这么做的，他也不确定邓尼茨是否会接受自己。他和邓尼茨除了都不擅长政治外，没有任何共同点和共同语言。正如希姆莱秘书的解释，“海军上将身处于纯军事的圈子中，无法理解希姆莱对西欧强国的那些政治手段”。那天晚上，希姆莱认真考虑了是否辞职，甚至想过自杀，此时的他并不知道自己已被希特勒撤职，也没想过邓尼茨会主动撤他的职。

希姆莱没有自杀，至少目前还没有。对这位非现实主义者，一切皆有可能，那天夜里，从北方回来的一个人，重新唤醒了他沉睡的幻想。那人就是施伦堡。

对施伦堡来说，当前的局势一点也不艰难，只要将一
切都交给他来处理，就都会变好。无论身在何处，他
198 满眼看到的都是证明自己及自己政治见解十分重要的
证据。邓尼茨不就是“基于我最初的建议”才会用优
秀的什未林·冯·克罗西克换掉了里宾特洛甫吗？什
未林·冯·克罗西克不是有邀请施伦堡合作吗？每个
人不都在认真听取他关于北方问题和捷克问题的宏大
又精妙的观点吗？凯特尔和约德尔不都直接称他为“外
交经验最丰富的人”吗？施伦堡自告奋勇，愿意担任
赴瑞典或与艾森豪威尔将军谈判的大使。在他看来，
一切皆有可能，那希姆莱哪有理由绝望呢？希姆莱答
应不再感到绝望。如果他相信施伦堡，那他无疑也加
入了崇拜施伦堡之天才的行列。（据不完全客观的消息
来源所知，）在未来的几天中，他们进行了“一场简短
但意义重大的谈话，谈话的要点是，‘我要是早点听从
你的建议就好了’，‘也许你才是所有德国人中，最该
首先获准再次为这个可怜的国家做些什么的人’”。正
如塞缪尔·巴特勒所言：“自夸的好处在于，你可以尽
情吹嘘自己最想要被肯定的地方。”

这种离谱且不负责任的乐观不仅存在于施伦堡和希姆莱的身上，毕竟，石勒苏益格—荷尔斯泰因州的空气中仍然弥漫着纳粹德国的气息，这让那些已经对此习以

为常的纳粹分子产生了各种各样不切实际的幻想。里宾特洛甫与以为自己能够在邓尼茨手下再度掌权的鲍曼一样，虽然被撤了职，但并没有对自己未来的政途感到绝望。他在被撤职的第二天就起草了一份文件，建议邓尼茨在石勒苏益格—荷尔斯泰因州建立一个独立的德国政府，他认为这样的政府有可能得到同盟军的承认，成为一个新的“民族和民族社会主义”德国的核心[1]。

尽管邓尼茨刚愎自用，为人狂热，但他至少还有一些务实之人的普通常识。在政治方面，他最多是无知，而非愚蠢。对于托付给他的这份遗产，他一深思就觉得胆寒，于是命令做了调查。他要求找到能证明希特勒权势合法性的详尽证据，从而证明他的权势是合法的。他 199
要求对所有负责接收、解码最后一批地堡电报的职员进行检查，并要求他们宣誓所言为真，以确定电报的真实性。在进行这些调查的过程中，他还准备修改自己收到的任命建议。与所有保守派一样，在战败的危急局势中，他更愿意让非政治专家加入自己的政府。希特勒的遗嘱（或者说电报所给出的希特勒遗嘱的简短摘要）却要求他任用鲍曼、戈培尔和赛斯－英夸特。邓尼茨此刻并不知道戈培尔和鲍曼已死，但就算是希特勒的遗嘱也不能

1　该文件与其他文件混在一起，被发现于弗伦斯堡。

将这些纳粹恶徒强塞给他。告知他为继任者的电报也赋予了他立即便宜行事之权。他已利用这一权力任命什未林·冯·克罗西克为外交部长，此刻，也是基于这一权力，他决定无视后续那些会令他不便行事的命令。与此同时，他也逐渐下定决心，要摆脱那些仍围在他周围的声名狼藉的纳粹分子，尤其是希姆莱。

5 月 2 日，邓尼茨将总部从普罗恩迁至丹麦边境的弗伦斯堡。阿尔贝特·施佩尔跟在他身边，但并非新政府的正式官员。希特勒死后，施佩尔终于可以执行他谋划已久但未敢冒险实施的那个计划。5 月 3 日，他在汉堡录制的那个演讲终于广播出来。在听了多年的抽象口号与政治神话后，德国人民终于听到了技术官僚的理智声音，他告知他们不要绝望，不要因为政治幻灭而对物质生活漠不关心，要努力防止饥荒，努力保护国家的生命线；他们必须“在敌人允许或命令的范围内”修复铁路，必须继续工业生产与贸易，必须继续开展农业劳作，必须将燃料和电力优先用于粮食的生产和分配。如果要拯救德国人民的“生物物质”（biological substance），上述方法至少比施伦堡引以为傲的高超政治手腕更为实际。

200 与此同时，邓尼茨将海军上将冯·弗里德堡派往陆军元帅蒙哥马利处，首次提出投降。

希姆莱也把自己的总部搬到了弗伦斯堡[1]。在稍有理解力的人看来，当前的所有征兆都预示着他的衰落，但他却一扫一时的沮丧，前所未有地充满信心。他庞大的警卫部队没有缩减；他无论去哪，身后仍会跟着参谋部的车队；党卫队高级军官仍会争先恐后地围在他身边，其中就包括前“狼人”首领普吕茨曼，他现在是希姆莱与邓尼茨联系的联络官。希姆莱在与轻率下属的轻率谈话中提到了自己的野心：他将在邓尼茨手下担任战败德国的总理——他还暗示道，自己不太可能会一直屈居其下，毕竟邓尼茨老了，他还年轻，掌权的日子还在后头。与此同时，他极其迫切地想要让邓尼茨记住他那些不可或缺的天赋，并恳求他的朋友们想方设法地向新元首证明让他加入新政府的好处。他甚至在收到答复前，就擅自出现在了邓尼茨的参谋会议上。他不相信自己会不受欢迎，他对那些明显征兆的迟钝令党卫队高官们都深觉尴尬。

5 月 5 日，希姆莱在弗伦斯堡召开了他的最后一场参谋会议。众人聚在他的总部，就像本已灭绝的恐龙出现在错误的地质时代。与会者有党卫队及警察部门的高

1　关于希姆莱在弗伦斯堡的最后岁月，主要参考奥伦道夫、于特纳、冯·沃伊尔施和冯·赫夫的描述。

官、党卫队全国副总指挥、党卫队总队长，他们所领导的组织都已不复存在，他们的地位只能靠自命不凡的头衔、对消失权势的记忆和荒谬的幻想来维持。希姆莱在秘书和副官的陪同下走了进来，就政治局势发表了讲话。他提到，他曾因未经已故元首授权，擅自与西欧强国谈判而遭受责难（里特尔·冯·格赖姆和汉娜·赖奇曾在抵达石勒苏益格—荷尔斯泰因州后对他大发雷霆），但他现在已经对此释怀了。他还提到了他所看到的政治可能性，不过一名在场之人说："我可以告诉你，他所说的可
201 能性令我抱紧了自己的头，生怕掉脑袋。"他打算在石勒苏益格—荷尔斯泰因州建立一个"改革过"的纳粹政府，该独立政府将在自己的领土上与西欧强国开展和平谈判。接着，他谈到了政府组建的详细安排，这些内容让他那个古怪又矛盾的脑子十分愉悦。他将解散党卫队的各个总部，让党卫队高官加入他的参谋部担任顾问。他命令普通警察部门首长、党卫队高级总队长温嫩贝格继续担任之前的职务："新政府"中各具体职责领域的警察人选将根据他们聪明英武的外表精挑细选。他还给自己的其他追随者们分配了其他的任务和头衔。至于他自己，他向众人保证，他无意自杀，也不会被杀。相反，他充满活力，有着各种各样待执行的计划。他现在唯一想做的就是会见陆军元帅蒙哥马利。他似乎暗示，他已有与西

欧强国谈判以争取生存和权势的计划，而他似乎相信这些计划能够成功。在党卫队全国领袖结束了这场阐述他幻想的会议后，就连党卫队高官都大力地摇了摇头。

第二天，他就彻底幻灭了。邓尼茨写了一封信给他，信中说：

> 致帝国内政部长，
>
> 党卫队全国领袖希姆莱。
>
> 亲爱的帝国部长阁下，
>
> 鉴于当前局势，我决定不再任命阁下担任帝国内政部长、帝国政府成员、陆军替补部队总司令和警察部门首长。现在，我将视阁下的公职均已撤销，感谢阁下为帝国做出的所有贡献。[1]

邓尼茨还给戈培尔、罗森贝格和纳粹司法部长蒂拉 202
克都送去了极相似的信件。此刻，弗伦斯堡方面还无人知晓戈培尔的死讯，至于罗森贝格，他仍头顶具有讽刺

---

1 【作者注，1956 年。现已查明，希姆莱其实从未收到过这封信。原件（发现于邓尼茨的文件中）上有一个注释：“Auf Befehl des Grossadmirals gestrichen”（已奉海军元帅之命取消递送）。1947 年时，“gestrichen” 一词被误读为 “zu schicken”（已奉海军元帅之命递送）。因此，（正如奥伦道夫所述）邓尼茨是在一次私人会面中亲口告知了希姆莱他被撤职的消息。】

意味的“东欧占领区部长”头衔。鲍曼因为没有部长职务，所以无须解职，可以忽略。邓尼茨决定与过去决裂，解雇了所有纳粹分子。曾经，待在地堡中的希特勒，仅凭其名字的威慑力就足以人为延长纳粹党的存在，此刻，他去世不足一周，纳粹残党就被一扫而空。两天后，无条件投降的文书在兰斯签署，这一“千年帝国”就此终结。

希姆莱仍留在弗伦斯堡。他已不再是党卫队全国领袖、希特勒的大祭司、异端的审判官，而是一个失去目标、优柔寡断的无知者。他失去了自己的人生信条，却又不承认自己不切实际；他徘徊在弗伦斯堡，令他的继任者们感到难堪，令他已经无用的参谋部感到不解。他仍保留着自己的庞大机构，用于彰显自己的显赫地位：一百五十人的参谋部、一支无线电支队、四辆汽车的护卫队。但他也不知道自己这样做有何意义。他有时也会咨询自己朋友的意见。他应该自杀吗？应该自首吗？应该躲起来吗？或许某个纳粹陆军元帅会愿意保护他，比如布施（Busch）或舍尔纳。他去找过布施，但没过几天就被送了回来；舍尔纳此刻也无法投靠[1]。希姆莱想不明

1 【作者注，1956 年。舍尔纳抛弃了自己的部队，于 5 月 9 日逃到位于巴伐利亚的美国陆军部队中，随后被移交给苏军。苏军于 1954 年圣诞节将他释放。】

白，为什么他掌权时获得的尊重不能延续到他失势之时。
某天，他再次悄无声息地消失了，不过，后来又回来了。
他给陆军元帅蒙哥马利写了封信，并每天询问是否收到
回复，结果是从未收到回复。此刻，他甚至都无法让施
伦堡用虚假的希望来安慰他，因为施伦堡去了瑞典。他
每天都要询问施伦堡的消息；“但施伦堡，”他的一名参谋
说，“从未想过要回来。他对希姆莱许下了太多他根本做
不到的承诺。”希姆莱不得不从可恶的格布哈特那里寻求
安慰，但此刻的格布哈特与身陷末日的其他所有人一样， 203
只在乎自己。必须补充说明的是，施伦堡那些别出心裁
的政治计划确实失败了，但他从未将这些失败归咎于自
己的计划构想或执行，他扬扬自得的天性阻止他得出这
样的结论。当施伦堡在瑞典回顾自己屡尝败绩的一生时，
他的评语亦无损于他的骄傲。他说：“是党卫队全国领袖
的优柔寡断毁了一切。”

党卫队全国领袖仍然优柔寡断。他在弗伦斯堡政府管辖区的边缘地带又漫无目的地过了两周，然后于某天带着副官和秘书离开了。他打扮成普通士兵，并戴上眼罩掩饰身份。时至此刻，他仍旧优柔寡断，甚至连要去哪儿都不知道。最终，他走进了一个英军哨所，身份暴露，被脱光衣服搜身。在医生的手指伸进他嘴里，他能掌控自己死法的最后机会来临时，他终于下定决心，咬

破了藏在齿后的毒药胶囊，不出几秒就离开了这个世界。

这种死法很适合他，正如野蛮的葬礼很适合希特勒，安静地追随希特勒而去很适合戈培尔一样。这种死法很适合他的性格，他本就是一个肮脏丑恶、遇事不决之人。这种死法也很适合他再也无法发挥的职能。他曾是希特勒手下罪孽滔天的大祭司，侍奉于祭坛之上，以极其坚定的忠诚主持活人祭祀的仪式；他也曾屈从于内心的怀疑，成了游荡的幽灵，如鬼魅般的教堂圣器管理人，但他心有不甘，仍会不时地出现于他再也不能服侍的圣殿之中，阴魂不散。此刻，他的神明已经毁灭，神庙已被夷为平地，曾经的信徒要么各奔东西，要么改变了信仰。在属于这位流亡大祭司的历史篇章中，自尽是很自然的结局：这似乎是一段野蛮部落和原始迷信的历史。

后 记

本书源于一场调查，但该调查的初衷是查明希特勒 205
之死的真相，防止各种传说的滋生、滋长。希特勒本身就是个玩弄传说的高手，他在政坛上施展的这一技能对世人来说已经足具灾难性，足以让世人害怕重蹈覆辙。真相业已厘清，若传说与真相一样，都依赖于证据，那我们就安全了。但事实并非如此：轻信战胜了证据，传说因而滋生。传说的外在形式确实受事实制约，它要存续，就必须有最低限度的事实依据；这些事实是无可争辩的，一旦它们得到口头支持，人类便可自由沉浸于自身无限的自欺之中。一想到那些基于最荒唐证据的最荒谬观点，竟然可以轻松获得数百万人的信任，我们可能就不敢轻易宣称有任何东西是令人难以置信的了。

因此，尽管我确信本书所写均为事实，但其是否能防止各种传说的滋生、滋长，我就算预言说“是”，内心还是忐忑不安的。许多人曾目睹古罗马暴君尼禄之死，但短短一年内就冒出了若干假尼禄，居然还有人相信。回顾我们自己的历史，一些王子在伦敦塔中遇刺身亡，事实清晰确凿，但许多人后来发现，声称发现他们还活着简直轻而易举。这些例子令人沮丧，我们转向希腊哲学家恩培多克勒的故事寻求慰藉，他为了维护自己的声誉，偷偷跳入了埃特纳火山的火山口。他深信，自己死后，那些痛失亲人的同胞会记得他明智的预言，认为他已飞升成神。但是阿格里真托*的居民们却没有得出这一结论。偶然的是，火山将他的一只鞋喷了出来，恰
206 好被他们发现，他们不必依靠神迹就能满足自己的好奇心。这一类比若是真的，势必能鼓舞人心。但有一说一，西西里的希腊人能做到不信不可能之事，确实值得称道，但他们的这种能力源自他们接受的怀疑主义教育，以及他们很高的生活水平。德国人早已丧失了前者，一段时间内也不太可能拥有后者。

我相信本书所列事实确属无可争辩的真相，再怎么夸张的传说也必须将它们考虑在内。纳粹主义有死灰复燃的可能，甚至早在希特勒之前，北欧传说中尼伯龙根

---

* 恩培多克勒的家乡。

华而不实的无稽之谈就已荼毒了德国的政治思想，而这些无稽之谈也很可能找到一个死灰复燃的契机。或许会有新的政党被希特勒的传说所吸引，不过，即便如此，吸引他们的也将是希特勒之死的传说，而非希特勒还活着的传说。这或许算是小小的慰藉，但真相所能做的也仅限于此。若要防止政治传说的滋生，需要依靠的并非是对史实的调查，而是务实的政治。

因此，与其不切实际地寻求控制未来，不妨考虑一下还能从这段非凡的历史篇章中吸取到什么经验教训。在本书正文的叙述中，一些教训已然浮出水面，但在后记中对它们重新总结梳理，或许也很有价值。我想任何了解了他们那段围城生活的人，都至少会心生两个疑问：那些围城中人是如何获得并保住政权的？他们距离战胜就差一点，这又是如何做到的？第一个问题需要考虑独裁政权的性质。

托马斯·卡莱尔认为，政权应该无条件地托付给伟人，这些伟大的英雄本身就是约束自己的法律，他们无须对下层的制度或偏见负责。当国家有幸孕育出一名（他认为的）伟人时，它不应试图限制他施展他的伟大，而应乐于落实他的伟大构想。曾经，德国人对自己的政治制度和自己使用这些制度的能力深感绝望，国家笼罩在一片阴郁和失败的氛围之中，恰是这一学说适时响起，悦耳地响彻

在他们耳边。希特勒也认可这一学说，前文提过，他曾在柏林地堡中津津有味地听人朗读卡莱尔的《腓特烈大帝
207 史》，体现了他自负的趣味。希特勒和卡莱尔一样，相信“历史性的伟大”，对他来说，这比一国人民的幸福或生存更加重要。他认为自己就是大人物（great man），这当然没错，毕竟要说这样一个祸乱世界的人平凡，也太荒谬了。当时的德国人将希特勒视为自己等待的救世主弥赛亚，在希特勒的鼎盛时期，他们为他献祭了自己的政治制度，因为他们不相信那些制度，只相信他。

纳粹主义的历史恰好体现了卡莱尔的这一学说，该学说建立在两个令人存疑的前提之上：第一，认为“伟大”等纯粹抽象的概念是可取的；第二，认为人的性格是恒定不变的，只有当一个人的品质始终保持“伟大”时，此人才值得被托付绝对的权力。与之相反的学说来自阿克顿勋爵的一句名言：“权力会导致腐败，绝对的权力会导致绝对的腐败。”这一学说认为，权力不仅是一种固定性格的有效表达，还会影响和改变掌权者的性格。纳粹主义的历史证实，这一学说是正确的。

希特勒在纳粹主义发展之初就表现出了政治天赋，对此，我们已经快要遗忘了。这种遗忘很危险，记住它对我们来说非常重要。对那些不愿自欺欺人的人来说，希特勒的终极目的一目了然：企图在中欧建立一个野蛮

帝国，摧毁欧洲文明，那将是新的极右霸权，可怕且更加持久。丘吉尔先生称之为“新的黑暗时代，在歪曲的科学之光的照耀下，这个时代将更加险恶，或许也更加漫长”。不过，在承认他的野心充满兽性后，我们也不得不承认，他打算用政治天赋来实现这种野心。他察觉到一个失意民族内心所有的残酷冲动、荒谬观念和原始偏见，以及令他们备感挫败的记忆和恐惧，并对这些加以利用。他还发现了利用它们的一种新技巧；为了实现自己的终极目的，他巧妙且果敢地使用着这种新技巧。他的目的清晰明确，政策始终如一，所用方法也多种多样、适应性强且十分有效。如果德国人和他想要的结果相同，以及卡莱尔的理论正确，那他们很有理由认为元首已经发现了政治的秘诀，认为元首是新的巨人、肉身的神明， 208
他的权力永无过失，任何限制其权力的制度都只是被抛弃信仰的神像，只适合牺牲——他们中的许多人也确实是这样认为的。

1938 年至 1941 年是希特勒的鼎盛时期，他每成功一次，德国人民都会在他面前付出新的牺牲。在 1941 年以前，希特勒都认为自己永无谬误是理所当然的。当他的军队距离莫斯科只有几英里远时，当他被誉为“有史以来最伟大的军事天才”后，他认为再无施展政治技巧的必要，再无保持耐心和灵活机变的必要，毕竟这样做相当于承认他也有可能存在弱点、出现谬误。1941 年秋，他遣散了四十个师，命令工业恢复生产消费品。1941 年 12 月，他恣意向美国宣战，打算追加一名受害者，为他必然的胜利增光添彩。此时的他显然已不再打算承认自己有可能存在弱点、出现谬误。他抛弃了他认为不再需要的政治技巧，也抛弃了或可在他犯错时纠正他的制度。

我们应该带着对这段历史的记忆来审视希特勒的末日。在这段末日中，我们可以看到卡莱尔梦想的合理结局。1944 年 7 月 20 日后，德国陆军也被击溃，他们是德国最后仅剩的一支抵抗力量。此时的纳粹政权已极度专制，机构间的沟通渠道已彻底被毁，已完全不存在政治技巧一说。由此，我们面前出现了一幅全新的景象：政治已不是对多股力量的精心算计，而是不负责任的政权的直接表现。

这种不负责任的后果显而易见。一个腐败之人的挥霍无度势必影响政治：希特勒的“成为世界强国或走向彻底毁灭”的公式可能落实为真正的政策，而当外部世
209 界坚不可摧时，他那毁天灭地的意志可能加诸德国自己身上。此外，还有一些后果与个人的性格无关。尽管有时会有人辩称独裁是高效的，而它在特定条件下或许确实如此，但就定义而言，真正的独裁就是无条件且天生低效的。不负责任的政权，若无周密的制度相辅，就做

不到集权行使，即便是肉身之神也不行。政权势必分裂为多个可操控的藩属国，由肉身之神同样不负责任的下属掌管。再者，这样一个神明，既然是肉身凡胎，必有死亡的一天，那就必会产生继任的问题。那些继任候选人势必都曾精心策划过，待他死的那天，自己要拿走政权中最大或最有实权的那一部分。就连那些无望继任的人，也必须做好在继任者麾下幸存的准备。在一致同意的表象背后，所有的独裁基本都是离心的：王庭的规则掩盖了政治的无政府状态，在这种状态中，心怀嫉妒又手握私人军队与公共资源保留地的藩王们，为了争权夺势，要么秘密地讨价还价，要么公开地你争我夺。事实上，无论是王庭还是封建制度，都不是孕育政治智慧的摇篮，身处其中的野心家有时会十分荒谬地输于自己的野心。护国公克伦威尔麾下的地方长官们只是短暂挣扎，就卖身给了更传统的权威。希特勒麾下的“祭司们”为了一个不可能继承的王位而密谋算计，着实荒谬可笑。现代独裁以精心的自给自足和刻意的思想隔离为特点，进一步削弱了在其内部孕育出政治智慧的可能性：它们直接通往政治愚人和智力愚人（intellectua fool）的天堂，在那里，戈林、戈培尔和希姆莱这样的人，利用药物和香水，利用虚无主义和神秘主义，利用麾下的马屁精和占星家，便可决定政策；还有里宾特洛甫、施伦堡和什未林·冯·克罗西克这样的傻子也可以被称作外交专家。这让我们想起罗马帝国的王庭寄生虫们，古罗马讽刺诗人尤维纳利斯曾写道："命运的冷笑话呀——昨日还是村中一小丑，今日便能一言定生死，明日又成公厕一看守。"

绝对权力中缺乏批评，这扼杀的不仅仅是政治智慧。技术的进步无论是否带有政治目的，都同等依赖于思想和方法的自由对立，而这恰是追求一致互利的独裁势必扼杀的。德国的所有秘密均已披露，德国科学在纳粹统治下的衰落也就显而易见。本书举了一个例子：医学研
210 究的方向、资源的分配、结果的研判和益处的推广全都依赖于莫雷尔、康蒂等腐败的江湖骗子，以及党卫队的狂徒，在这样的环境中，医学如何进步？即便是在军事科学领域，同样的衰落也一目了然。开战时，希特勒麾下还有一众训练有素的军事将领，他们继承了全球最伟大的军事传统，听从号令，卓有效率，但最后战争结束时，他只留下了少数奴颜婢膝的无用之人，以及他自己。未来的军事史学家或许会评论一下贝克、哈尔德、曼施坦因和伦德施泰特，但不太可能在凯特尔和克雷布斯身上，甚至是凯塞林和舍尔纳身上浪费太多时间。那他们会如何评论希特勒呢？

希特勒的战略天赋为德国带去了灾难，这点毋庸置疑，如今，人们也惯于嘲笑他的这一天赋，但在此，我

们不仅需要观察末日本身，还需要观察通往末日的各个阶段。透过职业将领的军事势利、官场奴性的重重烟幕，人们还是有可能分辨得出，希特勒的军事天赋其实并不可鄙。曾经，他的知识之渊博、细节把握之精准是举世公认的，哪怕世人有时并不愿承认。他的意志力虽将德国带向了毁灭，但也曾完成过职业将领单纯基于逻辑认定的不可能之事[1]。而他的作战计划是优是劣，至少还有争论的价值[2]。但希特勒的思想和所用方法都令人难以捉
摸。他凭借政治直觉选择了施佩尔和里宾特洛甫，凭借 211
军事直觉选择了古德里安和凯特尔。用批评加以纠正，

1 施佩尔认为，在与苏联爆发战事的第一年冬天，是希特勒的介入才让德国陆军免于更惨痛的损失，这也令希特勒更加笃信所有将领的无能。希特勒当然有着异乎寻常的强大意志力，也对此信心十足、笃信不疑，他错在认为仅凭信念本身便可移山，也就无须为铁锹注入决定性的动力。

2 希特勒曾取得过一些战略成功，比如 1940 年的德法战争；也曾取得一些战术成功，比如 1941 年苏德之间的基辅战役，以及 1944 年的阿登反击战。但他的批评者坚称，他的战略成功应归功于陆军司令部的明智曲解，战术成功则都是愚蠢的战略错误。这些问题我不擅长，没有评判资格。读者可参见前文第 9 页的脚注 3，了解哈尔德和凯特尔对希特勒战略的一些评价。哈尔德本人是很厌恶希特勒的，并在政治上痛恨他，在军事上鄙视他。哈尔德是名自视甚高的军人，在他眼中，一切外行都不可能了解战争的奥秘。这样一个人是不会主动夸奖希特勒的，越是这样，他的夸奖就越是必须加以尊重。

同时允许不同思想和不同事实之间的对立，对于这样一个随心所欲的天才来说至关重要。希特勒的军事战略之所以会和他的政治策略一样带来了铺天盖地的灾难，真正原因并不是他思想中固有的谬误，而是批评的缺失。于战争前两年参加过他参谋会议的人曾提及，早期的他更有耐心：他会安静坐着，只偶尔发问，或引导众人发表意见；他不急不躁、谨言慎行，并尽可能从那些他希望能不屑一顾但又暗暗畏惧的专家身上学习。然而，一次又一次的成功让他渐渐有了自信。戈培尔的政治宣传和凯特尔的阿谀奉承让他误以为自己拥有了绝对的权威。他不允许任何的思想和事实挑衅他作为战略天才提出的信条[1]。最终，他的参谋会议面目全非！希特勒仍在，且一如既往是会议的核心，是最终的权威，但一道高墙隔绝了他与外面的现实世界。他不再倾听其他的声音，只听对他的附和。在他的王庭中，幸存的朝臣没人敢道出真相，或者说，甚至没人敢知道真相。他仍然关注每一个细节，仍然在亲自调兵遣将，但这些都是在他假想的战场上。他曾发动不可能实施的施坦因纳进攻，集结他

1 如果不加充分证明，你都很难相信希特勒会对不利事实否认到何种程度。哈尔德称，希特勒经常抱怨陆军总参谋部提出的“该死的客观意见”。

想象中的文克部队。

因此，在阅读希特勒帝国的末日故事时，我们需谨记那是末日，不同于最初的岁月；否则，我们可能会忘记它们所阐明的政治教训。当然，我们也应该记得，末日也蕴含在最初的岁月中。历史上大多数的独裁者都经历过类似的发展阶段。先是具备恰好能代表大众情绪的革命理念，然后在该理念的基础上建立革命政权，再将革命政权转化为以成功为基石的军事政权。一旦背叛了自己最初的革命承诺，成功就会枯竭，独裁者所倚仗的政权就会丧失自卫的能力，只能依靠政治上的权宜之计和秘密的警察部队。但这些都不是长久之计，独裁者的
政权迟早会崩塌或被推翻。当然，从理论上讲，革命政 212
权也可以像罗马帝国那样，变得体面传统，沿着有序的道路发展。但大多数著名的现代独裁者都走上了另一条路，这些人包括克伦威尔、拿破仑、希特勒和墨索里尼。在我看来，他们走上这条道路的原因在于，独裁政权最终会走向低效，而这导致成功变得枯竭。

上述解释或可回答第一个问题：政权是如何落入一群极其邪恶荒谬之人手中的。但它的答案又会催生出另一个问题：如果这是政权与作为其载体的制度相剥离后的理论推导结果，那么，在一个实际而非理论推导的世界中，究竟是何种政权会允许这样纯理论推导的结果出

现呢？在通过推导发现它必然出现时，为何没有任何有效的抵抗或反对呢？抵抗的制度确实已被舍弃，而在现代世界，优势也确实在政权一边。戈培尔承诺过奇迹和“千年帝国”，承诺过秘密武器和外交上的完美后空翻，他也确实在用这些承诺支撑着德国人民。独裁政权确实抹杀了被统治者与统治者的政治智慧，但人类并非毫无理性、无法自主思考的机械，人类的常识势必会有不可磨灭的残留，毕竟，人既是统治的施动者，也是统治的承受者。但希特勒的统治集团无疑在将德国人民带向灾难，这一点显而易见，为何八千万德国人民都会屈从于他们呢？这无疑需要一些解释。

人们有时会说，是同盟国对德国“无条件投降”的坚持吓到了德国人民，他们才会继续服从于纳粹的统治。这种观点是否意味着，如果同盟国不坚持，德国人民可能早就开始反抗了？我是不信这种观点的。即便同盟国给出更宽松的条件，在那些宁愿被纳粹统治也不愿无条件投降的德国人中，又能有多少会因此而反抗纳粹呢？你只能与掌权者或待掌权者谈条件，否则那些就不是条件，而是承诺。听戈培尔博士承诺了十二年，什么样的德国人还会因承诺而动摇呢？在那些待掌权者中，陆军将领或许曾做好过讨价还价的准备，只是那些条件既然
213 包括了摧毁德国陆军，那对他们来说，似乎也无异于“无

条件投降”。总之，在政治方面，就连陆军也失败了。至于“民主反对派”，那不过是一些记者扬扬自得的发明，他们与传说中的半人马和鹰头马身有翼兽一样，并不真实存在。许多德国人曾暗自抱怨纳粹，也曾声称与他们为敌，这一点毋庸置疑，但在战争时期，你只能与真正的政治势力达成协议，不能与躲在阴影中啜泣的普通人达成协议。那些“民主反对派”中，有谁曾制订过计划，有谁曾带着明确具体的提议与同盟国有过接洽？几个自命不凡的贵族、几名失望的官员和一些恐慌的牧师，他们真的就比施伦堡和什未林·冯·克罗西克更有成功的希望吗？这解释不了德国人民的顺从，我们必须另寻出路。或许，我们可以在德国人最令人沮丧的特点中找到解释：对政治绝望。

在将德国人的特点单独拎出来探讨时，势必不能犯种族主义的错误。德国人的特点并非源于其血统或当地的气候条件，而是源于他们习以为常的思维习惯和政府传统。德国历史上接连不断地出现政治败绩，使失败成了传统，这种连续性营造了“败是必然”的观感，似乎这种传统将会一直延续。德国人可能会自问：德国政客有成功者吗？自答：有，腓特烈大帝和俾斯麦。腓特烈大帝和俾斯麦都是奉行铁血政策之人。德国又是否有过成功的自由主义运动或民众运动？是 1815 年至 1830 年一级行政区大学中那些不成熟、夸夸其谈的浪漫自由主义者吗？还是1848年法兰克福一本正经讲道理的律师和商人？抑或是甚至连革命的影子都没看到，就被布吕宁从内部悄无声息地摧毁，并最终被纳粹推翻的魏玛共和国？犹记得这些的德国人很容易被洗脑，相信无论理性对他人有何种作用，在他们这里，要成功只能靠武力。德皇确实失败了，但也好过魏玛共和国，至少有过累累胜果；他的失败或许纯粹是技术原因，错的可能是他的个人政策而非他最重要的原则。至少希特勒在谈及“1914年到1918年的傻瓜”，并承诺会比他们更成功时是这么想的。但他最终败得比前者还要惨烈。不过，他也曾一
214 度接近成功，如果后来的“自由”政府失败，德国人回看历史时，看到的就不会是希特勒灾难性的失败，而会是他曾经创造的短暂繁荣和他近在咫尺的成功。

德国政治接连失败的传统除了令德国人对理性绝望、依赖武力外，还带来其他后果，其中之一就是抬高了政治，让政治变得神秘莫测。如果德国政坛中的成功者寥寥可数，那么德国人可能会说，政治显然不是普通人可以企及的，普通人更适合经商、务农，从事制造业、工业，加入军事组织，他们在这些领域更能一展所长，更能收获利益与快乐。这样一来，政治舞台就空了出来，随便哪个江湖骗子，只要自称了解政治奥秘，就能上台

一试身手。德国政治在这样的真空环境中持续多年，人民的真才实学都集中到了工业和陆军上，至于工业和陆军会走向和平还是战争，取决于那些在被忽视的政治舞台上占据一席之地的冒险家们。为使自己的良知得到宽慰，德国人创造了一些抚慰人心的哲学理论，其中之一便是，认为所有政治都只是社会关系的非物质反映，再比如技术官僚哲学，该哲学认为政治无关紧要。但这些哲学都存在致命性的错误，这场战争就是明证，在这场战争中，独裁政权完全发展成熟，灾难也由此而生，它疯狂的政治不仅控制了德国工业和德国陆军，也误导并最终摧毁了它们。那么，纳粹凭借什么能够差一点赢下这场战争呢？答案其实是，他们未能取胜，也从未接近胜利。一度与胜利咫尺之遥的是德国工业和德国陆军，在该独裁政权的萌芽阶段，在其仍会善用政治手腕的时期，该政权确曾扶植并服务了德国的工业和陆军，但因相信政治失败是自己国家的一贯传统，德国人民甚至直到末日降临，都在默许独裁的肆意发展，而这样做的结果是致命的。

这一传统到底有多致命？书中一个人的个人经历足以清楚证明。人类的各式贪腐与愚蠢在本书中展现得淋
漓尽致，但有一人极其与众不同，从形形色色的人物中 215
脱颖而出。此人就是阿尔贝特·施佩尔。施佩尔也曾犯

下种种判断失误，也曾泯灭良知，他借此走近了现代历史上最嗜血的暴君，赢得并维持着与暴君之间的私人友谊。不过，无论他有多大的错处，至少在道德与智力上，希特勒的其他王庭成员是无法与他相提并论的。所有人都宣称希特勒是不可违抗的，唯有他，既有理解政治力量的能力，也有反抗一国之主的勇气。他作为行政管理者的才华毋庸置疑。他威严地蔑视着王庭众人。他的雄心是和平的，是建设性的，他希望重建柏林，重建纽伦堡。依照他在纽伦堡被告席上的苦苦辩称，他曾计划“用不超过两个月的军费”将柏林和纽伦堡打造成全世界最伟大的城市。但就政治意义上来说，施佩尔是纳粹德国的真正罪犯，他比其他任何人都更能代表纳粹的致命哲学，这一哲学不仅给德国带去了浩劫，也差一点毁灭世界。他身处政权中心十年之久，以敏锐的智慧发现了纳粹政府与政策的本质和转变，看清并鄙视周遭之人，听着他们下达骇人的命令，了解他们异想天开的野心，但他也只是袖手旁观。他认为政治无关紧要，于是扭头而去，专心地修路、修桥、修工厂，与此同时，任由一群疯子统治政府的必然结果也在逐步显现。直到他们将魔爪伸向他的成果，企图毁灭他精心打造的一切，他才接受现实，开始行动。但一切为时已晚，德国已经被摧毁了。

资料来源

以下是前文采信的主要人证清单（不包括缴获的文 217
件资料）：

一、希特勒的王庭成员

1. 阿尔贝特·施佩尔，帝国军备和战争生产部部长。关于希特勒的王庭成员，施佩尔的发言及审讯记录提供了最完整、最客观的描述。他是重要人证，权威讲述了自己反希特勒“焦土政策”的策略，相关说法也经由比对，得到了次要人证的证实，尤其是得到了汉堡地方长官卡尔·考夫曼和科勒（见后文20号）的证实。施佩尔还权威讲述了他于1945年4月20日、23日至24日最后访问希特勒地堡时的所见所闻。他在纽伦堡国际军事法庭审判中的自我辩护进一步丰富了事实细节。最终，他被判处 20 年监禁。

2. 卢茨·什未林·冯·克罗西克伯爵，帝国财政部长。克罗西克的日记以历史的眼光记录了他所认为的重大事件，时间跨度为 1945 年 4 月 15 日至 5 月 5 日。他于 1949 年被判处 10 年监禁。

次要人证还有很多，他们提供的信息用于补充细节。

二、希特勒与陆军将领之间的关系

3. 弗兰茨·哈尔德大将，前陆军总参谋长（1942 年下台）。哈尔德依据事实，全面且客观地描述了希特勒和陆军诸将领之间的关系变化、国防军最高统帅部
218 （即联合总参谋部）的发展等。这些描述也从诸多其他将领提供的信息中得到了补充，在这些人中，陆军元帅威廉·凯特尔（后文 31 号）相信希特勒的战略天才，但更多的人并不相信。

三、希特勒的身体健康状况与性格

通过审讯下列医生，获取了多方面的希特勒个人信息，包括他的身体健康状况：

4. 卡尔·勃兰特，希特勒参谋部的随行外科医生，任职至1944年10月，于1947年被判处死刑，1948年执行。

5. 冯·艾肯教授，耳鼻喉专科医生，分别于1935年和1944年7月20日后担任希特勒的随行医生。

6. 埃尔温·吉辛，耳鼻喉专科医生，于1944年7月20日后担任希特勒的随行医生。

7. 汉斯·卡尔·冯·哈塞尔巴赫，外科医生，担任勃兰特（前文4号）的副手，直至1944年10月。

8. 西奥多·莫雷尔教授，希特勒的私人内科医生，于1945年4月22日最后一次见到希特勒，死于1948年。

四、希姆莱及其随从

9. 瓦尔特·施伦堡，党卫队支队长，帝国保安总局第六处（对外情报）处长。施伦堡名义上是卡尔滕布鲁纳的下属，但他与希姆莱有私交，能够直接与希姆莱联系，这也令他成为一个很有价值的人证。介于战争结束与他向盟军远征军最高司令部投降期间，他在瑞典编撰了一本日记，仔细记录了在战争最后一个月里发生的大事件，这本日记非常重要。他还曾遭受审讯者无所不用其极的审问。他于1949年被判处六年监禁，死于 1952 年。

10. 卡尔・格布哈特教授，党卫队高级总队长，希姆莱的私人医生，于 1947 年被判处死刑，1948 年执行。

11. 鲁道夫・勃兰特医生，党卫队旗队长，希姆莱的秘书，于 1947 年被判处死刑，1948 年执行。

12. 维尔纳・格罗特曼，希姆莱的军事副官。

13. 戈特洛布・贝格尔，党卫队高级总队长，党卫队总局长，战俘管理局局长，于 1949 年被判处 25 年监禁。

219 14. 奥托・奥伦道夫，党卫队高级总队长，帝国保安总局第三处处长，帝国经济部部长，于 1948 年被判处死刑，1951 年执行。

15. 乌多・冯・沃伊尔施，党卫队高级总队长，警察上将。

16. 马克西米利安・冯・赫夫，党卫队高级总队长，武装党卫队上将，人事总局局长。

17. 马克斯・于特纳，党卫队高级总队长，党卫队指挥总局局长。

18. 恩斯特・卡尔滕布鲁纳，党卫队高级总队长，帝国保安总局局长。战争临近尾声时，卡尔滕布鲁纳在德国南部，因此对这一话题几乎没有直接价值。不过，他遭受了彻底审讯，供词无意中提供了有助于了解其他问题的信息。他于1946年被国际军事法庭判处死刑，并于当年执行。

纳粹帝国末日阶段，10号、14号、15号和16号都在石勒苏益格—荷尔斯泰因州，与希姆莱在一起；11号和12号是希姆莱被捕时与他在一起。福尔克·贝纳多特伯爵的书《大幕落下》提供了一些有用信息，有助于了解贝纳多特个人在末日阶段发挥的作用。亦可参见费利克斯·克斯滕的《回忆录》（*Memoirs*，1956年）和诺贝特·马苏尔的《一个犹太人对希姆莱说》（*En Jude talar med Himmler*，斯德哥尔摩，1945年）。

五、戈林免职

19. 赫尔曼·戈林，帝国元帅，于1946年被国际军事法庭判处死刑后自尽身亡。

20. 卡尔·科勒，纳粹空军上将，空军参谋长。科勒的日记具有重大价值，翔实地记录了1945年4月16日到5月9日间发生的许多大事，包括戈林免职的相关事件（他是戈林免职事件中的主要中间人）。科勒当时就职于菲尔斯滕贝格的国防军最高统帅部，会定期与地堡电话联系。5月8日，他接到了里特尔·冯·格赖姆的电话，从格赖姆口中得知了4月26日至29日间的地堡事件，并将这些第一手描述记录下来。他也以《上个月》(*Der letzte Monat*，曼海姆，1949 年）为题，出版了自己的日记。

21. 汉斯·海因里希·兰马斯，总理府秘书长。兰马斯参与了戈林 1945 年 4 月 23 日召开的会议，给出过有关戈林免职的陈述，并出示了相关文件。他于 1949 年被判处 20 年监禁。

220 除上述人证外，施佩尔（前文 1 号）也曾目睹某些相关事件，卡尔滕布鲁纳（前文 18 号）也称自己与党卫队一级突击大队长弗兰克有过交谈，弗兰克不仅亲自参与了戈林的会议，也是逮捕戈林的负责人。

六、地堡诸事（1945 年 4 月 22 日至 5 月 1 日）

22. 阿图尔·阿克斯曼，希特勒青年团领袖。阿克斯曼曾若干次访问地堡。1945 年 4 月 30 日，他在地堡仔细检查过希特勒和爱娃·布劳恩的尸体。他还参与了 5 月 1 日的地堡逃亡，并声称见过鲍曼和施通普费格的尸体。

23. 尼古劳斯·冯·贝洛，纳粹空军上校，驻元首总部的国防军（空军）副官，4 月 29 日午夜到 30 日在地堡，曾亲眼见过希特勒的个人遗嘱。

24. 格哈特·弗里德里希·威廉·博尔特，骑兵上尉，克雷布斯将军（陆军总参谋长）的随从参谋，于 4 月 29 日离开地堡。后来，他将自己的叙述出版成《帝国总理府的最后几日》（*Die letzten Tage der Reichskanzlei*，汉堡，1947 年）一书。

25. 埃卡德·克里斯蒂安，纳粹空军上将，纳粹空军作战参谋部参谋长，4 月 22 日和 23 日在地堡，然后一直留在菲尔斯滕贝格的国防军最高统帅部总部。他曾与地堡联络，也曾于里特尔·冯·格赖姆在地堡期间以及离开地堡后与他联络。

26. 格尔达·克里斯蒂安夫人（原姓达拉诺夫斯基），埃卡德·克里斯蒂安（25 号）的妻子，希特勒的秘书，于 5 月 1 日离开地堡。

27. 弗赖塔格·冯·洛林霍芬男爵，少校，克雷布斯将军的副官，于 4 月 29 日离开地堡。

28. 维利·约翰迈尔少校，驻元首总部的国防军副官，协助布格多夫将军。4 月 29 日，他携带希特勒的政治遗嘱离开地堡，送往陆军元帅舍尔纳处。

29. 格特鲁德·容格夫人，希特勒的秘书，于 5 月 1 日离开地堡。

30. 赫尔曼·卡诺，警局上级警长，帝国安全局第一处警卫，在地堡执勤，目击了希特勒和爱娃·布劳恩尸体的焚烧，于 5 月 1 日离开地堡。

31. 威廉·凯特尔，陆军元帅，国防军最高统帅部参谋长。4 月 23 日前，凯特尔每天都会前往地堡，此后，他在位于克拉姆普尼茨和菲尔斯滕贝格的国防军最高统帅部。1946 年，他被国际军事法庭判处死刑并于当年执行。

221 32. 埃里克·肯普卡，党卫队二级突击大队长，希特勒的私人司机兼运输官，参与焚烧希特勒和爱娃·布劳恩的尸体，于 5 月 1 日离开地堡。他曾出版《我烧了阿道夫·希特勒》（*Ich habe Adolf Hitler verbrannt*，慕尼黑，1950 年）。

33. 埃尔泽·克吕格尔小姐，鲍曼的秘书，于 5 月 1 日离开地堡。

34. 海因茨·洛伦茨，新闻处官员，就职于宣传部，频繁前往地堡做汇报，于 4 月 29 日携带希特勒的个人遗嘱和政治遗嘱，以及戈培尔撰写的《元首政治遗嘱附录》离开地堡，前往慕尼黑。

35. 埃里克·曼斯费尔德（化名思科契克），党卫队三级小队长，帝国安全局第一处警卫，在地堡执勤，目击了希特勒和爱娃·布劳恩尸体的焚烧，于 5 月 1 日离开地堡。

36. 维利·奥托·米勒，裁缝，住在帝国总理府，亲历了一些重要事件。

37. 海因茨·马蒂辛，冯·贝洛（前文 23 号）的勤务兵，于 4 月 29 日陪同冯·贝洛离开柏林。

38. 希尔科·波彭，帝国安全局第一处警卫，在地堡执勤，于 5 月 1 日离开地堡。

39. 汉娜·赖奇，“机长”，试飞员，陪同里特尔·冯·格赖姆，4 月 26 日至 29 日在地堡。

40. 京特·奥古斯特·威廉·施韦格曼，党卫队一级突击中队长，戈培尔的副官，4 月 22 日至 5 月 1 日在地堡，焚烧了戈培尔夫妇及其子女的尸体。

41. 冯·瓦罗男爵夫人，第二（党卫队）地堡的临时访客，5 月 1 日离开。4 月 29 日深夜两点半，希特勒第一次与众人告别时，她在现场。

42. 威廉·灿德尔，党卫队旗队长，马丁·鲍曼的助手，于 4 月 29 日携带希特勒的个人遗嘱和政治遗嘱，以及希特勒与爱娃·布劳恩的结婚证书离开地堡，送往邓尼茨上将处。

索　引

（索引中的页码为英文版原书页码，即本书边码）